JN304475

渋沢百訓

論語・人生・経営

渋沢栄一

角川文庫
16518

目次

渋沢百訓

論語・人生・経営

（原題『青淵百話』）

〔凡　例〕

一、本書は、明治四十五年六月二十六日に同文館より発行された渋沢栄一著『青淵百話』乾坤を底本として、経営や処世訓などビジネスに関係する話題を中心に五十七話を抽出し、新たに『渋沢百訓　論語・人生・経営』と題したものである。原題の百話にちなみ、百という文字を残した。なお、各話文末の（　）数字は、原文の話番号。

一、閲読の便宜を図り、新たに「主義」「覚悟」「立志」「修養」「処世」の五つに分けた。ただし、厳密な分類ではない。

一、表記は原則として、漢字や仮名遣いを現代表記に改め、明らかな誤植を直した。助詞、接続詞、当て字などの漢字表記は、ひらがな表記に改め、長文の漢文は書き下し文に改めた。

一、原文には、不適切な表現や差別用語等がみえるが、本書が歴史的著作物であることを重んじ、一部表現を変えた他は、原文のままとした。

（編集部）

叙

盛年不重来、一日難再晨（盛年、重ねて来たらず、一日再び晨《あした》なりがたし）とは、陶淵明《とうえんめい》が少年を警《いま》しむるものにして、事多歳月促（事多ければ歳月促《せま》る）とは、杜子美《としび》が老後を歎《なげ》きたる所なり。されば余は、邦家の大勢潜会黙移《せんかいけんい》の時に生まれ、開国攘夷《じょうい》、党同伐異の際に成長し、少時は家業の半農半商に従事し、やや読書の趣味を解して天下の形勢を知るに及び、慨然犂鋤《れいじょ》を抛《なげう》ち、書剣郷を離れて東西に放浪し、遂に知己に感じて褐《かつ》を名門に釈《と》き、言聴かれ道行わるるの時に於《お》いて時勢たちまち一転し、欧州より帰朝するや維新の昭代に遭遇し、愆《あやま》ちて職に理財の枢機につきしも、官務は余の本意にあらざるをもって、掛《けい》冠《かん》の後は全力を商工業者の位地の進歩と、其の事業の伸張とに傾注し、夜もって日に継ぎ、老の既に至るを忘る。

今其《そ》の既往の径路を回想すれば、高山大川あり、城市苑囿《えんゆう》あり、林壑《りんがく》あり、原野あり、万里浩洋の水程あり、帆檣《はんしょう》林立の港湾あり、春和景明怡然《いぜん》として喜ぶべきものあり、寒烟《かんえん》蕭雨悽然《しょうせいぜん》として悲しむべきものあり。光景の変ずる処感慨之に伴うは、人情のまさに然《しか》るべきものなり。古人言あり、干戈《かんか》を視《み》れば則《すなわ》ち闘を思い、刀鋸《とうきょ》を視れば則ち懼《く》を思い、廟《びょう》社《しゃ》を視れば則ち敬を思い、第家を視れば則ち安を思うと。余の径路に於けるも、亦《また》もって其の思いなきあたわず。既に思いありて言に発するは、是《こ》れ猶《なお》、鳥の春に鳴き、雷の夏に鳴り、虫の秋に鳴き、風の冬に鳴ると何ぞ異ならんや。しからば則ち余の事物に感じて言を作すものは、実に七十余年閲歴の随感録と謂《い》うべきのみ。

蓋《けだ》し人は其の境遇によりて感想同じからずといえども、真理の存する所に至りては一契《いっけい》を合するが如きものなかるべからず。故に、人もし正心誠意、俯仰《ふぎょう》天地に愧《は》じざるの見地において、能《よ》く其の分に安んじて天命を楽しむを知らば、則ち其の感想も亦《また》至公至正にして、神人を感動せしむるものあらんか。

同文館主人森山章之丞《もりやましょうのじょう》君、かつて余が平生の感想を記述し世に公にせんことを請わる。余は居常多務多忙にして之《これ》に当たるの困難のみならず、世に裨益《ひえき》なからんことを思いて之を固辞せしも、其の懇望の切なるに依《よ》り、已《や》むなく、此《こ》の一書を編する所なり。只《ただ》余が感想の声の小にして、大人の耳に感ぜざるを知るといえども、後進の徒此の書を一読して、歳月の人を待たざるを知りて、励淬《れいさい》の心を増すを得ば、余が老後の事多きを厭《いと》わずして森山君の需に応ぜしも、またもって世に小補なしと謂うべけんや。

明治壬子立夏節

青淵老人識

（渋沢栄一）

主義

天命論

いったいこういう問題に対して自分は口を開くべき資格を持たない。「天」とか「神」とかいう哲理的な問題は、一廉《ひとかど》の学者ですらその説明を困難とするところであるのに、自分のごとき実業界の人物で、しかも哲学なぞとはきわめて縁の遠い者に、なんで満足な解決が与えられよう。しかし実業界に籍を置いてある身だから、そんな問題は一切知らぬというほどに哲学を嫌う自分でも無いつもり、時には余が浅薄なる学問と智識とを基礎として、熟慮探究を試みたこともある。ゆえに学者ならぬ余が「天命論」も、時にとっての御座興とみてもらいたい。

天とは何ぞ

「天」については古来支那《しな》人が論じもし、かつは崇敬もしてきたところの事柄で、これを西洋でいえば「造物主」のごときものであろう。これと定まれる形は無いけれども、一つの霊がある。世に「革命」という言葉があるが、これは天の命が革《かわ》るという意義である。例えば殷湯周武《いんとうしゅうぶ》のごとき聖王が世に現われ、麻のごとく乱れた社会を治めて自ら天下の蒼《そう》生《せい》を率《ひき》い、生殺与奪の権を一手に握るというがごときもので、これを要するに天の命ずるところに従って、溷濁《こんだく》の世を革《あらた》め正《ただ》すの謂《いい》である。しかして革命の語もここに起原したというが、想うに天は霊のみだから、言わんと欲して言うことができず、行わんと欲するも行うことができないので、そこで聖主賢君に命じ、代わりて言わしめ、代わりて行わしめるのである。

孔子の天命観

孔子《こうし》の天に対する観念は如何《いかん》であったかというに、論語や『中庸』の中に散見しておるところを通じて、これを窺《うかが》うことができる。「天を怨《うら》みず、人を尤《とが》めず、下学して上達す、われを知る者はそれ天か」といい、あるいは「天徳を予に生ず、桓魋《かんたい》それ予を如何せん」といい、あるいは「天何をか言わんや、四時行われ、百物生ず、天何をか言わんや」など と天に関してはたくさんに述べてあるが、畢竟《ひっきょう》、天は公正無私にして絶大無辺の力を持つもので、人はその命ずるままを行うべきものと観念して、孔子は自ら天命に従うたのであった。だが、さすがの孔子でも生まれながらにして天命に従うことはできなかったものと見え、「五十にして天命を知る」と自白されておるところより察するに、天命に従うて心にやましきところの無くなったのは、五十歳以後と見受けられる。孔子の天命を知ったというのは、かの聖主賢君のごとき人々の場合とは同一でなかったけれども、人として世に処するには天の制裁あるものゆえ、これに従わねばならぬと明らかに理解し、かつ心に安着された時が、すなわち天命を知った時であろうと思う。しかして、それが五十歳の時で、心も行も至った時であったに相違ない。

天と神と鬼

さて、世には天と神とを同一視する者もあるようであるが、余はこの二者の間に自ら多少の差別あるもののごとくに思われる。神は比較的人間界に近いものであるが、天はより以上に偉大なもので、宇宙間における無匹無比の力であると考える。神にもまた二様の差別があって、それは支那人のいわゆる鬼神と、日本人の通例神と称するものとである。鬼神について孔子は、何事もいわなかった。「子怪力乱神を語らず」と論語にあるを見ても、鬼神のごときものは天と同日に語るべからざるものとしてあったことが想見される。支那人の鬼神と称するものは、一種の不思議力を指したもので、人間力の及ばざるところのものであるのに反し、日本人の目して神とするところのものは、聖賢偉傑の士の霊を祀《まつ》ったもので、人として必ずしも及ばざるを歎《なげ》くに及ばぬ程度である。『中庸』に「至誠やむ無くんば神それ感格す」とか、また「至誠神のごとし」なぞとあるのは、みなこの意義で、人間も心と行の如何によっては神たり得ることをいうたものにほかならぬ。かの菅原道真《すがわらのみちざね》が天満宮と祀られ、楠正成《くすのきまさしげ》が湊川《みなとがわ》神社と崇《あが》められたるがごときは、みなこの例である。しかしながら、畢竟神といい鬼というとも、これを広義に解釈すれば天の部分的のものである。天はそれらのものを、その中に含有するほどに偉大なものであるのだ。

余は孔子の説に服す

しかしながら、余は神も鬼も天とするの説には同意せぬ方で、やはり孔子の目して天とするところのものを、自分も天とすることに異議がないのである。たとえ、なんらの形象すべきものが無くとも、また数学的に理学的に、あるいは天文学的にこれを論ぜずとも、人が世に処するにあたっては、ひとり己一人のみならず、自然界において何か自分を助くるところの力が無くてはならぬと思う。しかして、この力がすなわち孔子のいわゆる天命である。孔子が天命を偉大なるものとして見たのは、天に祈って富貴を得ようとしたのでも無く、栄達を希《ねが》ったのでもなく、また病苦を去らんがためでも、薄倖《はっこう》を除かんがためでもなかった。孔子の目して天となせしところのものは、そんな小さい意義のものでない。従って、一私人に利せんとするがごとき偏頗《へんぱ》なことは許されぬ。天は人間行為の指導者として崇敬すべきもので、自然界に対しても偉大なる配剤の力を持ったものとされておった。「天もの言わず、四時行われ、百物自《おのずか》ら生ず」とは、この間の消息を伝えたので、天とは自然の力の集合したものであることを説いておる。ゆえに人の身の上や、一家の内なぞに幸福や不幸のあるのは、これすなわち天命のしからしむるところで、人として天命に背かぬ行為をすれば、天はこれを助けて幸福を授けるし、もしそれに反して悪行醜事を行えば、天はただちにこれを咎《とが》め罰して不幸を与える。ただし、天自ら手を下してこれを賞し、これを罰することはしないが、人間界から自然と賞罰を顕示するのである。例えば、幸福を天より授けらるれば、その人は栄達し富貴を得るに至るとか、不幸を与えらるる場合には、落魄《らくはく》の境涯に陥り貧賤《ひんせん》になる。その甚《はなは》だしきに至っては、国法に照らして刑罰を加えしむるのもあるが、これらの方法が道理正しく行わるれば、これを行うたものは人でも、天がこれを罰したことになるのである。ゆえに世に天運とか天罰とかいう言葉をもって、それらのことを批評し、「彼は天運を得てあれほど出世した」とか、「彼は天罰覿面《てきめん》ああなった」なぞというのは、けだし肯綮《こうけい》に当たっておると思う。しかして天運も、天祐も、天罰も、天誅《てんちゅう》も主として人の心掛けの如何にあることで、西哲のいわゆる「天は自ら助くる者を助く」の道理。自ら天運天祐を得んと心掛くることに依《よ》って幸福は来り、それに反した行に出《い》ずれば不幸の来るは言うまでもないことである。

余は宗教を好まぬ

余は常に孔子の天命観をもってその心とし、今日まで心や行の上にこれを実践躬行《きゅうこう》してきた。のみならず、孔子の説のごときものが天命論としては、もっとも中庸を得たものだと信じておる。このごろ、耶蘇教《キリストきょう》の牧師が余のところへ来て、しきりに耶蘇教に信仰を持てと勧告し、かつ新旧両聖書を読めというておる。その人のいうには、「聞くところに依れば、渋沢は論語をもってバイブルとなし、一言一行孔子の教旨に則《のっと》ってやる。かつ論語を熟読翫味《がんみ》して、全書を残らず暗記されておるということである。果たして左様ならば、それはあまりに一方に偏するではないか。キリストは東洋の孔子よりも時代こそ遅いが、教化の行われておることは遥《はる》かに広い。今日では、ほとんど世界的宗教となっておる。かくのごとき広義の宗教に対し、たとえ信者にならぬまでも、教旨の骨髄を知っておく位のことはあってもよいではないか。もっとも今日のバイブルは、翻訳が悪いから読み難いところもあるゆえ、自分らは常にその悪いところを改めて講義しておるから、とにかく講義を聞いてくれ」というので、余もこのごろバイブルを読み、かつその人の講義をも聞いておる。しかし、これはその牧師の熱心に動かされたまでで、余は昔から宗教と名のつくものは一切嫌いである。耶蘇教はもちろんのこと、東洋教たる仏教すらも好まない。聖徳太子《しょうとくたいし》は嫌いだが守屋《もりや》大臣は好きの方で、青年時代に漢文を読む場合でも、韓退之《かんたいし》などその排仏論を好んで読んだものであった。もちろん耶蘇教にしろ仏教にしろ、その根本的教義の悪いはずはないが、これを布教する政略が気に喰《く》わない。ことに仏徒においては、かの法然上人《ほうねんしょうにん》が「一念弥陀仏《みだぶつ》、即滅無量罪」などと唱えて、愚民愚夫を誘うたごとき例がいくらもあるが、そもそも余はそれが嫌いである。ゆえに宗教に依って安心立命を得ようとは思わず、真の安心立命は儒教に依らなければ得られぬものと観念したが、青年時代より今日まで、決してこの心は動かなかったのである。

余が精神の安住地

余は真の安心立命は天にあると信じておる。孔子のいわゆる「罪を天に獲《う》れば禱《いの》るところ無きなり」で、一度天命に背いて罪を獲れば、他に依頼するところのない身であるとは、余が常時の心である。けれども、天を余が精神的安住地とするからというても、自己の不幸を天に祈って救うてもらおうとしたり、幸福を授け給えと祈ったりするような、そんなわがままな利己的のことを天に頼むことはせぬ。かの菅公の歌とて世に伝えられてある道歌のごとく、「心だに誠の道にかないなば、祈らずとても神や守らん」という心をもって、常にわが心となし、天に対してどこまでも、この心持ちを持続しようと思うのである。余も青年時代よりのことを回顧すれば、あるいは生死の巷《ちまた》に起《た》ち、あるいは危険の場合に臨んだこともしばしばあった。しかして今日といえども、何時《いつ》如何《いか》なる変事に遭遇しないとも限らない。しかしながら、もし死生の場合に臨んでも、余は常に天がしからしめるものと観念するから、別になんらの苦慮も不安も起こらない。昔、孔子は匡人《きょうひと》に害を加えられんとした場合に臨み「天のいまだ斯文《しぶん》を喪《ほろ》ぼさゞるや、匡人それ予を如何せん」というて、この変事を別に気にも止められなかった。天命に安んずれば、何人もかくのごとくにあらねばならぬ。天は実に霊妙なるものである。公明なるものである。正大なるものである。広く社会のためを思うが、一人に禍福を与えんとするものではない。ゆえに社会のために自ら尽くす者に向こうて、天もまた幸するものである。しかして、社会に対して自己の責務を尽くすは吾人の務めで、これを満足に務めるだけ、それだけ自己の本分をまっとうしたことになり、幸福もまた、そこへ来るものと考えるから、余は天に対しても、神に対しても自己に幸いあれかしと祈ったことはない。ただ自己の本分を尽くす上に、不足なきや否やにつき自省するのである。しかも安心立命はここにある。俗にいう「あきらめ」とはこの事で、この一念に対し惑わず倦《う》まず直進するまでである。

天命に安んぜよ

天命とは実に人生に対する絶対的の力である。この力に反抗して事をなさんとしても、それが永久に遂げ得るものでないことは、必ずしも余が説くまでもなく、すでに幾多の歴史がこれを証明しておる。かの「天命を知る」時において、人は初めて社会的に順序あり系統ある活動ができるとともに、その仕事も永久的生命のあるものとなるので、これすなわち天祐、天運の起こる所以《ゆえん》である。されば天命を楽しんで事をなすということは、処世上における第一要件で、真意義の「あきらめ」は何人も持たなくてはならぬ。そして仏教における「涅槃《ねはん》の境」よりも、耶蘇教における「天国」よりも、この「天命に安んずる」の境地には、何人も到着しやすいところである。ゆえに人もわれも常にこの心を心とし、意義ある生涯を送るようにしたいものである。（一）

人生観

余がもし学者ならば、広い範囲の社会、一般的の人生を観てしかる後に人生観を説くから、その説は恐らく当たらずといえども、遠からざるところがあるであろう。しかるに現在の余のごとく、七十余年の生涯の大部分を実業界という一区画中に過ごし、しかも怱忙《そうぼう》として他を顧みるの暇もない境遇の者が人生を論じたからとて、恐らく一方に偏した固陋《ころう》の説となり終わらねばよいがと、いささか心配である。しかのみならず、いまだ人生観に対する先賢古哲の意見に、如何なるものがあるかすら調べたことの無い者が、ここに人生観を説かんとするは大胆千万の仕方であろう。しかしながら、平生自己の所信を披瀝《ひれき》するに躊躇《ちゅうちょ》せぬ余は、あえてこの大胆なる挙動に出《い》で、余が一流の人生観を述べてみることにする。

人生観の主観と客観

およそ人として生をこの世に享《う》け来れる以上、そこになんらかの目的が無くてはならぬとおもう。しかして、その目的の如何《いかん》に依って人生観も変わってくるに違いない。その幾多の変わった人生観も、これを側面より観察すれば、結局二大別されてしまう。すなわち自己の存在を客観的に観るのと、主観的に観るのとがそれである。客観的というのは、自己の存在は第二としてまず社会あることを思い、社会のためには自己を犠牲にすることも憚《はばか》らぬというまでに、自我を没却してかかるものである。また主観的というのは、何事も自家本位にし、自己あるを知って、しかる後に社会あることを認めるという方だから、これはむしろ、ある程度までは自己のために社会を犠牲にしても構わぬというのである。

しかし人生観に対する主観といい客観というも、今自分が説明上の都合から当座間に合わせに拵《こしら》えた言葉であるから、これが学術上、果たして当てはまった言葉であるかどうか、それは解らない。とにかく説明上この言葉を用いてゆくから、見る人もそのつもりに願いたい。

客観的とはなんぞ

さて、前にも述べたごとく、人はこの世に生まれた以上、必ずなんらかの目的が無くては叶《かな》わぬことだが、その目的とは果たして何事であるか、如何にして遂げ得べきか。これは人の面貌《めんぼう》の異なれるがごとく、各自意見を異にしておるであろうが、恐らくは次のごとく考えうる人もあるであろう。それは自己の長じたる手腕にせよ、技倆《ぎりよう》にせよ、それを充分に発揮して力の限りを尽くし、もって君父に忠孝を効し、あるいは社会を救済しようと心掛ける。しかし、それも漠然と心で思うだけでは、なんにもならぬ。やはり、なんらか形式に表してしなければならぬので、ここに己の修め得たる材能に依頼して、各自の学問なれ、技術なれを尽くすようにする。例えば、学者ならば学者としての本分を尽くし、宗教家ならば宗教家としての職責をまっとうし、政治家もその責任を明らかにし、軍人もその任務を果たすというように、各自にその能力のあらん限りを傾けてこれに心を入れる。かくのごとき場合におけるその人々の心情を察するに、むしろ自己のためというよりは君父のため、社会のためという観念の方が勝っておる。すなわち君父や社会を主とし、自己のことをば賓《ひん》と心得ておるので、余はこれをしも客観的人生観とは名づくるのである。

主観的とはなんぞ

しかるに前陳のようなのとはまったく反対に、ただただ簡単に自分一人のことばかりを考え、社会のことや他人のことなぞ考えない者もあるであろう。しかし、この人の考えのごとく社会を観察すれば、やはりそこにも理窟《りくつ》が無いでもない。すなわち、自己は自己のために生まれたものである。他人のためや社会のために、自己を犠牲にすることは怪しからぬではないか。自己のために生まれた自己なら、どこまでも自己のために計るがよいとの主張から、社会に起こる諸事件に対し、でき得る限り自分の利益になるようにばかりしてゆく。例えば、借金は自分のために自分がしたのだから、これは当然払うべき義務があるゆえ払う。租税も自分が生存しつつある国家の費用だから、当然に上納する。村費もまた左様であるが、この上他人を救うために、あるいは公共事業のために義捐《ぎえん》するというような責任は負わない。それは他人のため、社会のためにはなるであろうが、自分のためにならぬからだとなし、なんでも自己のために社会を経営させようとする。すなわち、自己を主として他人や社会をば賓と心得、自己の本能を満足せしめ、自我を主張するをもって能事終われりとする。余はかくのごときものを名づけて、主観的人生観とはいうのである。

余はそのいずれにつくか

余は今これら二者の中、事実において如何と考うるに、もし後者のごとき主義をもって押し通すときは、国家社会は自ら粗野となり、鄙陋《ひろう》となり、終《つい》には救うべからざる衰頽《すいたい》になりはすまいか。それに反し前者のごとき主義を拡充してゆけば、国家社会は必ず理想的のものとなってゆくに相違ない。ゆえに余は、客観派に与《くみ》して主観派をば排斥するものである。孔子の教えに「仁者は己立たんと欲してまず人を立て、己達せんと欲してはまず人を達す」というてあるが、社会のこと人生のことは、すべてこう無くてはならぬことと思う。己立たんと欲してまず人を立てといい、己達せんと欲してまず人を達すといえば、如何にも交換的の言葉のように聞こえて、自慾を充たそうために、まず自ら忍んで人に譲るのだというような意にも取れるが、孔子の真意は決してそんな卑近なもので無かったに違いない。人を立て達せしめて、しかる後に自己が立ち達せんとするはその働きを示したもので、君子人の行の順序はかくあるべきものだと教えられたに過ぎぬのである。換言すれば、それが孔子の処世上の覚悟であるが、余もまた人生の意義はかくあるべきはずだと思う。

孔子の説

孔子はまた「克己復礼」ということを説いた。自己のわがままな心に打ち勝って、礼に従ってゆきさえすれば世の中に間違いはない訳で、詮《せん》ずればこの旨意も、余がいうところの客観に当たるのである。ここでちょっと一言しておかねばならぬことは、「復礼」の礼は今日にいわゆる、礼儀作法というような狭い意味の文字ではない。孔子時代の礼字はもっと広い意義が含蓄されておったので、精神的のこと以外はすべてこの文字中に含まれたものだ。例えば刑法とか裁判とかいうことから、一身上の制裁に関する事柄がみなそれで、それかの「礼記」という書物を見れば、如何《いか》に礼の意義の広かったかが解ることである。それはとにかく、孔子は自己の存在は社会のために図るところあらんとするものだという客観論者で「己に克ちて礼に復《かえ》れば天下仁に帰す」とまでいうておる。また門人の曾子《そうし》は孔子の道を解釈して「夫子の道は忠恕《ちゅうじょ》のみ」といった。いうまでも無く「忠」とは君に対し、あるいは他人に対して忠実にするの謂《いい》で、「恕」とは思い遣《や》り厚く、人のため、社会のためになれかしと考えておることである。してみれば、曾子のいわゆる「忠恕」もまた、余が説くところの客観説と合致するわけで、自己を犠牲に供してまでも他人のためを計ることになるのである。人生の目的は社会のため、他人のためを策《はか》るにありと、明らかに論語に記してあるわけではないけれども、「仁」と「不仁」とを論ずる言葉より察するに、一般を目的として多数人に利あるようにと説いておる。これを要するに、自己のためばかりを思う者が仁者でないことは知れ切っておるから、結局、客観的に人生を見るという方が道理正しいことになると思う。しかして孔子もまた、かくのごとく客観論者であったのだ。

カーネギーの主義

およそ人は国家のため、はた君主のためにその力を尽くすべく生まれた者であるが、その間に余裕があるならば家庭のため、朋友故旧のために尽くす、すなわち客観的見地に立って人生を過ごすことが人間としての本分であるとは、以上に説けるところに依《よ》って解かるところであろうと思う。余は近ごろ米国の大富豪カーネギー翁の著書を読んで、かくのごとき思想はひとり東洋人たる、われわれの間にのみ存在する者でなく、欧米人の主義もやはり、ここに近いものがあることを知った。今その言葉の大意を摘んでみれば「人の一身の幸福が世に処する間に、自己一人にて発達すると思うは大いなる誤解である。社会の力の功徳がこれに与《あず》かって重きをなすもので、ひとり自己一人の智恵ばかりに依るものではない。ゆえに人は社会の恩恵を忘れてはならぬではないか。このゆえに如何に自己一人で蓄積した資産だとはいえ、これをその血統の者にばかり譲り渡すのは甚《はなは》だ不当で、社会の恩恵を思えば、これを一般社会にも分けるのが当然である。この意味から打算して、相続税は取れるだけ高く徴収するがよい。しかして、その資産を一人に私せしめず、ひろく社会にも分配せしむるようにしなくてはならぬ」との意見である。これは相続税に関せし所論の一端であるが、とにかく余の人生観と一致するものだと思う。

客観的人生観の効力

もし人の心より自我を取り去り、自己を客観の地に置いて働くことができるならば、国家社会は必ず尭舜《ぎょうしゅん》の治世となり得るであろう。もっとも卑近の例を取れば、労働者の働くは自己の本分で、必ずしも自分の利益を得ようとするのではない。つまり家族のため、親のために働くのだと考えて働くならば、自己の不平が無いのみか、延《ひ》いては傭主《ようしゅ》に満足と安心とを与え、大にしては国家のために利殖することとなってゆく。一労働者すらすでに左様であるとすれば、彼らよりさらに、以上に他の枢要の地位におるものが、みなこの心をもって心とするに到らば、天下は平静にして、しかも隆昌になりゆくであろう。しかるに、もしこれと反対に、労働者を始め銘々主観的に考えて、自己一身の利ばかりを思うたなら、如何にして社会の秩序を保ち、一国の統治を行うことができよう。それこそ『孟《もう》子《し》』にいわゆる「奪わずんば厭《あ》かず」の極となるに相違ない。国民に忠恕の念が盛んな国は文明であるが、これと反対の国が野蛮であることは、余がここに事々しく述べるまでも無く、世界各国を通覧すれば、ただちに知らるるところである。

養育院の浮浪人と主観的人生観

それにつき余は、自己の経験したる養育院の浮浪少年に関する好個の例を持っておる。いったい養育院の世話にならなければならぬ位のものは不仕合せ者ばかりで、彼らがかかる不幸に陥った原因を尋ぬれば、随分色々変わったものがある。女色に溺《おぼ》れ、賭博《とばく》のために身を損じ、あるいは酒に依って産を破ったというような、とにかく感心のできない者の方が多い。しかし、彼ら多数の窮民を統計的に研究してみると、彼らには必ず一貫した通有性がある。それは、なんであるかというに、種々なる悪癖の中で、もっとも甚だしいのは、自分さえ宜《よろ》しければ他人はどうでも構わぬということを常に考えておる。すなわち、自我的に自己の都合だけを主としておる。これはまた、不思議と彼らの必ず持っておる通有性だが、もし彼らの主張通り自分一身の都合ばかりを考えておるなら、必ず彼らは大変に都合のよい身分になっておってよかりそうであるのに、その実際はかえって理想と反し、結局養育院のお世話にならねばならぬ始末である。この例は、余がいわゆる主観的人生観を抱く人の極端なる結果を具体的に示したものだが、主観的が如何に人生の真意義と撞着《どうちゃく》するかは、これによって何人にも了解されるであろう。しかして、浮浪少年が自身のことばかり考えておることが、かえってわが不為となり、不幸に陥る原因となるとすれば、それと反対に客観的にわが身を処する人は、人のためを策《はか》ることがかえって如何にわが身のためとなり来るか、けだし推測に苦しまぬところであろうと思う。

余の覚悟

要するに仁義道徳の念なきものは、世に処して遂に敗者とならねばならぬ。孔子のいわゆる「忠恕」が人生において如何に必要なものであるであろうか。二千五百年以前の人情も今日の人情も、人情において変わりはない。ゆえに何人も人生を観るに、孔子の心をもって心とすれば過誤はない。さもなければ間違った結果に陥るの悔いあるも、後からは及ばぬことである。余は青年時代より儒教に依って立ち、論語は余にとってのバイブルである。しかして、その奉ずるところは仁義道徳で、人生に存在する意義は、自己のために非《あら》ずして社会のため、他人のためであるとの強い観念は、何時《いつ》とはなしに余が頭脳中に養成された。ゆえに余は五十年来この心をもって心となし、人生を観るの眼はあまり変わらずに来たつもりである。

余がこれまで人生に存在せる意義及び目的は、実に上述のごときものであった。また今後とも、この心は必ず変わらぬつもりである。(二)

国家

国家社会というような問題に対しては、従来政治家とか学者とかが、自家専有の事柄ででもあるかのように、いわば、わがもの顔に研究討論しておったものである。さりながら実業家とてもまた国家の一員、社会の一分子であるとして見れば、同じく政治家学者とともに、これに連なって、その経営に任ずるものであるから、今はひとり学者政治家ばかりが、わがままにこれを論ずべきに非ず、実業家もまたその一班に列して、大いに国家社会のために計をなすの資格がある。同時にまた責任もあることと思う。

国家と国民

およそ国家問題のごとく、大なるものに対しては、旧幕制度における日本の慣例に依れば、被治者には無関係のもの、用のないものであるというがごとき有様で、ひとり為政者側の少数人のみこれが経営に参与しておったという状態であったが、要するに、それは政体のしからしめしところであったろうと考える。かの維新以前における一般国民の思想には、国家という観念はあっても、これに対する施設方針のごときは、ほとんど自己の頭上に負うべき問題でないものとして世に立っておった。ゆえに国家問題と国民との関係は、今日のごとく濃厚なものではなく、従って国民はその権利義務というものに対する自信をもって国民たるの本分を尽くすというよりも、ただ高圧的に、命令的に為政者の言に服従しておったという有様であった。この思想は維新後になってもいまだなかなか滅失せず、明治四十五年ごろまでの風潮は、依然として旧習に泥《なず》み、国民の国家に対する態度は、習慣的に多く為政者のなすがままに一任しておくの風であった。ところが欧米の文明が輸入されて来るに連れ、次第に民権論を唱える者も起こるようになり、国家の一員たる国民は誰彼の差別なく一様に国家に対する責任があるとの考えが普及して、ついに今日の有様となってきた。国民がみな一様に国家を思い、国政を憂うるようになったのは国家としての一大進歩で、かつ深く悦《よろこ》ぶべきことであろうと思う。

余は容喙するの資格あり

余は旧幕時代のいわゆる、被治者として成長した者であったが、幸か不幸か農家に生まれながら漢学に志したために、思想がいささか進歩したものと見え、はやくより国家社会をわがものと心得、吾輩出《い》でずんば蒼生《そうせい》を如何《いかん》せんというほどの意気で、郷関を辞した位であった。ゆえに余が青年時代の社会一般の状態より見れば、余のごときは二十歳時代より分を超えて国家のために微力を輸《いた》した一人であるように思われる。右様なる余が今日は如何かというに、かえって被治者の一人となっておるから、今さら国家問題を如何にしようというがごときは、余計の心配である。しかしながら、国民たる以上はその国の人情、風俗に関してとやかくと心配し、常に政治、実業の当否を思考するはこれ当然のことで、むしろ忠良なる国民の踏むべき道では無かろうか。聖賢は「その位に処《お》らずんばその事を謀《はか》らず」と訓《おし》えてあるが、余は今その位におるわけでは無いけれども、国民として責任の一端を担うておるから、必ずしも国家問題に対する所見を吐くことができぬわけではあるまいと思う。よって、いささか余が一家言を述べて国家に対する希望と抱負とを披瀝《ひれき》しよう。

国家とはなんぞや

国家社会という言葉は日常耳にし慣れたところであるが、国家といい、社会というはそもそも如何《いか》なる種類のものであろうか。余は元来学者で無いから、これを学問的に説明することはできぬけれども、余が常識から判断して観れば、国家といい社会というとも、要するに形式上の差で、内容においては同一義のものであろうと思う。一族の集合が一家となり、一家の集団が一村落となり、一村落が一郡となり一国となる。しかして一国の政治組織を備えたものが国家と成るのであるから、国家というとも、その始めは一私人から起こる。もしこれに政治上の意味を加えずに、一家、一村、一国というように次第に拡大された団体として考えてみれば、この国体はやがて社会と名称を付すべきものであろう。換言すれば、国家は社会を統一して支配するためにつくられたる一機関で、政権上から仮に左様いう名称を付したものといえる。さらに一歩進んで考えると、社会は人間の集合団体というような傾きがあるに反し、国家は土地も、人民も、政治も合してそこに一団を組織しておるもので、社会よりも一層複雑なものであるように考えられる。この議論はあるいは現代の学者が説くところと矛盾するかどうか解らないけれども、余が今国家に対して説をなさんとするにあたりては、国家というものの概念を前述のようなものとして置いてかかるつもりである。

為政者の責任

もちろん、国家の政体に関する批評のごときは、吾人《ごじん》の云々《うんぬん》すべきところでない。少なくとも今日をもって満足と思うておるものである。希《ねが》わくは今日の政治、今日の憲法をもって、いよいよ国家の富裕を致し、ますます国家の強大ならんことを致されたい。それには聖明なる陛下の大権を預かり奉るところの当局者が、深く意を治民に用いねばならぬことは申すまでもない。すなわち、為政者たるものは勝れたる智恵、巧妙の働きというがごときことを主とせず、もっぱら敦厚質実《とんこうしつじつ》の政治を施してもらいたいものである。わが国の憲法は世界における文明国に則《のっと》り、長短相補ってわが国の習俗旧慣に適するようにできておるから、その組織において言うべき点は無いが、これを運用するの方法の如何に依《よ》っては、大いに議論の生ずることになる。今日為政者のなしつつあるところを、われわれ被治者の側から見るに、徒《いたずら》に手段に走り智恵に傾き過ぎて、どうも質樸《しつぼく》敦厚の風が薄いように思われる。世が文明に進むに従い、世界各国とも、かくのごとき政治となってゆくものであろうか、今日といえども、同じくいわゆる「王道」を行うて民を無為に化するの治が得られぬものであろうか。これは甚《はなは》だ迷い無き能《あた》わざる点である。余のごとき旧思想の者から見れば、今日の現象をもって甚だ嘆かわしい有様だとするものであるが、ある一派の人々の思想では、必ずしも左様とばかり思わぬらしい。彼らの言を聞くに、世が文明に進むにつれて自然に人情風俗は遷転してゆくものであって、古人の「王道」のごときは今日から見れば、旧人の夢に過ぎない。時代によりて、その時々の仁義道徳はできるものであると論じておる。けれども遺憾ながら余は左様いう議論に賛成する事はできない。余はいわゆる「王道」のごときものは千年変ぜざる人間の道であると信じておる。人間行為の標準たる仁義道徳がその時代に依って変化するとすれば、仁義道徳のごときものは、ほとんど当てにならぬものとなってしまう。千古不変の大精神であるからこそ、そこに大なる権威も価値もあるのではないか。ゆえに余は為政者に向こうても、やはり、いにしえの王道を行うてもらいたいと希望するのである。一人溝壑《こうがく》に溺《おぼ》るるものあれば、己これを溺らしたと考えて政治を行うてもらいたい。しかるに、ややもすれば手段に走り智恵に陥り、自分の時代だけともかくも無難にやって退ければよいと、考えるような為政者が無いとも限らぬから、人情は次第に低落し風紀は順次に弛廃《しはい》し、甚だ憂慮すべき結果となりゆくのである。上の好むところは下自らこれを好むが常であるから、社会の各階級の人士もまた、風を望んでこれに習い、無闇に智恵と富とを尊び、人間唯一の精神は遂に閑却されるようになる。これ実に余が杞憂《きゆう》するところである。

国民の責任

およそ国家が健全なる発達を遂ぐるには、第一に政体よろしきに適《かな》いて紀綱《きこう》大いに張り、各方面において政治の意志が隈《くま》なく行き渡ること、例えば人体に血液の流動するがごとくならねばならぬ。為政者のなすところよく、かくのごときを得ば、国家の富強は疑いなきものであろう。如何に国家の組織を完全にし、行政機関を具備させても、これをして満足に運行させる動力が無くては駄目である。身体に四肢五体のあるがごとく、国家にもまた四肢五体が具《そな》わっておらなければ、如何に形貌《けいぼう》だけは美でも実質がこれに伴わない。

しかしながら、国家はひとり為政者にのみ依って立つもので無い。国家に適応する為政者の必要なことは上述に依って、ほぼ尽くされたことと思うが、それと相俟《ま》って国民もまた、国民たるの責任を重んずるものでなければならぬ。昔の王道を行うた聖王は、民自らその教化に服して天下の静平を得たものであるから、為政者さえその人を得れば、国民は自ら化するものだといえば、いえないことはないかも知れぬが、国民だとて必ずしも為政者がよろしくないから、国民たるの本分をまっとうしないというのはよろしくない。為政者の如何に拘《かかわ》らず、国民たるものは別に国民としてこの義務責任があるから、それに向かって自らなすべきをなし、尽くすべきを尽くさなければならぬ。これ国家に対する国民の権利にしてまた義務である。国民自身が非難されないだけのことをしておいて、しかる後に為政者の非を鳴らすというならば、充分の道理はあるが、もし自らなすべきをなさずして、徒に罪を為政者に負わせんとするがごときは、善良なる国民と称することはできぬ。国民たるものもまた、この点に深く鑑《かんが》みなければならぬことである。(三)

社会

社会とはなんぞや

余は前回に国家を論じ、しかして国家と社会とは形式上の相違のみで、その内容はほとんど同一義である、ただ政治上の形体が国家と称するものは、組織的につくられたまでで、それより全然政治的組織を除却すれば、国家と社会との差別はないものとなる、直言すれば、多数人民が相交じるというのが社会で、社会と国家とは政治以外に大差ないのであるとの意を述べた。しかし一つは国家という形体を有し、一つは社会という名称を負える以上、国家は国家としてその特質を具《そな》え、社会は社会としてまた別に特質が無くてはならぬはずである。しかして、すでに世は前回において国家に関する憶説を開陳したから、今回はさらに社会に対する卑見を述べて見たいと思う。

社会を誘導揮摧《きかく》して善良の風を倣《な》さしめんとするは、一つに住む人の人格に依らなければ不可能のことである。かくて風紀正しく、しかも富裕なることを得るに至れば、これすでに善良なる理想的の社会ということができるが、これに反して風紀紊乱《びんらん》し、貧賤《ひんせん》目もあてられぬようなのは、もちろん悪社会といわねばならぬ。しかして人は如何なる社会を要望するかといえば、むろん善良なる社会を組織したいとの希望を有するに相違ない。しからば理想的の社会は如何にして需《もと》むべきか。これ余がここに説かんとする眼目である。

社会に対する悲観

現今の社会に対する世人の評論には二種ある。それは極端に悲観する者としからざる者とである。余のごときはいずれかといえば、むしろ悲観せぬ方である。これを明治以前の社会に比較すれば、大いに進歩向上してきた者であると思うておる。しかるに、かの悲観論者は説いていわく「昔は上下貴卑の別のごとき、すこぶる厳然たるものであったが、今はほとんどそれ等に区別なく、上下相同じに見えるようになってしもうた」とか、「昔の人は忠信孝悌《こうてい》の道よりほかに、なんらの思想も抱かなかったものだが、今日は思想界にもあまり感心されない危険な考えを抱くものができた」とか、あるいは「往時の学生は質樸《しつぼく》にして剛健の気象に富んでおったが、今の学生は徒に柔弱淫靡《にゅうじゃくいんび》の風に傾いてきた」とか、または「婦人の虚栄心が強くなって、かのいわゆる婦徳のごときものが、ますます薄弱になってゆく」とか、「一般に人間が利に走って人情というものが薄らいだ」とか、あるいは「俄《にわ》かに富を作ったものが、倨傲不遜《きょごうふそん》にして突飛な言論を吐いたり、乱暴な行動に出《い》でたりする」とかいうて、しきりに社会の風潮を悲観しておる。しかしながら如何なる時代においても、社会の全局面に亘《わた》って完全無欠を期することは難しいことと思う。況《いわ》んや文明の過渡期たる明治時代の今日において、社会の長所を差し置き、無闇と短所ばかり拾うたならば、恐らく弊害や欠点は上掲の事項位で尽くるものではあるまい。かくのごとき悲観の説をなせば、天下の事何一つとして悲観せざるべからざるものは無いことになる。そんな議論をせずしてよろしく公平なる見識を持ち、社会の光明面と暗黒面とを比較して、そのいずれに与《くみ》すべきかを商量するが当然であろう。しかして、余はこの立場より観て、現代社会は明らかに向上進歩の途上にあるものとして、楽観しつつあるものである。しからば何をか楽観というか。

社会は向上進歩しつつあり

今例を挙げてこれを説明すれば、社会の最大基本たる富の程度が一般に高まっておる。昔日の富といえば土地家屋のごときものに限られて、その範囲も分量も、甚《はなは》だ狭くかつ少なかった。しかるに今日では有価証券という調法なものができて、株式のごときは富を進める最高手段といってもよかろう。公債のごときもまた左様である。海外貿易のごときも、ほとんど昔日に無かった富の増殖法である。これを富以外に求むるとも、なお幾らもある。海陸ともに交通機関が具備したこと、学校の普及したことのごときは、ことに著しいものではあるまいか。なかんずく教育において、そのしかるを見る。維新以前の状態に徴するに、社会の事に通暁しておるものは百人中に一人あるか無しかであった。社会の人の多くは無学で、たまたま文字あるものでも寺子屋へ行って少しく習ったというに過ぎなかったから、無筆の人は、ほとんど社会の大部分に充満しておった。しかるに今日は如何であろうか。それと反対に無筆の人は皆無の位になり、日本全国津々浦々に至るまで教育は普《あまね》く行き届いておる。例えば、三井岩崎の子息といえども、その隣家の八百屋の子息と比して、教育がさまで違わぬことになった。女子教育のごときは別けても発達したもので、昔の女子は富貴の家では深窓の佳人なぞというて、なるべく社会へは出ない方であったが、今日では女子にもそれ相応に社会的の仕事ができ、教師とか、医師とか、事務員とかいうように、男子に対抗して働くことになった。これも偏《ひとえ》に教育の普及に依るところの賜《たまもの》ではないか。その他一般社会の交際のごときも教育ある人々の交わりだから、昔に比して品格もよくなり、礼儀も正しくなった。もっとも、やや厚顔になったという傾きはあるらしいので、これを昔の遠慮深かった時代に比すれば、ある場合には嫌うべきものもあるが、概して弊害より利益の方が多く、それらの例証はほとんど枚挙に遑《いとま》なきほどである。しかして社会は実にかくのごとく駸々《しんしん》として進歩しておるのに、この事実に対して悲観論を唱える人の気が知れぬと思う。

現代社会の欠陥は何か

さりながら余は、絶対に現代社会に満足するものでは無い。いまだ大いに足らざる点あることを憾《うら》みとする。足らざる点とは何か。いわく仁義忠孝の観念が他の事実に比して大いに遜色《そんしょく》あることが、それである。要するに真正の富というものは、強い信念と厚い徳義に依《よ》らなければ永遠に維持することはでき難い。もちろん、富も地位もその人の活動如何に依ってはー時的に得られるけれども、これを永久に持続しようとするには強い信念、厚い徳義というものを根本思想としておかなければ、その間に種々の物我が起こり邪路に入りやすいから、永遠に強固に保持することは、できなくなるのである。仔細《しさい》に考えれば余が憾みとするところは、一つにここに存在する。ゆえに現今における愛国者の務めは、なんであるかというに、もっぱら社会に仁義道徳の観念を鼓吹し、為政者と被治者とを論ぜず、社会の上下をして一斉に真摯《しんし》敦厚《とんこう》の気風に引き直すようにすることが緊要である。社会のことは主として孝悌忠信仁義道徳をほかにして、これが救済を企つるも、そは謂《い》われ無きことであって、終《つい》に画餅《がべい》に帰せざるを得まい。

貧富懸隔問題

さらに一つの注意を要すべきことは、社会における貧富の懸隔である。この貧富隔絶の結果は、経世家がもっとも憂慮すべき、悪い意義の社会主義を勃発《ぼっぱつ》させることになり行くのである。如何となれば社会の全部が貧民ばかりで貧々相依《あいよ》るとか、あるいはそれと反対に富豪ばかりで富々相交わるならば、人々の思想は平均されておるから、別に不平も起こらぬのであるが、社会が進歩するに従って、この間の隔絶が次第に甚しくなってゆくことは、欧米諸国の先例がこれを語っておる。すなわち、社会が進歩するという利益ある他の一面においては、貧富懸隔という禍害《かがい》が生じてくるのである。この事実は文明国において等しく味わいつつある苦楚《くそ》で、これを甘く調和してゆくがために、社会政策なるものが唱道せられておる。しかしながら余はかくのごとき問題も、また前述の真摯敦厚の風に拠《よ》りてこれを防ぐことができると思う。富豪は自ら富豪たるの本分を守り、社会に向こうてその責任を明らかにし、貧者も貧者としての分を守って努力勉励し、上下の間に相憐み相譲るの風があるならば、この間一波の動くなく、社会はきわめて静平なることを得るであろう。しからば真摯敦厚の風は、何をもってこれを指導すべきかというに、仁義道徳孝悌忠信の道を行うよりほかに策はない。ゆえに憂国の士はよろしくこの明瞭《めいりょう》なる救済策に意を用い、大いに社会をして善風美俗に誘導せられんことを希望する次第である。

社会問題と国家問題とは、あたかも連鎖のごときものである。社会の風をして真摯敦厚ならしむることができるならば、国家もまた自ら理想的の国家に立ち至るは、火を観るよりも明らかなる事実である。(四)

道　理

道理という言葉は、よく通俗の談話中にも用いらるるところで、「そんな道理はない」とか、「かくかくの道理ではないか」なぞと、きわめて卑近の意味に応用されておるが、しかし文字の上から考察すれば、なかなか高尚遠大の意義を含有するところの言葉である。

道と理と

「道」という文字は四書の中にも多く見ゆるが、もっぱら宋朝《そうちょう》学者に重んぜられたもので、「道は天下に充塞《じゅうそく》するものである、道に依らなければ、人世一日も立つことはできぬものである」なぞとは、当時の人のよく口にしたところであった。元来「道」とは、すなわち道路の意で、人間の必ず踏まねばならぬものであるから、これをただちに道徳上に応用し来り、その形より推論して、人の心に行うところ、守るところの正しき一切のことの上にこの文字を用いて、人の心の行くべき経路を「道」と名づけたものであろう。また「理」

という文字も、かの閩洛派《びんらく》（程朱学派）がすこぶる尊重したところのものの一つで「理天地を生ず、いまだ天地あらざる前、まずこの理あり」などいうて、天地のある以前より理はあったもの、人間は理より生まれたるもののごとくに言ってある。程伊川《ていいせん》の「四箴《ししん》」中「動箴」に、「理に順《したが》えば、すなわち裕、欲に従えば惟危うし云々《うんぬん》」の一句があるが、これ《これ》らも「理」とは如何なる意味であるかを窺知《きち》するに足るものであろう。要するに「理」には「筋」という解釈が適当で、日常談話に用いらるる「真理」なぞいう言葉より推すも、すべて筋立てることの意に観て差し支えないことと思う。しかして、この「道」及び「理」の二文字を合して「道理」という言葉が成立したものであろう。

道理の定義

今この言葉を約言すれば、「道理とは人間の踏み行うべき筋目」という意味になる。ゆえに人間は万事万般の行いをこの道理に当てはめ、これに適応するや否やを判断し、決定するがもっとも緊要のことである。のみならず、しかもまた、それが処世上における唯一の方法であろうと思う。しからば何人もこの「道理」を的確に見定め得らるるだけの見識を持ちて、またそれを適当に履行すれば、それで過誤なきを得るに至るであろうかというに、これは絶対に満足とは言い切れぬが、自ら「道理」にかなった遣《や》り方をしたと信ずるの行為において、もし万一その結果が不充分であっても、それは如何《いかん》ともなし難きものであるから、かかる時は天を怨《うら》みず、人を尤《とが》めず、まず自ら安心してよいことであろう。とにかく「道理」とは人の行くべき道、従うべき掟《おきて》であることたるは、けだし疑うべき余地が無いのである。

道理の識別

しからば実際における道理の発現、もしくは活動は如何《いか》なるものであろうか。これは、なかなか面倒な問題である。例えば事を処し人と接する時、先方の相手がわがままをいうたり行うたりした場合、これに従うが道理であろうか、それともこれに反抗して自ら信ずるところを押し通すことが道理であろうか。あるいは利をもって説かれた際、これに加わってともに事を行うてよいか、それとも利益は失うとも、他人の誘拐には従うべからざるものであろうかと、日常身辺に蝟集《いしゅう》する事物に対し、一々これが誤らざる鑑別をすることは、恐らく想像以上の困難であろう。しかもこれらの問題の勃発することを予知することができて、それに対する処置について考慮を回らすだけの時間があれば、いまだしもであるが、事件は多く予測せざるところに起こるもので、造次《ぞうじ》顚沛《てんぱい》の間にもそれがあるから甚《はなは》だ困る。もし君のために一命を捨て親のために身を殺すというような、人間一生に係わる大問題で、その中に誰が観てもただちに首肯し得るほどの道理が含有しておる。しかも平生滅多にないこととならまだよいが、人間界のことは小事が積んで大事となり、一日が積んで百年を生むが社会の常で、小事と思ったことも後日案外の大事となって再現するような例はままあるから、なかなかに油断はできない。ゆえに道理の識別を過たぬようにすることは容易ならぬ仕事である。されば人はこの間に存する道理を、精密の観察と注意とをもってよく見分け、その事の軽重公私を公平に分別し、重きにつき、尊きに従うて誤らぬようにしなくてはならぬ。果たして、これを過《あやま》たぬだけにすることができるならば、何人も世に立って渋滞するところがなくなるであろう。のみならず、その人の行うところの道理が一々節に当たれば、その人は他から見ても道理の権化ともいえるのである。論語に「君子は食を終うるまで仁に違うなし」とあるも、畢竟《ひっきょう》、君子人の事に当たって払うところの注意に小止みなきことをいったもので、一挙手一投足も道理に外れぬが、すなわち君子の行いである。

誤らざる識別法

さて、その的確なる識別は、そもそも何に依ってやればよいか。これには種々様々の工夫もあるであろうが、何よりもまず平素の心掛けを善良にし、博く学んで事の是非を知り、七情の発動に対して一方に偏せぬように努めることが一番大切であろうと思う。なかんずく智を磨くことは、もっとも肝要である。もしも智識が不足で充分に事の是非を弁別することができなければ、あるいは感情に走り、あるいは意地に制せられるという恐れがあるから、よりてもって道理が晦《くら》ませられることになる。甚だしき一例を挙ぐれば、非常に感情の興奮した場合などに、自分は真理だ、道理にかなったことだとなして言ったこと、行ったことが、後日心の静平なるに及んでこれを顧みると、存外に道理を踏み外し、真理が非理であったと感ずることなぞも、よくあることである。また、人に対してその言うところが不道理だと、意地っ張りになって怒ったことでも、かえって先方に道理があって自分の方が誤っておることもある。かくのごとく感情は悪くすると事物を曲視することが無いとも限らぬから、これを適度にするには智を磨くよりほか方法がない。智を磨いて、森羅万象正しい選別が与えられるようになるならば、感情も意志もそれがために曲げられるようなことなく、道理のあるところは、どこまでも道理として貫くことができる。ゆえに「道理」の完全なるを期するは、今日の心理学者のいわゆる「智情意」の三者が均衡を得る時において、初めてでき得るのである。

余の取る手段

ここに注意すべきは、智を磨くということについての一事である。感情や意志の力を制するには智の力を借りるがよいとはいえ、智の力に勝たれ過ぎると、またかえってそれが妨げとなることができる。智ばかりになると何事も理論の一方となり、複雑極まり無き人生の一切を解釈しようとするから、物事に角が立ってために渋滞がちとなる。ことに智はとかく悪い方へも用いられやすいもので、ややもすれば邪智、奸智《かんち》、猾智《かっち》なぞとなる場合もある。これらは、智の勝ち過ぎるところから生ずる弊と言わねばなるまい。ゆえに智には常に孔子のいわゆる「忠恕《ちゅうじょ》」とか「篤敬」とかいう意味のものを加味して行くならば、恐らく道理の本体を捕捉《ほそく》することにおいて、大過なかろうと思う。

要するに道理を知り、道理を行うには、やはり安心立命を得ることが肝要である。ただし、安心立命と一言にして尽くされる言葉ではあるが、さて、その境地に入ることは容易でない。その方法としてはキリスト教の訓《おし》うるごとく、仏教の説けるごとく、乃至《ないし》儒教の導くところのごとく、人間の平生の行状を端正にしてゆくならば、何時かは安心立命を得るに到るであろう。果たして左様なれば心に迷いもなく、真に道理を知りてこれを行うの人たることができようと思う。余はこの道理を踏み過たぬためにはその標準を孔子の教義に取っておる。余が日常生活において、幾多複雑なる事件や問題に逢着《ほうちゃく》する場合、ただちにこれが道理に適応する処置方法を考える。その際、余の心をして誤らしめぬものは孔子の教えで、この事について夫子はかくかくと教えてある、この場合における夫子の態度はかくかくであったと、一々孔子の教えに照合してその事物を処理し、それをまた自ら道理であると信じておる。しかしながら、それが果たして道理として完全なものであるかどうかは解らぬが、少なくとも自分一人だけは、それをもって最上最善の行いであるとなしておる。しかしてこれがまた、少なからず道理を知る上に効果あるものであるから、世人も余がこの工夫に同意されることを希望する。その標準とするところのものが、必ずしも儒教でなければならぬと言うのではない。キリスト教でも仏教でも、人その人の好むところに任ずるがよいが、道理の鑑別にそれらの標準を立てておくことは、けだし何人も等しく必要とするところであろうと思う。（五）

余が処世主義

淡泊の本領

自分は実業家中にその班を列しながら、大金持ちになるのが悪いという持論である。これは一見矛盾した話のようではあるが、平素「淡泊」を主義として世に処したいと考えておるので、富を致すについても、やはり淡泊を旨としておるからである。しかし一般社会の人情としては、誰しも少額よりは多額を望み、他人よりも余分に蓄積したい、大富豪になりたいと苦心するが普通であるが、よく考えてみると、この多いということには際限が無い。どこまで行ったら終局であろうか。仮に無一物の者は十万円を貯蓄したいと望み、十万円あるものは百万円を欲し、百万長者は千万、一億と行けども行けども無窮大で、どこまでかかっても果てしがつかない。これを一面から考えて、もし一国の財産をことごとく一人の所有としたら、如何いう結果を来すであろう。これやがて国家の最大不祥事ではあるまいか。かくのごとく窮極するところなき欲望に向こうて、虎狼《ころう》の慾《よく》を逞《たくま》しゅうするの徒が続出せんよりも、むしろ智識ある、働きある人を多く出して国家の利益を計る方が国家万全の策であろうと思う。ゆえに余は実業家でありながら、大金持ちとなることを好まない。従って世の大富豪なるものが、その国の財産を一手に占有せんとすることを嫌うのである。嫌うからこそ自分自らも、大富豪になりたいと努めようとも思わなければ、また大富豪になるがよいと人に勧めもしないのである。富に対して余は従来、実にかくのごとく淡泊なる考えを持ってきたのであった。

軽快なる活動

一例を挙げてみれば、三菱《みつびし》、三井《みつい》などは日本の大富豪であるが、これを米国のカーネギーやロックフェラーなどに比較すれば、いまだ不足の方で、ただ日本の貧乏人に比してみれば富豪であるというのみだ。こんな塩梅《あんばい》に幾ら金を溜《た》めて富豪になったからとて、世界の財産を自己一人で所持する訳にもゆくまいし、また一人が富を積んでもそれが社会万人の利となる訳でもなし、詮《せん》ずれば誠に無意義なものになってしまう。さばかり無意義なことに貴重なる人間の一生を捧《ささ》げるというのは、馬鹿馬鹿しい次第で、人間と生まれた以上は、もう少し有意味に終生を過ごすのがその本領であろうと考える。しからば有意味の仕事とはなんであろうか。余はこの問題に対して次のごとく思惟《しい》するのである。富を積むというがごとき無窮大のこと、しかも割合に無価値のことに向こうて一生を葬ってしまうよりは、実業家として立たんとするならば、自己の学術智識を利用し、相応に愉快な働きをして一生を過ごせば、その方が遥《はる》かに有価値な生涯である。要するに余は金はたくさんに持たぬがよろしい、働きは愉快にやれという主義であるのだ。余は従来、この主義を楯《たて》として世に処してきた。それゆえ、事業に対しても独力経営の利殖法を避け、それに代うるに衆人の合資協力に成る株式会社、合資会社なぞを起こして、利益は一人で壟断《ろうだん》せず、衆人とともにその恩恵に均霑《きんてん》するようにしてきたのである。これすなわち、余がいわゆる自己の智恵を応用して、淡泊に活動してきたものといって差し支えなかろうと思う。

余に大資産なき所以

ゆえに、余は人が世に処するに当たり大資産は不必要だときわめておる。もっとも社会には大資産がなければできない仕事が多いけれども、それは必ずしも一個人に大資産がなければならぬというはずはない。自分には大財産が無くとも、相応な智恵と愉快なる働きをなし得るだけの資産があれば、それを武器として他人の財産を運用し、これによりて国家社会を益する仕事をしてゆくことが幾らもできる。今日にして思えば、余がもし過去の年月を利殖一方、儲《もう》けること一途《いちず》で費やしてきたとすれば、恐らく今よりも幾分か勝れた金持ちになっておったかも知れぬが、余は前にも述べたごとく、そんな無意義なことに甘んずることができなかった。自分が従来事業に対する観念は、自己の利殖を第二位に置き、まず国家社会の利益を考えてやっておった。それであるから金は溜まらなかったが、普通の実業家と称せらるる人々よりは、比較的国家社会のためになった点が多かろうと、自ら信じておる。この点からいえば余の主義は、利己主義でなく公益主義ということができよう。こう言えば如何にも自慢高慢をいうようであるけれども、衷心自ら左様信じておるところを遠慮なく告白するばかりである。

富豪の子息について

再三繰り返すが、要するに余は蓄財するについても、世に立ち人と交わる上においても、はたまた子孫の計を立てる場合にも、すべて道理の命ずるところに従い、愉快に働くということが一貫した余の主義である。ついでに、いっておきたいことは、富豪の家に生まれた子供の心掛けである。富豪の子と生まれたものの多くは、親の遺《のこ》した財産を当てにして、自分は働かずとも栄耀栄華《えいようえいが》をしておればよいと心得るのは、大いなる誤解である。その親が如何《いか》に大資産を所有しておるにもせよ、自己はどこまでも自己であるという考えを持ち、自分だけの智恵を磨き、社会に立ち得らるるよう心掛けねばならぬ。

しかし子供が左様いう心掛けを出したからとて、その親たるものも家からは一文も出さぬから、如何にでもして衣食して出よといってはおけない。第一に親の義務として学問をさせてやり、社会に立って恥ずかしからぬ行動の取れるだけにしてやらねばならぬ。また相当な地位を支えて、宜《い》い加減に困難のない生活をして出られるほどの財産も与えてやらなければなるまい。これは親の情というものであろうと思う。これだけにしてもらえば、その子たるものも、もはや、親の財産なぞに目をくれておる必要はない。どれだけでも自己の腕次第に活動ができる。もし左様いう子が富豪の家に生まれたとすれば、これ実に余が主義に合致したる理想的人物である。

成功の真意義

説は岐路に入った。近ごろ世間に「成功」という言葉が大いに持て囃《はや》され、金持ちになるのが処世の最大目的であるように説く人もある。すなわち手段方法はなんでもよい、金を溜めて成功しなくてはいかぬ。とにかく、これが非でもやっつけなければ、男として世に処する甲斐《かい》が無いといったような傾向が見える。如何にも成功は善《よ》い事柄に相違ないが、こんな調子で進めばうっかりすると世人の識見を惑わしめ、方針を過らせるような嫌いがありはせぬだろうか。現在、社会から解釈されておる成功の意味は、ただ自分の資産を増大に成し遂げるというだけのことで、その手段が合理的であったか、その経路が正当であったか、そんなことなぞには一切お構いなしという風である。従って正直に懸命に商売をして一千万円儲けた人も成功であるし、賭博《とばく》的のことをやって一千万円儲けた者も、同じ成功であるとして両者を一様に持て囃すが、余は成功の解釈をこんな風にするのは大不賛成である。真の成功とは、そんなことではあるまい。道理に合っておるという立脚地から、国家社会に利益ある仕事をして一千万円の利益を得たというのなら、これ実に俯仰《ふぎょう》天地に愧《は》じざる行いで、余はかくのごときものを真の成功とは名づくるのである。

楠正成と足利尊氏

一例をもってすれば、南朝の忠臣楠正成と、逆賊と言われた足利尊氏《あしかがたかうじ》とは、そのいずれが成功者で、いずれが失敗者であろうか。成功の意義が前述のごとく「物質上の欲望を満足になし遂げる」というところにありとすれば、逆賊尊氏は成功者で、忠臣正成はかえって失敗者であるに相違ない。けれども千載の下、世人が失敗者たる正成を賞揚して措かざるに反し、成功者の尊氏を蛇蝎《だかつ》のごとく排斥するのを見れば、成功にも卑しむべきものがあり、失敗にも尊むべきもののあることは明らかである。これ畢竟《ひっきょう》、尊氏の成功の目的が不正なりしに反し、正成の失敗の経路が正当であったことに依《よ》るのほかはないのだ。しかるに今日の人は単に尊氏をもって成功者となし、正成を目して失敗者とするの論のみを立てておる。誤りもまた甚だしいではないか。ゆえに世人は成功を心掛ける以前に、まずその手段方針経路等について仔細《しさい》に慮《おもんぱか》り、その善悪正邪の識別をなして、しかる後に着手するがよい。

余はむしろ失敗者に与せん

淡泊は実に余が処世上、唯一の主義である。淡泊を主義とし道理を踏んで、失敗するとも悔ゆるところはない。不条理なことをして成功しても、それが真の成功でないことを思わば、そんな形ばかりの成功に対しては、第一良心が満足していられない。正義人道を踏んで失敗したならば、余はむしろ、失敗をもって慰安を得るつもりである。成功不成功は必ずしも人間行為の標準ではなく、人間として一時も忘るる能《あた》わざるところのものは、かえって行為の善悪にある。ゆえに人道を踏み外して成功の地位に達しても、それはきわめて価値の少ないもので、人間の仲間に歯《し》することすらも恥とする位なものであろうと思う。このゆえに余は過去の経路の一切を自己の成功不成功ということよりも、道理に外れない行為をするという点に置いてかかった。孔子の道を余が行為の標準として、事業をなす上においても、はた私生活においても、一歩もその外に踏み出すまいと心して来たのであった。

強いて余が処世上の主義は如何なるものかと問わば、誠に以上のごとき簡単なことを告白するよりほか無いのである。(八)

公生涯と私生涯

人が世に処する上において、これを公生涯と私生涯との二つに区分して考えてみなければなるまい。これは公人として世に立つ場合と、一私人として世に立つ場合とである。

公私両生涯の区別

公人として世に立つ場合は、常に国家的観念をもって事に任じ、すべての仕事の上に私を忘れて一身を犠牲にするという覚悟を持たなくてはならぬ。しかしながら事業界には、さまで公私の別が画然たるものではない。例えば、その仕事は国家的であっても利益はその資本を出したる私人のものとなるとか、あるいは私にやったことが、かえって国家的の利益となったとかいう風な事もあるから、今自分が公私の生涯を説かんとする上にも、自らその説明に混雑を生ずる次第である。従来、余が従事しつつある銀行業のごときものにせよ、または他の生産的工業にせよ、如何に国家的観念をもって、その事業に当たるとしても、全然自分の利益を度外視してやるということはできない。自衛上、ある点までは利益を得る事にも努めねばならぬ。それゆえ、その仕事に任じておる者の心中は、たとえ国家的観念の凝結であるとしても、一面自己の利益を得るという点から観れば、国家的観念とのみは言われぬこととなる。ゆえに公私生涯の区別を立てることは実に困難で、ともすると、よく世人の非難する公私混淆《こんこう》ということに陥ってしまわねばならぬのである。

鉱山業の解剖

例えばここに一つの鉱山がある。これを採掘して鉱石を取り出せば、大いなる国家的利益であり、また一面には私人の利益にもなるが、それよりも先決問題は、その鉱山を掘れば果たして、鉱石が出るや否やという点にある。今日は科学も一般に進歩し、その道の技師にも充分技倆《ぎりょう》ある人ができておるから、予《あらかじ》め専門的の人に嘱して調査させた後、仕事に着手すれば間違いはないかも知れぬ。しかし余は疑う、たとえ如何なる名技師の鑑定でも、神ならぬ身の往々にして見当違いの無いということの断言はできまい。従来も技師の鑑定を信用し、それがために株式を募集して事業を興し、一般人に損害を蒙《こうむ》らせた例も少なくない。その正否は発掘してみた後でなければ断定はできないものである。かくのごとく、一面から観察すれば投機的の仕事であるが、事業そのものの性質からいえば悪い仕事でないのみならず、立派な国家的事業として見られるのである。しかるに世人は株式相場に関係しておる人を一口に相場師というごとく、鉱山事業に従事する人をもまた、俗に「山師」と称《とな》えて一般に善《よ》くいわない。これ要するに、最初の着手時代が幾分投機的性質を帯びておるからのことで、いよいよ鉱石の出るまでになれば、すでに国家的事業であろうけれども、それまでになる間の経路が面白くない。ゆえに事業界の実際は、実に複雑なもので、一言に公私というても、さてこれを区別することになると、なかなか容易なことではない。

公人としての余が態度

自分が事業家として世に出たのは明治六年で、今の第一銀行を創立したのが、そもそもの皮切りであった。爾来《じらい》、随分たくさんの事業に着手し、また多くの会社にも関係してきたが、自分はいまだ真の投機的事業に名を連ねたことも、自ら手を下してやったことも無いつもりである。しかし前にも述べたるごとく、如何に国家的観念を持っておっても、事業そのものの性質上、それが営利的に見えたり、または初めから営利的にやっておる仕事でも、その結果が自ら国家に貢献するようになるものもあろう。ゆえに、単に形の上に見えたところをもって、ただちにその仕事に従事しておる人の心事を忖度《そんたく》することはできない。ある程度までは、事業そのものがその人の心事を代表するであろうけれども、時にはまったく見当違いのことがあるからである。しからば余は如何なる考えをもって、今日まですべての事業の経営に当たってきたかというに、常に国家的観念をもってこれを経営した。しかして、形に見れたところはどうあろうとも、余が心中国家を外にして事業を考えたことは一つも無かったのである。これだけは誰の前でも憚《はばか》らず自白ができるつもりだ。

以上述べたところを約言すれば、余は従来世に処するの主義は、ただ「国家的観念」の外に出《い》でなかったというところに帰着する。しかして、これはひとり自分一人の世に処する道たるのみならず、天下何人といえども、この心をもって世に立つならば、必ず間違い無いに庶幾《ちか》かろうと信ずる。

私生涯の余が主義

しからば、私生涯における心掛けは如何《いか》なる者であったかというに、元来、余は漢学で教育されてきた人間だけに、儒教をもって自己行為の標準とした。従って、自分が処世上唯一の経典としておるのは論語であるから、今日新時代の教育を受けた人々とは相容《あいい》れざる点がある。まして外国人の思想とは、よほど相違したところがあるらしい。しかし論語を遵奉してきたために、こんな不都合がある、あんな不条理に出会うたというように感じたことは、いまだかつて一回も無かった。

論語には如何なることが説かれてあるかというに、これは時々説明するごとく、要するに「温良恭謙譲」とか「恭寛信敏敬」とか乃至《ないし》「言は忠信、行は篤敬」とか、または「夫子の道は忠恕《ちゆうじよ》のみ」というようなことがたくさんに出ておって、人は決して高ぶるな、驕《おご》るな、常に恭謙なる態度をもって人に接し、信義をもって人と交じれというようなことばかり教えてある。しかして、余は実に左様な主義の下に教育されてきたもので、またかくのごとき信念をもって自分の行為の標準としてきたのであった。

人に接する心得

自分は今日まで、いまだかつて人を計略に陥らそうとしたことは無い。たとえ先方の人が自分を計略にかけようとしてきても、余は渝《かわ》らざる信義をもってその人を迎えてきた。こんな風なことは今日の人から見れば、むしろ馬鹿げきっていようけれど、論語の教うる道理がそれであるから致し方がない。万事が左様した風であるから、時には、あまり自分を打ち明け過ぐるかの傾きもあるが、もしそれを控えるようにして自己を偽れば、すでに信義に欠けることになり、人に虚偽の交際をするようになるから、余が主義としては断じて許されないところである。しからば初対面の人にも五十年の知己にも、乃至家族の者にも、必ず同一態度をもって接するかと極端に質問さるれば、それは必ずしも同一であるとはいい難い。初対面の人と五十年の知己と家族とは各々、交わりの度合いが違い、自然的にそこに差別がある。しかして、この差別を明らかにしなければ、かえって礼を欠くの恐れが生じないとも限らない。しかしながら、人に対するという心においては、初対面者も、五十年の知己も、乃至家族も区別はないと思うから、如何なる人に接する際でも、あえて別け隔てをしない、墻壁《しょうへき》を設けない。しかして話すだけは充分に話し、聞くところも充分に聞き糺《ただ》して、相互の間に誤解のないように努めておる。すなわち、人の身分や階級に依《よ》って区別を立てず、いわゆる一視同仁の態度で人を見るのである。余がこの主義は、果たして現代の思潮と一致しておるや否やは解らないが、自分はどこまでもこの精神をもって、自己の生涯を貫徹するつもりでおる。しかして、これが孔子の道に背かぬ行いでもあると思うのだ。

米人の態度を評す

余は先年、実業団とともに渡米して、合衆国における首要の地を隈《くま》なく歩いた。しかして、その時余の流儀と米国の風習と甚だしく相違しておることを知った。余は到るところで、米人から自慢話を聞かされた。例えば「自分はこれでも偉い人間である」とか、「この事業は実に立派ではないか」とか、その甚だしきものに至っては、「僕の妻は非常な美人である」とかいう風に、米国人はなんでも自分のものを無闇に自慢して聞かせたり見せたりした。しかるに、それを見たり聞いたりした余は、元来、礼譲の徳をもって教育された人間であるから、彼らの態度について少なからず異様の感に打たれた。彼らは客に物を進める場合に「これは甘《うま》いものだから召し上がれ」と言う。日本人の頭から解釈したら、この一句すらすでに可笑《おか》しいではないか。彼らの進めるその品物が、あるいは甘いかも知れないが、自分の甘いと思うところの物を、ただちに万人に甘いと思わせることは不可能事である。人には様々なる嗜好《しこう》というものがある。その嗜好に適するや否やを知らざる限り、これは甘いから喰《く》えと命令的には出されないはずである。そうかといって、日本人流の進め方も感心できない。日本人は、なんの気なしに「これは手前が調理したもので、ごくつまらないものだが、召し上がって下さい」という。もちろん、いう人の心では自分を卑下していっておるには相違ないが、これでは、そのいい方が完全でない。しからば、どういえばよいかというに、自分ならば「これは私の心をこめて拵《こしら》えたもので、御口には合いますまいが召し上がって下さい」と言うつもりである。これらはきわめて些細《ささい》なことではあるが、心の持ちよう一つで色々に変わってくるのである。

すでに先進国と目せられたる米人のそれらの態度を見たけれども、自分は別に自己の守るところの道徳に欠点あるものとは認められなかった。余は飽《あ》くまでこの流儀で押し抜くつもりである。（九）

天の使命

余が日課

およそ多忙という点については、余は大抵の人に劣らぬであろう。朝は普通六時に起き、夜は十二時ごろに寝ることにしてあるけれども、仕事の都合で十二時過ぎになることも珍しくない。起床後は必ず、直に湯にはいるが、入浴すれば精神爽快《そうかい》にして元気とみに加わるの思いがする。次に庭園を散歩すれば、澄んだ空気を呼吸し心身を養うことができて非常によいのであるが、ほとんどそれのできないのは遺憾である。新聞も一通り見ねばならぬ。朝飯も喰わねばならぬ。ことに毎朝来る手紙は、如何に少ない日でも必ず三、四通はあるので、それにも一々返書を認《したた》めねばならぬから、庭園の散歩などはしたくても、ほとんどその暇が無い。その中に二、三の来客が見える。来れば必ず逢《お》うて語る。余の主義として、時間の許す限り客を辞したことがない。病中とか精神不快の場合、人に逢うのが辛《つら》いと感ずる時は仕方もないが、病中でも、なお客と語るを楽しみとしておる。しかし、金を強請されるなどは際限もないことであるし、また揮毫《きごう》の催促などは、余が面会しなくとも用が弁ぜられるが、その他の人は貴賤《きせん》貧富を問わず、必ず面会して、相手の意見なり希望なりを聞き、応じ得ることなら相談にも与《あず》かり、微力をも致しておる。

毎日の用事の予約は塗板に認めてあるから、約束の時間が来れば外出する。通常十一時ごろには兜町《かぶとちょう》の事務所へ出る。事務所にもすでに客が待っておる。また引き続いて来る者もあるという風で、独座して緩《ゆる》りと書物を読むようなことは、月に一回あるか無しである。かくて少し客が絶えた時は、日々接手する幾十通の手紙に返書を認めるが、手紙の返事は多く自分で作って代筆させることは少ない。というのは、一言一句不穏当の弁があっても、先方の誤解を起こす基となるから、たとえ忙《せわ》しくとも、字句を丁寧に文言を優美に書くことに努めておる。

夜は宴会、相談等のために十時過ぎまでかかることが多く、一家団欒《だんらん》して食事をともにすることは、月の中に五、六日しかない。外の用事が済んで帰宅してからは、あるいは新聞雑誌を読んだり、あるいは人に読ませて傾聴したりする。これは、一通り社会の風潮を知っておかなければならぬからである。拙筆ではあるが、揮毫を依頼されたものが常に三、四百枚はあって、時々催促を受けるのであるが、紙に臨めば精神も落ち着き、愉快を感ずるのであるけれども、その時間さえない。こんな風で毎日寸暇もなく追い回されておる。

処世上の信念

平素余があまりに忙しがるので、家族のものから「そうそう他人の世話ばかり焼いていないで、少しは子供のことも心配してもらいたい」なぞと、苦情を申し込まれることもある。余も子供のこと、家族のことに意を用いぬのではないが、もしここに二つの仕事があって、一つは自分の利益となり、一つは公共のことであるとすれば、まず公共の事の方から処決したくなるのが余の性質である。それも強いて己を枉《ま》げ自利を棄てて、世のためを計らんとするのではなく、性質上、そうなさなければ気が済まぬし、また、かくするのがこの世に生まれてきた自分の務めであると信じておる。しかしながら、この間にも緩急軽重を量るのはむろんのことで、如何に公共のためとはいえ、さらに緊急な、さらに重大な問題が起これば、彼れを後としこれを先にすることもある。かく区別は立てておるが、とかく公共の仕事には身が入りやすく、しかしてそれがため、ことに平生の多忙を加えることになってくるのである。

元来、人がこの世に生まれてきた以上は、自分のためのみならず、必ず何か世のためになるべきことを、なすの義務があるものと余は信ずる。すなわち、人は生まれるとともに天の使命を享《う》けておる。世に生まれ出たのは、直接には父母の恵みであるが、本源は造物主なるものがあって、何事をか、なさしむべき使命を与えて、己をこの世に現したのであるから、この使命をまっとうすることは人間の責務である。才能ある者はあるだけ、また少ないものも少ないだけの才能を用い、それぞれ力を尽くすのが、人としてこの世に対する義務であると余は確信しておる。従って世に処するところの方針も、ここに標準を置いてある。これは必ずしも、論語より得たるものでもなければ、また仏教や神道に学んだ訳でもない。ましてキリスト教に依ろうはずもないから、ただ余が性質上、自然的にかく信ずるのであると言うよりほかはない。もっとも、論語には天の使命に関することが説いてあって、それは「天命論」中に論じたごとくであるが、孔子は「怪力乱神を語らず」というて、仏教のごとく三世を説かぬけれども、論語一篇を通観するに、孔子も己以外に己を主宰するものがあることを、信じられたようであるから、孔子自身もまた、その一生を天の命ずるところに捧《ささ》げられたのであろうと思う。余はかくこの世に生まれた人は、いずれも天の使命を帯びておる者と信ずるがゆえに、自分もまた社会の事、公共の事にはできるだけの貢献をなし、その使命をまっとうしたいと期しておる。単に実業家として一身の利益を図り栄達を期したなら、他に致富の方法があるかも知れぬが、しかし金殿玉堂において桂を薪とし、玉を食とするがごときことは、この世における余の希望でない。また死んで行くこの身が巨富を蓄え、これを子孫に遺《のこ》すということが目的でもない。平生余が公共の事に心掛けて、一般の実業家と、やや経路を異にしておるのも、要するにこの信念から来たところであると思う。

自己の力行で自己を養え

余は多大の財産を子孫に遺すことを人間の目的とするは、間違いであろうと思う。人間は力行すれば、必ずその報酬はあるものである。あえて巨億の財産を遺さなくとも、その子孫には相当の学問を授け、その智能を啓発しておきさえすれば、充分自ら養うて出るだけの力があるはずである。必ずしも遺産をその子孫に与うることを悪いとは言わぬが、己の使命を閑却してまでも、遺産を作るべき必要はなかろうと思う。かく申す余は裸一貫から今日に至ったものである。余が血洗島《ちあらいじま》の実家は地方の資産家中に数えられたもので、また余が家におったころは多少家産を殖やしもしたが、江戸に出てから後は一文の補助も実家に請うたことがなく、今日まで自己の力行で自己を養うてきた。のみならず今日の生活は、自分にはその分を越えたものと思うて喜んでおる位である。しかし、これはひとり自分ばかりではなく、世間にはかかる人がたくさんにあろう。働きさえすれば何人にも相当の生活を営むことができるもので、親の財産に依頼したり、または他人の後援を頼むには及ばぬのである。しかして国民のすべてがこの心になれば、国家の富実はいうまでもなく、国民自身の幸福もますます増進するであろう。

もしわが家を大切であると思うならば、これを保護し安全ならしめる国家は、さらに大切ではないか。わが家に対する努力の一部分を割いても、国家公共のために尽くすのは人たる者の当然の義務である。徒《いたずら》に自己の利益のみを計り、子孫に財産を遺そうとするがごときは、あるいは、かえってその子孫を害するの愚策となりはせぬか、学問と精神とその身の健康とさえあれば、人は力行して自ら養う力のある者である、財産を積んで子孫に依頼心を増長させる必要は、決してないと思う。しかし、かく論じたからとて、家に儋石《たんせき》の備えなくも可なりと極端の説を樹《た》てるのではない。身分に相当する家に住み、一通りの器具調度もなくてはならぬもので、これは「衣食住」の項に論じたるごとく、品位を保ち得るだけのことはせねばならぬが、ただ私利にのみ眩惑《げんわく》して、社会公共の事を度外視したくないというまでである。かかる点になるとカーネギー氏は偉大な人物であると思う。余は氏の著書を読んで、さすがに氏の大いなることを感じたが、これは別に説くことにしよう。

国家のためには何事をも辞せず

朝鮮における先の第一銀行支店は、三十有余年の久しい関係を有し、韓国政府のために尽くしたことも少なからず、これがために余を始め、行員の奮闘努力したことも尠少《せんしょう》でなかった。しかるに四十一年に故伊藤公爵から、韓国銀行を設立して中央銀行となし、従来の第一銀行の事務はこれに引き継ぎたいという相談があった。余は多年韓国と深い縁故ある第一銀行のために、これを好まなかったのであるが、公爵より国家のためにこれを聴いてくれという依頼があったので、国家のためとあれば、やむをえぬことであると言って、快く引き継ぎを承諾した。承諾はしたものの、一面韓国銀行の利便を図るとともに、また第一銀行株主の利益をも考えねばならぬ。余は実に両者の間に介在して、人知れぬ苦心をしたのであったが、よく両者の利害を調和し、両者の関係を円満ならしめ、一語の物議をも起こさず、一事の齟齬《そご》をだも生ずることなく、きわめて平和に解決を告げた。しかして第一銀行の後を承継する韓国銀行の役員も、多くは第一銀行から引き継いだ人々で、自分と従来深い関係ある者ばかりである。これらの事こそ、真に尭舜の禅譲にも劣らぬというて宜《よろ》しかろうと思う。

また、前年京釜《けいふ》鉄道会社を発起した時、政府の大官中には、鉄道敷設を不可として盛んに反対するものもあり、一方にはまた、国家のため鉄道を敷設しなければならぬと賛成するものもあって、官界に相対立しておった二大系統が、各々その観るところを異にせる国家的観念から、互いに相違した意見をもって余を動かした。一方の勧誘が切であれば、他方はこれに反対して仕事の進行を阻止しようとする。この間に立って、両者の面目も立て、余自身の立場をも失わぬようにするには、容易ならぬ苦心であった。その時余は非常に当惑したが、しかしこれも国家のためであることを思い、種々なる苦心を積んだ結果、終《つい》に鉄道敷設を決定したのであった。

これらは国家のために犠牲たるの観念をもって事を行うた一例に過ぎないけれども、余は事毎にこれだけの覚悟、これだけの意念は必ず持っておって、国家のためには何事をも辞せざる心である。しかして事に当たって一度こうと決定するまでは、深思熟慮を廻《めぐ》らし研究考察もするが、すでに決定した上は決して心を迷わさぬ。一旦《いったん》決すれば必ず邁往《まいおう》して中途で休むことなく、それに依《よ》ってたとえ失敗することがあっても、これは天命であるとあきらめる。人力を尽くして如何《いかん》ともすべからざるものであるならば、もはや悔いても泣いても及ばぬではないか。しかしながら、余は自ら天の使命を受けておる者であるとの信念を抱いておるから、如何なる困難と闘っても、あえて苦痛とは思わない。すなわち国家公共のために尽くすのは、その使命を行う所以《ゆえん》と信ずるがゆえに、一身の利益を犠牲とすることがあっても、あえて不快を感じないのである。

俯仰天地に恥じず

余は実に上述のごとき精神をもって世に処しておるのであるが、余の意志がまま誤解されたり、充分徹底しなかったりするために、かえって世人から情けない想像を下されることもないではない。自分は誠心誠意、真正に国家のため、事業のためと信じて行うたことでも、事情の通ぜぬためか、あるいは故意に曲解してか、意外なる非難を受くることもある。しかし、それはもとより意に介すべきものではない。余は依頼心はもっともよくないことと思い、また人に請託することが大嫌いである。余は官辺に知人もあり、権勢家と懇意にしてもおるが、かつて官辺に阿諛《あゆ》したことも無ければ、権門に曲従したこともない。渋沢は不肖でも、微力でも、何事も自ら行わんと欲するところは自らこれをなし、いまだ一度も勢力に依頼せしことなく、政府に対しても常に同一の態度を持続してきた。しかるに余が平生官辺の人や、いわゆる権勢家と懇意にしておるのを見て、世人は直にこれに解釈を与え、渋沢は官辺と結び、権勢家に請託すると曲解する者がないでもない。これらの非難に対して、自らやましくないだけに、むしろ、それらの人を気の毒に思い、もう少し深く観察してくれたら、渋沢がどんな人間であるか位は、解るだろうにと思うこともある。けれども幸いにして近ごろは、これらの誤解または曲解に遇うても平生の心を動かされなくなることを得た。かく言えば、少しく過言に失するようであるが、自分の行動は仰いで天に恥じず、俯《ふ》して地に恥じぬつもりであるから、たとえ人からなんといわれようと歎息《たんそく》もしなければ、人をも尤《とが》めず、天も怨《うら》まぬようになった。この境地がいわゆる孔子の「終身の憂いあるも一身の怒りなし」というものであろうか。かくのごとくにして、余は天の使命をまっとうしたいものだと希望しておるのである。（一〇）

清濁併せ呑まざるの弁

世人に誤解されたる原因

余は、ややもすれば世人より誤解されて、渋沢は清濁併《あわ》せ呑《の》むの主義であるとか、正邪善悪の差別を構わぬ男であるとか評される。このごろも、ある者が来て真向から余に詰問《きつもん》し、「足下は日頃論語をもって処世上の根本義とせられ、また論語主義を自ら行われつつあるにも拘《かかわ》らず、足下が世話される人の中には、まったく足下の主義と反し、むしろ非論語主義の者もあり、社会より指弾さるる人物をも足下は平然としてこれを近づけ、恬然《てんぜん》として世評に関せざるがごとき態度を取らるるが、かくのごときは足下の高潔なる人格を傷つくるものではあるまいか。その真意が聞きたい」とのことであった。

なるほど左様いわれてみると、この評もあるいは、然《しか》らんと自ら思い当たることが無いでもない。しかしながら余は別に自己の主義とするところがあって、およそ世事に処するにあたっては、一身を立つると同時に社会の事に努め、能《あた》う限り善事を殖やし、世の進歩を図りたいとの意念を抱持しておる。従って単に自己の富とか、地位とか、子孫の繁栄とかいうものは第二に置き、国家社会のために尽くさんことを主意とするものである。されば人のために謀《はか》って善をなすことに心掛け、すなわち人の能を助けてこれを適所に用いたいとの念慮が多いのである。この心掛けがそもそも、世人から誤解さるるに至った所以《ゆえん》ではあるまいか。

余は主義を実行せるのみ

余が実業界の人となって以来、接触する人も年々その数を増し、しかして、それらの人々が、余の行うところに見倣《みなら》いて、各々長ずるところに拠《よ》りて事業を精励すれば、たとえその人自身は自己の利益のみを図るの目的に出るとしても、従事する業務が正しくありさえすれば、その結果は国家社会のためになるから、余は常にこれに同情し、その目的を達しさせてやりたいと思うておる。これは単に直接利益を計る商工業者に対しての場合のみならず、文筆に携わる人に対しても、やはり同一主義の下に接してきた。例えば、新聞雑誌等に従事しておるものが来て余に説を請う時にも、余が説を掲載して幾分なりともその価値を高め得るものとすれば、自説はたとえ価あるもので無いと思うても、請う人の信実心より出たものならば、これを斥《しりぞ》けないで、それらの人々の希望を容《い》れてやるのは、ひとり希望する人のためのみならず、社会の利益の一部分ともなろうかと考えるので、非常に多忙の時間を割いてその要求に応ずる次第である。自己の懐抱するところの主義がこうであるから、面会を求めて来る人には必ず逢うて談話する。知人としからざるとの別なく、自分に差し支えさえなければ必ず面会して、先方の来意とその希望を聞くことにしておる。それであるから、来訪者の希望が道理にかなっておることと思う場合ならば、相手の何人《なんぴと》たるを問わず、その人の希望を叶《かな》えてやる。

非理の要求には困る

しかるに余がこの門戸開放主義につけ込んで、非理を要求してくる人があって困る。例えば、見ず知らずの人から生活上の経費を貸してくれと申し込まれたり、あるいは親が身代不如意のため、自分は中途から学資を絶たれて困るから、今後何年間学資の補助を仰ぎたいとか、または、かくかくの新発明をしたから、この事業を成立させるまで助勢を乞《こ》うとか、甚だしきに至っては、これこれの商売を始めたいから資本を入れてくれとか、ほとんどこの種の手紙が月々何十通となく舞い込んでくる。余はその表面に自己の宛名がある以上、必ずそれを読むの義務があると思うので、左様いう手紙の来る毎に、きっと目を通すことにしておる。また自ら余が家に来たりて、この種の希望を述べる者もあるので、余はそれらの人々にも面会するが、しかし、これらの希望や要求というものには道理の無いのが多いから、手紙の方はことごとく自身にては断り切れぬけれども、特に出向いて来た人に対しては、その非理なる所以を説いて断るようにしておる。余がこの行為を他人から見たならば、何も左様いう手紙を一々見たり、左様いう人にことごとく逢う必要はないというであろう。けれども、もしそれらに対して面会を謝絶したり、手紙を見なかったりすることは、余が平素の主義に反する行為となる。それゆえ自らは雑務が多くなって、寸暇もなくなるゆえ困るとは知りながらも、主義のために余計な手数をもかける訳である。

しかして、それらの人のいってきた事柄でも、または知己から頼まれたことでも、道理にかなっておることであれば、余はその人のため、二つには国家社会のために自力の及ぶ程度において力を貸してやる。つまり、道理あるところには自ら進んでも世話をしてやる気になるのであるが、左様いうことも後日になってみると、あの人は善くなかった、あの事柄は見違えたということが無いではない。しかし悪人必ずしも悪に終わるものでなく、善人必ずしも善を遂げるものとも限らぬから、悪人を悪人として憎まず、できるものなら、その人を善に導いてやりたいと考え、最初より悪人たることを知りつつ世話してやることもある。

欺かれるは仕方がない

とにかく、余は上述のごとき心持ちで人に接するけれども、初めから欺《あざむ》くつもりで来る者には、時として欺かるることもある。それは余の許《もと》へ来ていうところと、その平生行うところと相反する人物に対しての場合で、余とても一々その人に付随して行動を監視する訳にもゆかず、陰で行うところは如何あるか知らぬけれども、余の面前でいうところは信を置くに足ると思うから、識《し》らずしてその術中に陥《おと》されるのである。『孟子』に鄭《てい》の大夫《たいふ》子産《しさん》が料理人のために欺かれた話が載っておる。子産という人は智者で、鄭の国を治めて非常に成績を上げた人だが、ある時他所から生ける鯉魚を贈られたので、早速料理人に命じて池の中へ蓄《かわ》せた。しかるに、料理人はこれを烹《に》て食いながら、主人に復命していう、「始め魚を池中へ放した時は、さも驚いたという様子であったが、暫時にして悠々として水底に入った」と述べた。ところが子産はこの復命を聞いて「そのところを得たる哉、そのところを得たる哉」といって喜ばれた。料理人はこの有様を見て、後に人に告げていうには「なんで子産を智者などといわれよう。魚は手前が烹て食ったとも知らず、そのところを得たる哉といっておる」と笑ったという話がある。けれども、これは子産が愚かなる訳でなく、料理人の欺瞞《ぎまん》から起こったことで、子産を責めるところは一点もないと思う。孔子は門人宰我《さいが》から仁者を欺くことの問いを発せられた時に「君子は逝《ゆ》かしむべし、陥るべからず。欺くべし、罔《くら》うべからず」と答えて、一度は欺くことはできるが、終局まで欺き通せるもので無いと教えられたことがある。余もある時は惑わされることはあるが、清濁併せ呑むことはせぬ。元来世の中は清のみ行われなければならぬはずのもので、濁の存することは根本より間違っておる。ゆえに清に与《くみ》することは当然だけれども、濁をも併せ呑むの要をば認めぬのである。されば、これらの意義よりして初めから正邪善悪は別けておるつもりであるが、子産が厨人《ちゅうじん》におけるごとき場合には、神ならぬ身の欺かれることを避ける訳にはゆかぬこともあろう。初めから清濁併せ呑むつもりで豪傑を気取り、欺かるるを知って欺かれるのでは無いのである。

誤解する者が無理なり

昔は信賞必罰をもってよい事としてあったが、今日から考えてみると、必罰は人を率いるの道であるか如何か。この意義より見れば自分は真に欺かれやすい主義の下に立ってきたから、世間から誤解される場合のできるのも、やむをえざる次第である。しかして、かくのごときはもとより、余の短所であろうが、時としては余にとっての長所とすることもあると思う。余の門下生と称する者、余に私淑せる者の中にも、その行動が余と反対なものもあるであろうが、それまでは余の力の及ぶところでないから、それを捉《とら》えて余に罪を問い、清濁併せ呑む者となしても、そは見る人の誤解と弁ずるよりほか道は無いと考える。

(一九)

論語と算盤

余が所蔵の画帖《がちょう》の中に、論語と算盤《そろばん》とを一所に描いた一軸がある。旧来の思想から考うれば、論語と算盤とは如何《いか》にも不調和の画題で、何か諷刺《ふうし》的にでも描いたものであろうとの観察を下すよりほか、この二者に調和あるものだとは、多くの人の思い到らぬところであろう。古い漢学者の思想をもってすれば、論語は道徳上の経典であるのに、算盤はこれとまったく反対の貨殖の道の道具である。如何でか二者相容れることができようぞという、結論を得るに相違ない。ところが、余はひとり世のいわゆる儒者の見るところと、その見解を異にし、久しい以前から論語と算盤とは、相一致しなければならぬ者であるという持論であった。そして、しばしばそれに関する意見を人にも語ったり、社会に向かうても発表したことがある。何時であったか、鴻儒《こうじゅ》三島　中洲《ちゅうしゅう》博士に余が所蔵のその軸物を示して、同時に余が意見を吐いたことがあった。ところが、三島博士も余の意見を是認され、その後博士は「論語算盤論」を作って余に示された。さて、余は何故に論語と算盤とが調和一致すると言うのであるか、左に余が持論を述べてみたいと思う。

論語読みの論語知らず

論語が孔子の言行録たることとは、今さら説くまでもないことだが、今その論語を通して孔子の性格を窺《うかご》うてみるに、いったい孔子は容易に本音を吐かぬ人であった。常に事物の半面だけを語って、全体を悟得せしめることを、力《つと》めておられたように思われる。なかんずく、門下の諸子に説かれた教訓の数々は、大抵この側面観に依《よ》って反省を促しておったものである。それは今例を挙げて説明するまでも無いことであるが、同じく「仁」ということを弟子に説いて聞かせるにも、甲に説いたところと、乙に訓《おし》えたところと、乃至《ないし》丙に語り丁に示したところとは、各々相異なったもので、その人物の性格を見て、それに適応するように説き聞かせたものである。俗に「人を見て法を説け」ということがあるが、孔子の教訓法は実にそれであったのだ。しかしこの事実については、何人もこれまで認めておったところで、孔子の教えを慕うほどの者は、みな左様いう心持ちをもって論語を読んでおったに相違ない。だが孔子のこの教育法が、かえって後人から誤解される動機をつくり、知らず識らずの間に孔子教の本領を誤り伝えるようになったのである。かの「論語読みの論語知らず」なぞと嘲《あざわら》って、自らは論語の旨意を会得しておることを誇り、論語を曲解しておる腐儒《ふじゅ》を罵《ののし》った連中すら、なおかつ功名なる孔子の側面観的教訓に惑わされて、無意識の中にやはり「論語読みの論語知らず」に陥っておったのは、むしろ滑稽《こっけい》なる事実ではないか。とにかく、孔子の教えは広汎《こうはん》なものであるから、解釈の仕方、意義の取り方に依っては如何にでも見える。ゆえに誤解もまた甚だしくなってくる訳であるが、余はまた、実業家の立脚地から論語を見ると、儒者のいまだかつて発見せぬところに、非常な妙味を見出《みいだ》すことができる。

仁義と富貴

従来、儒者が孔子の説を誤解しておった中にも、そのもっとも甚だしいものは、富貴の観念、貨殖の思想であろう。彼らが論語から得た解釈に依れば、「仁義王道」と「貨殖富貴」との二者は氷炭相容れざる者となっておる。しからば孔子は「富貴の者に仁義王道の心あるものは無いから、仁者となろうと心掛けるならば、富貴の念を捨てよ」という意味に説かれたかというに、論語二十篇を隈《くま》なく捜索しても、そんな意味のことは一つも発見することができない。いや、むしろ孔子は貨殖の道に向かって説をなしておられる。しかしながら、その説き方が例の半面観的であるものだから、儒者がこれに向かって全局を解することができず、遂に誤りを世に伝えるようになってしまったものである。

例を挙ぐれば、論語の中に「富と貴とはこれ人の欲する所なり、其の道を以《もっ》てせずして、之《これ》を得れば処《お》らざるなり。貧と賤《せん》とはこれ人の悪《にく》む所なり、其の道を以てせずして之を得れば去らざるなり」という句がある。この言葉は如何にも言裏に、富貴を軽んじたところがあるようにも思われるが、実は側面から説かれたもので、仔細《しさい》に考えてみれば富貴を賤《いや》しんだところは一つもない。その主旨は富貴に淫《いん》するものを誡《いまし》められたまでで、これをもって、ただちに孔子は富貴を厭悪《けんお》したとするのは、誤謬《ごびゅう》もまた甚だしといわねばならぬ。孔子の言わんと欲するところは、道理をもって得た富貴でなければ、むしろ貧賤の方がよいが、もし正しい道理を踏んで得たる富貴ならば、あえて差し支えはないとの意である。

してみれば富貴を賤み、貧賤を推称したところは、さらに無いではないか。この句に対して正当の解釈を下さんとならば、よろしく「道をもってせずして、これを得れば」というところに、よく注意することが肝要である。

正当の富貴功名

さらに一例をもってすれば、同じく論語中に「富にして求むべくんば執鞭《しつべん》の士と雖《いえど》も、我も亦《また》之を為さん、若し求む可からずんば吾が好む所に従はん」という句がある。これも普通には富貴を賤しんだ言葉のように解釈されておるが、今正当の見地からこの句を解釈すれば、句中、富貴を賤しんだというようなことは、一つも見当らないのである。富を求め得られるなら、賤しい執鞭の人となってもよいというのは、正道仁義を行うて富を得らるるならば、ということである。すなわち「正しい道を踏んで」という句がこの言葉の裏面に存在しておることに注意せねばならぬ。しかして下半句は、正当の方法をもって富を得られぬならば、どこまでも富に恋々としておることはない。奸悪《かんあく》の手段を施してまでも富を積まんとするよりも、むしろ貧賤に甘んじて道を行う方がよいとの意である。ゆえに道に適せぬ富は思い切るがよいが、必ずしも好んで貧賤におれとはいうて無い。今この上下二句を約言すれば、正当の道を踏んで得らるるならば、執鞭の士となってもよいから富を積め、しかしながら不正当の手段を取る位なら、むしろ貧賤におれというので、やはりこの言葉の反面には「正しい方法」ということが潜んでおることを忘れてはならぬ。孔子は富を得るためには、実に執鞭の賤しきをも厭《いと》わぬ主義であった。と断言したら、恐らく世の道学先生は、眼を円くして驚くかも知れないが、事実はどこまでも事実である。現に、孔子自らそれを口にされておるから致し方がない。もっとも孔子の富は絶対的に正当の富である。もし不正当の富や不道理の功名に対しては、いわゆる「われにおいて浮雲のごとし」であったのだ。しかるに儒者は、この間の区別を明瞭《めいりよう》にせずして、富貴といい功名といいさえすれば、その善悪に拘《かかわ》らず、なんでも悪いものとしてしまったのは、早計もまた甚だしいではないか。道を得たる富貴功名は、孔子もまた、自ら進んでこれを得んとしておったものである。

朱子学の罪

しかるに、この孔子の教旨を世に誤り伝えたものは、かの宋朝の朱子《しゆし》であった。朱子は孔子の経解学者中では、もっとも博学で、偉大の見識を持っておったものであろうが、孔子の富貴説に対する見解だけは、どうも首肯することができない。ひとり朱子のみならず、いったいに宋時代の学者は異口同音に、孔子は貨殖富貴を卑しんだもののように解釈を下し、苟《いやしく》も富貴を欲して貨殖の道を講ぜんと志すものは、到底聖賢の道は行うことができないものであるとしてしまった。従って仁義道徳に志すものは、必ず貧賤に甘んずるということが必要になって、儒者は貧賤であるべきこととなり、彼らに対しては、貨殖の道に志して富貴を得る者をば敵視するような傾向を生じて、遂に不義者とまでしてしまったのである。しかるに朱子の学風は、わが国においてはすこぶる勢力があったから、孔子に対する誤解もまた社会一般の思想となり、富貴を希《ねが》い貨殖の事に関係するものは、何でも彼でも仁義の士とはいわぬようになった。ことに致富に関する事業の位地が卑しかったために、この観念は一層強いものとなって社会に現れておった。要するに、わが国の国民性をつくる上において、朱子学は偉大な貢献のあったことは認めなければならぬが、それと同時にまた、富貴貨殖と仁義道徳とは相容れないものであるとの、誤った思想を蔓延《まんえん》させた弊も掩《おお》うべからざる事実である。しかし一世の大儒たる朱子すらも、なおかつ左様であるから、況《いわ》んや後の凡儒者流がこれに雷同して、孔子の本領を誤らしめたことは、けだし無理なきことであろう。

孔子は一つの道学者に非ず

元来孔子を解釈して、一個の道学先生であるとしてしまうから、こんな間違いも生じてきたのである。孔子の本体は後の儒者の目するごとき道徳の講釈のみをもって、能事とする教師ではなかった。いや、むしろ堂々たる経世家であった。孔子を目して経世家なりと断定するのは、必ずしも吾人の一家言ではない。それは孔子が四方に遊説した事実を調査してみれば、何人も了解に苦しまぬところである。かつて故人の福地桜痴《ふくちおうち》居士の著述した「孔夫子《こうふうし》」という書物があるが、その書中に次のごときことがある。「孔子は若い時代から常に政治家となる野心を抱いており、晩年に及ぶまで自己の経綸《けいりん》を施すべき機会を狙うて東西に奔走しておった。しかれども、彼が一生を通じてその志望を果たすべき時機は遂に来なかった。ゆえに六十八歳の時、断然政治的野心を抛棄《ほうき》してしまい、爾後《じご》五年間における孔子の生活は、まったく道学の宣布、子弟の教育に一身を委《ゆだ》ねておった云々《うんぬん》」ということであるが、余はこの説に全然同意はせぬけれども、少なくとも孔子の生涯を知るほどのものなら、その政治に心を持っておったということを拒む者は無いであろう。かくのごとき、観察の下に孔子の言説を見れば、それは確かに堂々たる経世家の主張である。孔子が貨殖の道に対して、決して忽諸《こつしょ》にしなかったのは、けだし当然の事といわねばならぬ。

孔子の本質

惟《おも》うに、いにしえの聖人は、その徳をもってその位におった人々で、尭舜禹湯文武《ぎょうしゅんうとうぶんぶ》のごときは、すなわちそれである。しかして、孔子もその徳を具有しておったけれども、不運にしてその位を得ることはできなかった。ゆえに彼がその満腔《まんこう》の経綸も施すにところ無く終わったのであったが、もし孔子にして尭舜禹湯文武のごとく、為政者の地位にあらしめたならば、必ずや実際において、その経綸的思想を遺憾なく発揮せしめたことであろう。

孔子の根本主義はかの『大学』に説けるごとく「格物致知《かくぶつちち》」ということにある。貨殖の道はまた、経世の根本義である。果たして孔子が政治に志を持っておったものならば、貨殖の道をほかにして経世の方法はないから、必ず貨殖をも重んじておったに相違ない。これ実に余が見解である。

近年漢学の再興につれて、論語も大分読まれるようになってきたらしい。しかしながら論語を読んでも、同じく旧来のごとく富貴功名を卑しむべきものであると解釈しておっては、なんの役にも立つものでない。これを読むにあたっては、余がいわゆる「論語と算盤」との関係を心とし、これに依って致富経国の大本を得んと志してこそ、初めて真に意義あるものとなるのである。「論語読みの論語知らず」ということは、もはや前世紀の言葉である。今はこれを読んで、一々活《い》きたものとして使用しなくてはならぬ。しかるに今日でも生意気の青年などになると、時としては論語を目するに旧道徳の典型をもってし、旧時代の遺物として、ほとんどこれを顧みない者がある。これは大いなる誤解である。聖人の教えは千古不磨のもので、必ずしも時代によって用不用のあるべきものでない。余は明治時代に生活し、しかも論語を行為の指導者としてきたが、今日まではさらに不便を感じなかった。してみれば、旧時代の遺物でもなければ、旧道徳の典型でもない。今日に処して今日に行い得らるるところの処世訓言である。世の貨殖致富に志あるものは、よろしく論語をもって指針とせられんことを、希望する次第である。（一二）

論語主義と権利思想

世人ややもすれば、論語主義には権利思想が欠けておる。権利思想無きものは、文明国の完全なる教えとするには足らぬと、論ずるものがあるようであるが、これは論ずる人の誤想謬見《ごそうびゆうけん》といわねばならぬ。なるほど、孔子教を表面から観察したら、あるいは権利思想に欠けておるように見えるかも知れぬ。キリスト教を精髄とせる泰西思想に比較すれば、必ず権利の観念が薄弱であるがごとく思われるであろう。しかしながら余は、かくのごとき言をなす人は、いまだもって真に孔子を解したるものではないと思う。

孔子は釈迦耶蘇とは成立を異にせり

キリストや釈迦《しやか》は始めより宗教家として世に立った人であるに反し、孔子は宗教をもって世に臨んだ人ではないように思われる。キリストや釈迦とは全然その成立を異にしたものである。ことに孔子の在世時代における支那の風習は、なんでも義務を先にし、権利を後にするの傾向を帯びた時であった。かくのごとき空気の中に成長し来たった孔子をもって、二千年後の今日、まったく思想を異にしたキリストに比するは、すでに比較すべからざるものを比較するのであるから、この議論は最初より根本を誤ったものというべく、両者に相違を生ずることはもとより、当然の結果たらざるを得ないのである。しからば孔子教には全然権利思想を欠いておるであろうか。以下、少しく余が所見を披瀝《ひれき》して、世の蒙《もう》を啓《ひら》きたいと思う。

論語主義は己を律する教旨であって、人はかくあれ、かくありたいというように、むしろ消極的に人道を説いたものである。しかして、この主義を押し広めてゆけば、遂には天下に立てるようにはなるが、孔子の真意を忖度《そんたく》すれば、初めから宗教的に人を教えるために説を立てようとは考えなかったらしい。けれども孔子には、一切教育の観念が無かったとは言われぬ。もし孔子をして政柄を握らしめたならば、善政を施《し》き国を富まし、民を安んじ、王道を充分に押し広める意志であったろう。換言すれば、初めは一つの経世家であった。その経世家として世に立つ間に、門人から種々雑多のことを問われ、それについて一々答えを与えた。門人といっても、各種の方面に関係を持った人の集合であるから、その質問も自ら多様多岐に亘《わた》り、政を問われ、忠孝を問われ、文学、礼楽を問われた。この問答を集めたものが、やがて論語二十篇とはなったのである。しかして詩経を調べ、書経を註し、易経を集め、春秋を作りたるなどは晩年のことで、福地桜痴居士がいえるごとく、六十八歳より以後の五年間を、纔《わず》かに布教的に学事に心を用いたらしく見える。されば、孔子は権利思想の欠けたる社会に人となり、しかも他人を導く宗教家として世に立った訳でないから、その教えの上に権利思想が画然としておらぬのは、やむをえざるところである。

両極は一致す

しかるにキリストはこれに反し、まったく権利観念に充実された教えを立てた。元来猶《ユ》太《ヤ》、埃及《エジプト》等の国風として預言者というような者の言を信じ、従ってその種の人も多いのであったが、キリストの祖先たるアブラハムよりキリストに至るまで、ほとんど二千年を経ておる間に、モーゼとかヨハネとかいう幾多の預言者が出て、あるいは聖王が出て世を治めるとか、あるいは王様同様に世を率いて立つところの神が出るとか、いい伝えておった。この時にあたってキリストは生まれたのであったが、国王は預言者の言を信じ、自己に代わって世を統《す》ぶる者に出られては大変だというところから、近所の子供をみな殺させたけれども、キリストは母マリヤに連れられて他所《よそ》へ行ったために、この難を免れた。耶蘇《キリスト》教《きょう》は実に、かくのごとき、誤夢想的の時代に生まれたる宗教であるから、従ってその教旨が命令的で、また権利思想も強いのである。

しかしキリスト教に説くところの「愛」と、論語に教うるところの「仁」とは、ほとんど一致しておると思われるが、そこにも命令的と自働的との差別はある。例えば耶蘇教の方では、「己の欲するところを人に施《ほどこ》せ」というように教えてあるが、孔子は「己の欲せざるところを人に施す勿《なか》れ」と反対に説いておるから、一見義務のみにて、権利観念が無いようである。しかし両極は一致すといえる言のごとく、この二者も終局の目的は遂に一致するものであろうと考える。

人間の守るべき道としての孔子教

しかして余は、宗教として、はた経文としては耶蘇の教えがよいのであろうが、人間の守る道としては孔子の教えがよいと思う。こはあるいは、余が一家言たるの嫌いがあるかも知れぬが、ことに孔子に対して信頼の程度を高めさせるところは、奇蹟《きせき》が一つもないという点である。キリストにせよ、釈迦にせよ、奇蹟がたくさんにある。耶蘇は刑せられた後、三日にして蘇生《そせい》したというがごときは、明らかに奇蹟ではないか。もっとも優れた人のことであるから、必ず左様いうことは無いと断言もできず、それらは凡智の測り知らざるところであると、いわねばなるまいが、しかし、これを信ずれば迷信に陥りはしまいか。かかる事柄を一々事実と認めることになると、智はまったく晦《くら》まされて、一滴の水が薬品以上の効を奏し、焙烙《ほうろく》の上からの灸《きゆう》が利目あるということも、事実として認めなければならなくなるから、そのよって来るところの弊は甚だしいものである。日本も文明国だといわれていながら、いまだ白衣の寒詣《かんもう》でや、不動の豆撒《まめま》きが依然として消滅せぬのは、迷信の国だとの譏《そし》りを受けても仕方がない。しかるに、孔子にこの忌むべき一条の皆無なのは、余のもっとも深く信ずる所以《ゆえん》で、またこれより真の信仰は生ずるであろうと思う。

論語にも権利観念はある

のみならず、論語にも明らかに権利思想の含まれておることは、孔子が「仁に当たっては師に譲らず」といった一句、これを証してあまりあることと思う。道理正しきところに向こうては、あくまでも自己の主張を通してよい。師は尊敬すべき人であるが、仁に対してはその師にすら譲らなくともよいとの一語中には、権利観念が躍如としておるではないか。ひとりこの一句ばかりでなく、広く論語の各章を渉猟《しょうりょう》すれば、これに類した言葉は、なおたくさんに見出《みいだ》すことができよう。

これを要するに、論語主義に権利思想の伴わぬと論ずる人は、人道を消極的に説いておるというところに気づかぬ人である。泰西《たいせい》の思潮はキリスト教を根底としておる。その教えは積極的であるから、その思想にもまた、自然積極的のところがあって、権利観念のごときは、その著しくこれを表明したものであるが、東洋思想は多く消極的であるから、内にこれを蓄えておっても、ほかにそれと明らかに現れない。そこが、すなわち誤解の生ずるところで、人道に東西の別あるはずもないから、終局は一致せねばならぬ訳であるが、ただ、その説くところの方法如何《いかん》に依《よ》って、右とも左とも見えるのである。されば論語主義に対して権利思想の有無を論ずるは、まったく積極論と消極論との別あるを知らぬ人の言である。

論語にも文明思想の一たる権利観念は、明らかに含まれておるのである。論語主義も、

一部の人士が想像するほど、没権利的のものでないことは、あえて余が説明を俟《ま》つまでもないことであろう。(二三)

覚悟

米櫃演説

かつて自分は銀行の晩餐会《ばんさんかい》の席上で、「米櫃《こめびつ》演説」というのをやったことがある。その時は、ひとり実業家ばかりの集合でなく、なかには政治家、軍人、学者なども来合わせておったから、はからずもこの演説が大いに喝采《かっさい》を博した。しかしその折は、少数人士の耳に入れたばかりであるが、大体この説は余が持論として、満天下の人に清聴を仰ぎたいと思うのであるから、再びこれが大要を掲げて百話中の一項に加えた次第である。しかして、その演説の要旨は次のごときものであった。

文明は室内装飾に似たり

惟《おも》うに明治維新以降、百般の文物制度はみな、その面目を一新して社会を装飾し、駸々《しんしん》乎《こ》として進み行く有様は、見るさえ愉快千万である。しかも、その様は、すべての職にある幾多の種類の人々が、各々その職と種類とによりて、その分を尽くさんことに、ひたすら意を致して、いわゆる「万物静かに観れば、みな自得」というがごとき状態にあるは、一層目ざましい。すなわち政治家は内政の完美、外交の振興に心を労し、軍人は海陸競うてその強大ならんことを、これ慮《おもんぱか》り、種々の新案を樹《た》てて世界列強国に後れざらんことを努めておる。その他法律に、教育に、文学に、同一状態をもって日に新たならざるはなきの有様である。しかして、工業者もまたその一部に加わり、文明的国家を飾るの一具となり、近来は多少社会にも持て囃《はや》さるることにもなったが、しかし、これを他の政治、軍事、教育、法律等に比較する時は、何よりも一番後れておるようである。今仮に、これを座右の器物調度の類に喩《たと》えてみれば、今日の社会の整頓《せいとん》せる有様は、あたかも一家の内に各種の器具が具備せられ、しかも各々そのところを得て室内を装飾しておるがごとくに見える。けれどもこの間にも、器具の性質に依っては、多分の幸不幸があると思う。

硯と墨と筆の任務

余はかつて、『古文真宝《こぶんしんぽう》』で唐子西《とうしせい》の「古硯銘《こけんのめい》」の一文を読んだことがある。この中には、品物に依って享《う》けるところの、用と体との異なることを説いてある。その文にいわく「硯と筆墨とは蓋《けだ》し気類なり、出処相近く任用寵遇《ちょうぐう》も相近きなり、独り寿夭《じゅよう》のみは相近からざるなり、筆の寿は日をもって計《かぞ》え、墨の寿は月をもって計え、硯《すずり》の寿は世をもって計う、其の故は何ぞや、其の体たるや、筆は最も鋭く、墨これに次ぎ、硯は鈍《にぶ》き者なり、豈《あに》鈍き者寿にして鋭き者夭するにあらずや、吾ここにおいて生を養うを得たり、鈍をもって体となし、静をもって用となさんと、或《ある》ひと曰《いわ》く、寿夭は数なり、鈍鋭動静の制するところに非《あら》ず、借令《たと》え、筆鋭からず動かざるも、吾その硯と久遠なることあたわざるを知るなり、しかりといえども、むしろ此をなし彼をなすこと勿れ、銘に曰く、鋭きことあたわず、因《よ》りて鈍をもって体となす、動くことあたわず、因りて静をもって用となす、惟其《ただ》れ然《しか》り、是《ここ》をもって能《よ》く永年なり」と。

この文は誠に面白くできておる。筆の寿命は日、墨の寿命は月、しかして硯の寿命は世をもって数えらるるは、畢竟《ひっきょう》、その品物が各々異なった性を備えておるからのことである。硯は生命の永い代わりに、きわめて静かなもの、墨はそれよりも生命が短いだけ少しく鋭いところがあるが、筆は一番鋭いものである代わりに、生命はもっとも短い。これをもってこれを見れば、鋭き者は寿命が短く、静かなるものの寿命は永いと言い得る。しかして、その鋭も鈍も、動も静も、寿も夭も、すべてそれぞれに享け得たるところの性であるから、如何とも変ずることのでき難いもので、筆の早く死し、硯の寿なるは天性のしからしむるところであろうと思う。もし、この理にして真なりとすれば、自分は硯たらんことを欲するものであるが、それは暫《しばら》く第二の問題として、唐子西のこの一文に依って、品物といえども、それぞれ帯ぶるところの使命を異にするということは、何人にも容易に了解されたことと思う。

その効能論

余はこの「古硯銘」を思い出す毎に、室内の器具もまた、それぞれの性を有しておるものであるということを連想して、しかして、もし文明が屋内の器具であるならば、その銘々もまた、帯ぶるところの任務あることを思う者である。例えば政治外交は床の間の掛物のごとく、玄関に装置されたる武器甲冑《かっちゅう》の類は海陸軍のごとく、教育が書棚の書籍巻物、あるいは唐本のごときものなら、法律は屏風襖《びょうぶふすま》の類とでも譬《たと》えようか。しかもこの間において、ひとり商工業は、座敷の中には用の無い、すべて勝手元の道具たるの任に当たり、米櫃、鍋《なべ》、鉢、十能《じゅうのう》、箒《ほうき》のごとき器具として取り扱われておる。ゆえに一国の文明において、政治外交軍事教育等が、まず何人の目にも入りやすきに反し、商工業が一番遅く人の目に入るのは、台所道具が客の目に入らぬと同じ道理で、これは致し方のないことであると思う。

しかしながら、その効力に至ったら如何であろうか。台所道具は一般に客の目を惹《ひ》かぬに反し、米櫃のごときは一家において、もっとも必要とせらるるところのものに属し、もしも米櫃にして空乏を告げんか、他の道具が如何に美々しく飾らるるとも見すぼらしく、あるいは遂にその形態を存し得られぬようになるかも知れぬ。されば一家の中、もっとも貴ぶべきは床の掛物に非ず、甲冑武器の置物に非ず、書籍巻物に非ず、屏風襖に非ず、要は、この米櫃にあることを忘れてはならぬ。しかして、余は比較上やや不倫のようであるが、この効用の偉大なる米櫃は、前陣のもっとも鈍い性を有する砚と、相似たものではあるまいかと考える。

米櫃は余の理想なり

余は性来不敏にして、筆の鋭きことも無ければ、器具の美々しき点にも欠けておる。ゆえに硯となり、米櫃となることに甘んじて、早くより志を商工業に起こし、身を銀行業に投じた所以であるが、ここに安心立命を得て全生涯を送るつもりである。

以上は、実に米櫃演説の概要である。想うに、人情は美々しき座敷器具たるを欲するも、好んで台所道具たることに甘んずるものは少なかろうと思う。けれども、現在の日本は座敷道具が比較的完備しておっても、米櫃の方はいまだ空乏を免れない。愛国の士はよろしく起こって、挺身《ていしん》台所道具の任に当たらんことを希望して已《や》まぬのである。（一二四）

商業の真意義

ある人が余に「商業の真意義とは、なんであるか」との質問を発し、かつそれに添えて「社会共通の利を図るに孜々《しし》として、私利を顧みざるものが真の商業か。それとも自己の利益ばかりを主とし、社会の公益はむしろ第二の問題としておくも差し支えないか。これもしくは道徳に反せざる範囲において、有無相通じ、この間に私利を図るがよいか。これらの点についてお説を聞きたい」とのことであった。なるほど、これは商人として抱くべき疑問で、何人もその真意義を心得ておらねばならぬことであろう。それゆえ、余は自ら信ずるところを述べてその人に答えたが、その趣旨は左のごときものであった。

働きと職分とを区別せよ

余はかつて、人生観に論じたるごとく、人は主観的に社会に立つべきものでなく、客観的に考えてゆかねばならぬ。ゆえに多芸多能多智多才の人でも、ただ一人のみにて世の中に存在してゆく訳にはゆかぬもので、一郷、一郡、一国のために考えなくては、真に人生の目的を達したとはいわれない。孔子が「仁者は己立たんと欲して人を立て、己達せんと欲して人を達す」といわれたのも、この旨意と同一なので、孔子もやはり、社会的観念をもって世に立たれたものと思われる。ゆえに商業に従事する人も、同じくここに根本観念を置いてかからなくてはなるまいと考える。元来商業を営むということは、自己のために起こる行為に相違なかろうが、商業という職分を自己一身のためのみと思うと大いなる間違いである。道理より考えれば、一方は物品を生産し、一方はその物品を消費する、この間に立って有無相通ずるの職分をまっとうするのが、商業の目的である。しかして、この行為は互いに相寄り、相助けなければできぬことで、如何《いか》に己一身だけ孤立してやりたいとあせっても、それは何人にも不可能のことである。ゆえにいわく、商業という働きは一身のためであるが、その事柄は一身の利慾《りよく》のみにては、なし得られぬものだから、この職分を私することはできぬのである。

公益と私利

ことに商業において、もっとも厳重に差別をしてかからねばならぬことは、公益と私利ということである。とかく世人は商業は利慾のために、すなわち私利に拘泥《こうでい》するものであるというように解釈するが、これは世人の解釈が間違っておるのであろうと思う。その私利利慾に拘泥するということが、得手勝手な真に自己一身の利慾のために図るのなら、左様いう譏《そし》りを免れることはできないけれども、商人が道理正しく有無相通ずるの働きをすることと、ここにいわゆる私利私慾ということとを同一に認むるのは、まったく不当の解釈である。余の見解をもってすれば、真の商業を営むは私利私慾でなく、すなわち公利公益であると思う。ある事業を行って得た私の利益というものは、すなわち公の利益にもなり、また公に利益になることを行えば、それが一家の私利にもなるということが、真の商業の本体である。このゆえに、商業に対して私利公益なぞと、区別を立てて議論するはまったくの間違いで、利益に公私の別を立てて行う商売は、真の商業でないと余は判断せねばならぬ。

しかしながら、この公私の差別については審《つまびら》かに分別して考えぬと、とんでもなき間違いを生ずることになる。例えば一家の事業を経営することに対し、ただただ己自身の私を図るものだという論断を下されることが無いとも限らない。けれども国家の本源に遡《さかのぼ》って考えてみれば、それはただちに判明することである。個人の多数集合した団体が、すなわち国家ではないか。しからば、個人個人がいずれも道理正しい業体をもって進んで行ったならば、それらの分子を集めて成立しておる国家は、自然と富実になる訳である。してみれば、一家の計を立てることは、必ずしも私利を図る訳ではなく、これを広義に解釈すれば、やはり公益を図るものであると、いえるはずである。ここに注意すべきは、その業体の性質について、選択を誤らぬようにせねばならぬということである。その業体の正と不正とに依《よ》って、自ら公益と私利とが分かれるのであるから、業務の選択も根本を誤らぬようにせねばならぬ。例えば、業体には道理正しいものと、法律にこそ禁ぜられぬけれども、道理上卑しむべきものとがある。それらを混合して、なお公益と私利と同一なものであるというようなことが、あってはならぬ。

私利私慾の終局

もし一人、仮にわが私慾ばかりを図る者があるとして、そのものが業体の如何をも顧みず、一途《いちず》に利益ということにのみ、目を眩《くら》ましてかかったとしたならば、その結果は如何なるであろうか。余はこの人が必ずしも利益を得られぬとは言わない。もとより広い社会のことであるから、左様いう仕方をしても、一身一家の繁栄を得らるるかも知れぬ。しかしながら、これは道理に背いた仕方である。社会を犠牲とし、国家を眼中に置かぬやり方である。もし左様の人物のみ多く出て、互いに利欲に汲々《きゆうきゆう》とならば、遂に奪わずんば飽かざるの世となってしまうであろう。かくのごとくにして国家は維持されようか、社会は団結を保たれようか。論ずるまでもなく、左様いうものは国家の破壊者、社会の攪乱《かくらん》者である。個人の集合団体たる国家社会にして破壊せられんか、如何で一家一人を満足に保ちゆくことができよう。ゆえに、かかる人は私利私慾を図らんとして、かえって一身一家の破壊を招くに等しいのではないか。左様いう意味において得たる繁栄は、長く保つということは得られまいと思う。

結論

余は再言す、商業は決して個々別々に立つものではない。その職分は、まったく公共的のものである。ゆえに、この考えをもってそれに従事しなければならぬ。公益と私利とは一つである。公益はすなわち私利、私利よく公益を生ず、公益となるべきほどの私利でなければ、真の私利とは言えぬ。しかして商業の真意義は、実にここに存するものであるから、商業に従事する人は、よろしくこの意義を誤解せず、公益となるべき私利を営んでもらいたい。これすべて一身一家の繁栄を来すのみならず、同時に国家を富裕にし、社会を平和ならしなるに至る所以《ゆえん》であろう。(二五)

日本の商業道徳

現今、日本の商業道徳が、如何なる有様にあるかということを論じようとするには、まず日本の商業は如何なる状態をもって、今日の発達をなしたかということから説くのが、順序であろうと思う。

維新以前の商工界

元来、日本の商工業というものは、商工業者が各自にその事業に精励して、かく発達を遂げたものであると自惚《うぬぼ》れるかも知れぬけれど、なかには当業者の努力が加味されておるには相違ないが、別にまた幾多の原因があるのである。試みに維新当時の商工業を回顧しても、今日のごとき思想、今日のごとき才能を有《も》った人は、一人も無かったといってよい。商売柄に依って「問屋」という名目はあっても、真正の問屋でない。第一、国家の租税の主なるものが米であった。蠟《ろう》、砂糖、藍《あい》、塩などというような品物をも徴収し、幕府もしくは諸藩が、その収納した物品を自家の船舶にて江戸、大阪へ運送して金と換えた。しからば、その海運は如何にしたかというと、ことごとく政治の力でやったものである。幕府が海運に力を注いだのは、元禄《げんろく》から享保《きょうほう》へかけて、例の新井《あらい》白石《はくせき》が河村瑞軒《かわむらずいけん》を用い、奥羽《おうう》の海運を東航によることにしたのでも明瞭《めいりよう》である。その以前は、西海岸の通行のみで、東海岸は船が通らぬものと思うておった。

さて、幕府及び諸藩が収納した米、その他の租税物品は如何にして売り捌《さば》かれたかというに、幕府及び藩々が江戸大阪等の都会にこれを運搬し、その取り扱いを蔵宿というものに命じて、それをまた入札に付して商売人に売り渡した。かくして、これを買い受けた者が、小売商人に分配した。もっとも左様いう方法ばかりでなく、このほかに自身で米を買って売った者、砂糖を売買した者もあろうが、重なる商品の販路は、多くの前陳のごとき方法に拠《よ》ったものであった。ゆえに、原動力は政治であったというようなもので、細い売買ばかり民間で行われたから、民間の商業といえば、みな小売商人、工業といっても手内職、すなわち日本の商工業というものは、手内職と小売商人との範囲を出ずることはできなかった。その間、蔵宿とか御用達とかいう者はあったが、それらは数代続きの家柄で、主人は奥の座敷で一中節《いっちゅうぶし》でもやっておればよい。店は番頭が一手に引き受けて渡世をし、何藩の御屋敷に出入りをする、盆暮れには付け届けをしなければならぬ。また、その役人に吉原《よしわら》で御馳走《ごちそう》をするとか、新町《しんまち》に案内するとかいうようなことが巧みであれば、それで業務は充分にできたものである。

卑下されたる商工業者

左様いう有様であったから、一般の商工業者は実に卑下されたもので、ほとんど士人と同類の扱いはされなかった。明治維新後も、官尊民卑の弊習が残っておって、当初に商工業を盛んにしようといって、先見ある政治家が欧羅巴《ヨーロッパ》を真似て会社を起こすのに、会社の頭取を政府から命じたものである。近ごろ松尾臣善《まつおしげよし》氏と会同して、昔話をしたことがあった。明治の初めに、大蔵省に通商司という役所があって、氏がそのところの役人をしておった時の懐旧談に、本郷《ほんごう》の追分《おいわけ》に高長《たかちょう》という酒屋がある。その主人が回送会社の頭取《とうどり》を仰せ付けられて、有り難く思うておるその時、松尾氏が高長に向かって「君は仰せ付けられたというけれども、回送事業に損が立てば、その損を担わなければならぬぞ」というたら、「こうして御用を仰せ付けられておれば、左様いう事は無いはずだ。その証拠には、御書《おかき》付《つけ》を戴《いただ》いておるのじゃありませんか」といって、弁解しておったということである。そのころ、高長が一番才能ある人というではなかったが、回送会社の頭取を仰せ付けられて得意にしておったというのは、今考えると実に馬鹿馬鹿しい話で、それをまた、仰せ付ける政府の仕方も不道理なる者ではないか。ゆえに仰せ付けられた人は、みな事業に失敗した。為替《かわせ》会社、商社、回送会社一として今日まで存立しておるものはない。しかしながら、この事実を通じて見れば、如何に商売と政治とを混同しておったかが解るだろうと思う。それから少しく経過して、明治六年に第一銀行はできたのであったが、明治二十三年ごろの仰せ付けられ時代と相距《あいさ》ることが遠くなかったから、かく申す渋沢なぞも、やはりその一種の仲間に見做《みな》されたかも知れない。

実業界開拓の使命

そのころ、商人と役人との社会的階級の相違は甚だしかったもので、役人と商人とは大概同席で談話はしなかった。極言すれば、ほとんど人類の交際はされなかったものである。江戸では左様までではなかったかも知らぬが、余の郷里なぞでは、別して甚だしかった。ことに小藩主の代官なぞは限りなく威張り散らし、通行の時は百姓町人は土下座をさせられた。その位であったから、江戸でも身分高き武家が商人を待遇する時には、もちろん席を異にして「どうだな、機嫌はよいか、家内は無事か、……それはめでたい、市中の景気はよいか」という位の有様であった。幾らそのころの商売人だとて、それほど馬鹿ではなかったけれども、いわゆる顋《あご》をもって人を使う武家も、またそれに頭を下げる町人も、悪くいえば互いに相欺《あいあざむ》いておったのだ。しかし町人が武家に向かって、弁論をするとか、意見を闘わすとかいうことは、微塵《みじん》もできたものでなく、もし武家から無理をいいかけられても、「でも御座いましょうが、いずれ熟々《つらつら》考えて申し上げます」この位の挨拶《あいさつ》で、同意せぬことは、その場を済ませたものである。真に町人の武家に対する態度は、卑屈千万であった。されば、高長の頭取を仰せ付けられたのを有り難く思うというのも、この一例で了解されるであろう。

とにかく左様いう姿であって、力は微々たるもの、範囲も狭く、社会的地位も卑しいから、外国の実業家なぞに比してとても及びもつかない。このごとき有様では実業が発達し、国家が富むという理窟《りくつ》がないゆえ、これはどうしても実業家の品格を高め智識を進め、力を大にしなければ国家を富強にすることはできぬ。政府の御書付を頂戴《ちょうだい》して、有り難がる時代では到底いかぬと、余は深く感じた。それゆえ、是非この地位を進め品格を上げるということを実現させたいものであると、あたかも神仏に誓うと同様の覚悟をもって、不肖ながら一身を犠牲に供してかかった次第であった。こう言うとなんだか、自分一人が商売人の元祖本元であるかのように、甚だ高慢らしく聞こえるけれども、しかし明治六年に大蔵省を辞して第一銀行に入る時の観念は、まったくそのつもりであったのだ。

商工業を盛大にしなければいかぬという事については、そのころも余以上に深く考慮した政治家、学者などもたくさんあったであろうが、しかし、左様いう人々は自ら商売人に成りもせぬ、また成れもしなかった。当時のことを回想してみるに、よく商工業者が多少の力を致して、少しく発達してみたところで、政治界の名誉と商工界の名誉とは、同一のものでないという有様であった。余が銀行者になった時も、多数の友人は「渋沢もあんな馬鹿な真似をしなくもよかろうに」と、誹謗《ひぼう》の言を放った位である。しかるに余は左様いう時代だから、なおさらこれは必要的急務であると観念し、それとともに余は、一度この位置に身を置いた以上、実業界の開拓は余が天の使命であるから、終身この業務を不変の態度で経営してみようと決意した。爾来《じらい》四十年間、余は銀行業者であったけれども、あらゆる方面に世話をやき、製紙業、保険業、鉄道業、海運業、あるいは紡績に織物に、あるいは煉瓦《れんが》製造というように、その会社の設立及び経営に助力し、またある部分は、自ら担任もしてきた。しかして、左様に各種の事業に関係したということも、今日から観れば必ずしも褒めたことでは無かろうが、そのころ自分の考えとしては、左様して出なければならぬ理由があると思った。例えば、日本の商工業は新開町のごときもので、そこへ店を始めるには一店で呉服屋、紙屋、煙草屋、荒物屋等、なんでも兼業にする、いわゆる「よろず屋」でなければならぬごとく、商工界の開拓者たる使命を帯びたつもりの余は、また各種の商工業に向かって手を下さねばならなかった。それゆえなんでも、各種の商工業を早く進めたいとの一念から、必要というものは片っ端から起業した訳で、これは今日の一人一役にとなりかけた時代から見れば、甚だ慾《よく》が深く気の多いように見えるが、時勢の趨向《すうこう》で致し方もなかったのである。年月の過ぐること、事物の変化することは実に早いもので、かの仰せ付けられた時代は昔話となって、今日は百事進化して、これを海外に比較するも、力は微弱だがそれほど笑われぬようになったのは、一般に智識の進歩したのと、働きの敏活になったのとの結果で、実に喜ばしい次第である。

しかし、よく考えてみなければならぬことは、僅々《きんきん》四十年来の商工業者で、しかも政治の力に依《よ》って、誘導的に進んできたものであるから、根の張りが悪い。樹に譬《たと》えていえば、鉢植えの嫌いがある。ややもすると政府に縋《すが》る。人に頼ろうとする観念が無いとは言えぬと思われるが、これこそ今日の実業界における大患だと考える。さらにもう一つは、一般の商工業者はまず富を増そうという上から、各種の物質の進歩を図って各々その利益を努める。もとより、商工業に利益を努めるのは当然の事であるが、真正なる学理に稽《かんが》え、凛《りん》然《ぜん》たる気象を備えてやるということは少ない。惟《おも》うに依頼心の多い、自立の気象に乏しいのは、その根底が強固でないからであると、いわねばならぬ。しかして、商工業者が一般に左様いう病根を蓄えておるというは、これひとり余一人の偏見のみではないと思う。果たして、しからば実業家は各自にこの病根を除去するの覚悟を持たねばならぬが、この覚悟を強くするには、如何《いか》なる手段に依るべきか。余はただちに答えて、商業道徳の進歩を計るにありというを憚《はばか》らぬのである。

しからば、商業道徳とは如何なるものであろうか。以下この問題について、いささか論じたいと思うが、それに先だち余が不快に感ずるのは、商業道徳という名称である。惟うに、道徳とは等しくこれ人類の則《のっと》るべき道理である。しかるに商業に対してのみ、商業道徳の名称を付したるは、如何なる理由であろうか。もし特に商業に道徳をいうならば、政治道徳、学者道徳という者もあってよいはずだ。道徳には、商人に必要なものと、政治家、学者に必要なものというような区別はなく誰にも必要で、不必要な者はこの世の中に一人も無い訳である。あらゆる階級の人、あらゆる種類の人に、同じ道徳が、同じ程度において必要であるのに、特に商業にのみ道徳をいうは、分からぬ事ではないか。もっとも、武士には武士道という特殊の道徳があるけれども、あれは商業道徳という場合の熟字とは少しく意味が違うておる。しかるに何故商人にのみ、特に道徳が必要なるがごとく見做されたか。これは遺憾ながら、商工業者自らが悪かったからである。旧来の商人はこの特別の名称を付しなければならぬほど、その道徳が著しく劣っておったのであった。かく観じ来れば、今の商工業者は自ら省みて、一層奮励するところが無くてはならぬではないか。

商工業は不道理に趨りやすい

由来商工業は、殖利生産を目的とするのであるから、他の学理研究等の仕事に比して、ややもすれば不道理に趨《はし》りやすい性質を帯びたものである。これは、事柄そのものの有《も》っておる一つの病といってよかろうか。例えばアリストートル（アリストテレス）は「すべての商業は罪悪なり」といってあるが、これなどは悪い方面ばかり見て、かく誤解したものであろうと思う。また、セーキスピーア（シェークスピア）の書いた「ヴェニスの商人」という芝居にも、シャイロック（シャーロック）という強慾非道の銀行家が、もし金を返さなければ、その代わりに肉を切るといっておる。また、支那の言葉にも「仁なれば富まず、富めば仁ならず」ということがあって、これらはアリストートル（アリストテレス）の言と一致しておる。けだし殖利という事には、常に利益が余計あればよいとの観念が先に立つものであるから、自然道徳に反しやすい。しかし富んだ人に仁者がない。貧乏人には賢者が多いとは、少し解らぬ話である。これは、道徳を学者の手によって誤り伝えられた結果で、それがために今日も商工業者が、特に道徳を云々《うんぬん》されるに至ったものである。社会一般に、学問すれば商売には疎くなる。商売人は仁義道徳の観念があっては駄目だという思想を持つようになり、終《つい》に学問と実務とをまったく引き放してしまった。この思想が、大なる病根をなして、維新以前の商人の考えでは、商売人はごく下級の者となっておればよい。漢字の物なぞ読んでは家を潰《つぶ》す基だというように思い込み、商人はなるべく教育を受けさせないようにしてしまった。それゆえ、そのころの商人は自然と社会に対する体面を保つこともできず、人に接遇するにも、道理とか節義などいうようなことに、ほとんど頓着《とんちゃく》する必要が無い位までになってしまった。しかして、この道理節義に頓着しなくもよいという観念が、商工界にはなお今日に至るまで連続しておると思う。

維新以後、商工業における物質的進歩があまり急速であったため、それとともに道徳をも加味して学んで行くということは、事実においてできなかった。例えば科学というものに、道徳を組み入れて教えようもなければ、学びようもない。これが世人もやかましくいうごとく、明治の文明は物質的進歩のみで、道徳的修養が伴っておらぬとは、余もまた所見を一にするところである。とにかく、今日までは物質的文明を輸入するに急にして、道徳を顧みる暇の無かったということは、文明の過渡期たる過去においては、仕方のないものであったろう。けれども、それがために道徳を軽視するのはよろしくない。そうなれば、人間たるの根本を放れて、空中楼閣を画《えが》くと同様なものではないか。

真の殖産には必ず道徳が伴う

商売が仁義道徳に拘泥《こうでい》すると、利益を得られぬというような誤解は、幸いにして今日は幾分か薄らいだらしいが、昔日の商人は、ほとんど道理や徳義などの考えを持つ必要はないとまで、自棄したものであった。しかしてこの自棄の観念を、なお今に至るまで継続しておるの嫌いがある。利益に関しては道理を勘定に置かぬとか、利益の前には道理は度外視しなければならぬとかいう、一般社会の風儀は、どこまでも間違ったものである。惟うに、かくのごとき観念が、そもそも商工界に道徳の進まぬ最大原因となっておりはしまいか。元来道徳というものは、左様したものではない。利益を棄てたる道徳は、真正の道徳でなく、また完全な富、正当な殖益には、必ず道徳が伴わなければならぬはずのものである。例えば、『大学』にはなんと書いてある。「明徳を明らかにするにあり、民を新たにするにあり、至善に止まるにあり」これを三綱領といい、さらに「明徳を天下に明らかにせんと欲する者は、まずその国を治む。その国を治めんと欲する者は、まずその身を修む。

その身を修めんと欲する者は、まずその心を正しくす云々」とあって、最後に「知を致すは物に格《いた》るにあり」と結び、「格物致知《かくぶつちち》」というものが、すなわち明徳を天下に明らかにするの根源であると教えてある。いにしえの格物致知は、今日の物質的学問である。この言葉は孔子の教えたところで、明徳を明らかにする、すなわち国を文明にしようと思えば、格物致知をやらなければいかぬと説いておる。この例をもって推せば、生産殖利は道徳の中に充分含蓄し得るもので、殖利を完全にやって行くには、是非とも道徳の必要を感ずることとなる。しかるに、この意味を取り違えて、富と道徳とは一諸にすべからざるもののごとくしてしまったとは、なんたる早計、なんたる誤解であろう。しかして、その窮極するところは、商工業者をただ利己主義一偏のものとして、奪わずんば飽かずで、己のみの利益を計るのが商売人の常だというて、終にこれを商人間の常習慣とするまでに至らしめた。もし、このままに打ち棄て置いたならば、商業は終に修羅道のごとく、成り果てるであろう。

商業道徳の実行

ゆえに余は思う。およそ商業道徳というものは、事業を完全に拡張し、道理正しい富をますます増進させてゆくところに伴うものである。この意味より見れば、道徳は事業とともに、どこまでも向上するものでなければならぬ。誤ってわが利益だけを念とするならば、ただちに約束に背き、虚言を構え、道理を外すようなことにならぬとも限らない。ゆえに、ことさらに商業道徳を云々しなくとも、その営業上の行為がすべて道理正しく、誠実に処理されるならば、それがすなわち真正なる道徳となるのである。この位の事は、今日何人も常識的判断をもって理解し得るので、あえて孔子の教えを引いて例とするまでもない。現今商工業に従事する者が、その言うところは、みな真誠で、行うところもまた、みな正実で、しかも国家的観念を基礎として、国家を愛するの念をもってわが身を愛するのが、これすなわち国家に尽くす所以《ゆえん》であるとの思慮をもってやるならば、それこそ完備せる商業道徳の実行である。果たして、そのような域に達することを得んか、そは政治家が政治に力を尽くすのも、軍人が職場に命を捨つるのも、はたまた商工業者が営利的業務を行うのも、その働きはみな揆《き》を一にするものといってよかろうと思うのである。

欧米諸国、ことに英国の慣習を見るに、「嘘をつかぬが商人の資本」としてあり、また「信用は資本なり」ともいうて、商売上、道徳の重んずべきことを教えてある。しかして、これが一つの慣習となり、商売上偽るとか、欺くとかいうことを固く警《いまし》めて、商人はまったく信用をもって利益してゆくことに定めておる。この例に稽《かんが》うれば、正当の利益、正当の富は、必ず道徳と一致するものである。しかして社会に利益を与え、国家を富強にするは、やがて個人的にも利益を来す所以で、また個人的に利益しようとするにあたり、必ずしも人を欺き、人を偽らなければならぬという理由は少しもない。道徳と衝突せず、仁義と相反せず、しかも公益を害せざる範囲において、富を得るの工夫は幾らもあろう。人を押し倒して己一人小なる利益を獲得せんより、他人と協力して、かえって大なる利益を得ることを忘れてならぬ。

商業道徳の向上

世人ややもすれば、維新以後における商業道徳は、文化の進歩に伴わずして、かえって衰えたという。しかしながら、余は何故に道徳が退歩、もしくは頽廃《たいはい》したか、その理由を知るに苦しむものである。これを昔日の商工業者に比すれば、今日の商工業者とそのいずれが道徳の観念に富み、いずれが信用を重んずるであろうか。余は今日をもって遥《はる》かに昔日の上に出《い》ずと断言するに憚《はばか》らぬ。けれども今日、他の事物の進歩した割合に道徳が進んでおらぬとは、すでに前説のごとくであるから、余は必ずしも、世人の説を駁《ばく》する訳ではない。ただ吾人《ごじん》のこの間に処するものは、かくのごとき世評の生ずる理由を詮索《せんさく》し、一日も早く道徳をして物質的文明と比肩せしめ得るの程度に向上させなくてはならぬ。それは前に述べたるがごとき方法の下に、道徳を講ずるのが先決問題であろう。しかし、それとても特別の工夫方法を要する訳でなく、ただただ日常の経営において左様心掛けて出れば足るのであるから、商業道徳というたとて、さまで難しいものではない。

維新以来、物質的文明が急激なる発達をなしたるに反し、道徳の進歩がそれに伴わなかったので、世人はこの不釣合いの現象に著しく注目して、商業道徳の退歩というのであるとしてみれば、仁義道徳の修養に心を用い、物質的進歩と互角の地位に進ませるのが、目下の急務には相違ないが、一面から考察してみると、単に外国の風習ばかりを見て、ただちにこれをわが国にも応用せんとすれば、あるいは不可能を免れぬこともある。国異なれば道義の観念も、また自ら異なるものであるから、仔細《しさい》にその社会の組織風習に鑑《かんが》み、祖先以来の素養慣習に稽え、その国、その社会に適応するところの、道徳観念の養成を努めなければならぬものである。一例を挙ぐれば「父召せば諾《だく》なし、君命じて召せば駕《が》を持たずして行く」とは、すなわち日本人が君父に対する道徳観念である。父召せば声に応じて起ち、君命じて召すことあれば、場合を問わずして、直に自ら赴くとは、古来日本人士の間に、自然的に養成されたる一種の習慣性である。しかるに、これを個人本位の西洋主義に比較すれば、その軒輊《けんち》は非常なもので、西洋人のもっとも尊重する個人間の約束も、君父の前には犠牲として、あえて顧みぬもよいということになる。日本人は、忠君愛国の念に富んだ国民であると称揚さるる傍から、個人間の約束を尊重せぬとの誹謗《ひぼう》を受くるのも、要するにその国固有の習慣性がしからしめたので、われと彼とは重んずるところのものに差違がある。しかるに、そのよって来る所以を究めずして、徒《いたずら》に皮相の観察を下し、一概に日本人の契約観念は不確実である、商業道徳は劣等であると非難するは、あまりに無理というよりほかは無い。

かく論ずればとて、余が日本の商業道徳の現在に満足せぬことは、もちろんである。とにかく、近ごろの商工業者の間に、あるいは道徳観念が薄いとか、あるいは自己本位が過ぎるとかいう評を加えられることは、当業者の相互に警戒せねばならぬことではあるまいか。今日の実業界は富んだけれども、はたまた地位は高まったけれども、道徳が衰えたといわれるのは、実に商工業者の恥辱、かつ国民たるものの恥辱と言わねばならぬ。ゆえに実業界に籍を置く者は、相率いてこの事に心を尽くし、漸次物質の進歩に伴う徳義の向上を謀りたいものである。(二一六)

武士道と実業

武士道の意義

「武士道」は日本民族の精華である。桜花が日本の誇りであるがごとく、武士道もまた日本の誇りである。今や「武士道」なる語は、ひとり日本人の口頭に云々《うんぬん》さるるばかりでなく、世界各国人が等しくその研究を試みつつある。かの日清、日露の両戦役を経たる後においての武士道は、世界人に依《よ》って重んぜらるるところの一問題となってきた。

さて、「武士道」なる語の士人間にいい囃《はや》さるるようになったのは、徳川家康《とくがわいえやす》が幕府を江戸《えど》に創建した後のことであるらしい。それ以前、鎌倉時代から武士の道はあったものだが、「武士道」という立派な名称は、いまだついておらなかったように思われる。俗にいわゆる「刀の手前」とか、あるいは「弓矢の道」などという言葉は武士道に等しきもので、すなわち武士たるものの去就進退を決すべき標目としてあった。しからば武士道とはなんであるかというに、武士が他に対して自己の態度を決定すべき場合に、不善、不義、背徳、無道を避けて、正道、仁義、徳操につかんとする堅固なる道心、崇高なる観念であって、礼儀廉恥《れんち》を真髄とし、これに任俠《にんきょう》の意義を包含させたものであるということができよう。ゆえに、腰に両刀を手挟む以上は、受けまじきもの、取るべからざるものは、如何《いか》なる場合にも必ずこれを斥《しりぞ》け、また徳義上、もしくは自己の職責上なさねばならぬことならば、たとえ如何なる困難辛苦に遭遇するとも、一命を抛《なげう》ってまでも、必ずこれを成し遂げなければ已《や》まぬとの決心を持ったものだ。「刀の手前捨て置かれぬ」とか、「弓矢の道が立たぬ」とかいうことは、かかる場合に際して武士たる者の取るべき道をいうたもので、この心が行いとなり、しかしてその行いがよく道に適《かな》い、機に応じて造次《ぞうじ》顚沛《てんぱい》、これを誤ることなきを武士の本領とし、武士たるものは競うてこの理想郷に心身を置かんと志した。例えば、武士における武士道は仏者の悟道、キリスト教者の天国のごときものであったのである。

阿部忠秋の誠忠

古来、武士道の典型と称すべき佳話は、士人間にはたくさんにある。なかんずく、かの阿部豊後守忠秋《あべぶんごのかみただあき》が三代将軍家光《いえみつ》を諌《いさ》めたことなどは、明らかに武士道の一端を発揮したものであろうと思う。忠秋は後に世に聞こえた名相になったが、青年の時に主君家光が年少の客気に駆られて暴慢の挙動あることを深く憂え、如何にもしてこの悪癖を諌止《かんし》したいと心掛けておった。しかるに当時将軍家にては、毎年正月道場開きの当日において、治に居て乱を忘れぬ心から、将軍自ら道場に出《い》でて、臣下と太刀合を試むるを例としたが、臣下は君の権威に阿諛《あゆ》して、わざと負けるような風を生じたので、折角の太刀合も一つの形式となってしまった。忠秋はこの弊習を見て、ひとり君に事うる所以の道に非《あら》ずとなし、心私《ひそ》かに苦々しく思うておったが、一年家光は臣下の偽負に勝ち誇り、忠秋にも一太刀参れと強いた。忠秋は再三固辞したけれども、どうしても聞かれない。しからば是非に及ばぬから、かかる機会をもって日頃の暴慢を諌め申そうとの意を決し、腕に任せて将軍を打ち負かした。ところが、果たして家光の激怒に触れ、遂に疎外されてしもうたが、忠秋はもとより、自ら期するところであるから、深く謹慎の意を表しておった。その時、宿老大久保彦左衛門《おおくぼひこざえもん》のみは、痛く忠秋の心事を諒《りよう》とし、機を見て将軍の憤りを釈《と》いてやらねばならぬと折を待っておった。しかるにその年、夏、隅田川《すみだがわ》の大洪水に際し、将軍自ら馬を水辺に立てて逆巻く激浪を乗り切ろうと焦った時、彦左衛門は好機逸すべからずとなし、目配りして代わりて忠秋に隅田川乗り切りの偉功を樹《た》てしめた。この有様を打ち眺めたる家光は、初めて自己の非行を後悔し、「かかる危険を冒しても、人に遅れを取らじとの覚悟は立派なものだ。道場開きの節、余を打ち負かしたのも、彼は余が足らぬところを励まさんとの誠意であったに相違ない。その心情を悟らずして、かえってこれを疎んじたのは、一にわが過《あやま》ちであった」と、再び忠秋を重用したという話がある。これは、坊間に伝えらるところで、必ずしも事実であったか如何かは断言し難いが、とにかく、武士道は忠秋の行為のごとくあるべきものだとの、例証としては適切なものである。如何に君に疎まれ誠意を誤解されたからとて、徒に自己の運命を儚《はかな》みて、自暴自棄に陥るは武士たるものの真面目ではない。忠秋が洪水中に馬を乗り入れたのは、君に疎外されたのを儚く思うて、潔く君前に最期を遂げたいというような、悲観的なる挙動ではなかった。もちろん、左様の場合必死の覚悟をもってかかったには相違ないが、かねてまた、水練の嗜《たしな》みもありて、必ず激流乗り切りの成算があったに相違ない。ここで君の怒りを解かなくては、折角のわが誠意も無になる。必ずこの一挙は、やり遂げねばならぬとの決心でやったものである。忠秋の心事が左様いうところにあったればこそ、初めて武士道の典型として世に持て囃されるので、もし彼が自暴自棄に馬を乗り入れたもので、精神はそこに無かったとすれば、かかる偉功を奏することはできないであろう。もっとも、これだけのことでは、いまだもって武士道の真諦《しんたい》を説明するには足らぬけれども、確かにその一端だけは窺《うかが》うことができるであろうと思う。

商工業者は武士道を誤解せり

これを要するに武士道の神髄は、正義、廉直、義俠《ぎきょう》、敢為《かんい》、礼譲等の美風を加味したもので、一言にしてこれを武士道と唱えるけれども、その内容に至りては、なかなか複雑した道徳である。しかして、余が甚だ遺憾に思うのは、この日本の精華たる武士道が、古来もっぱら士人社会にのみ行われて、殖産功利に身を委《ゆだ》ねたる商業者間に、その気風の甚だ乏しかった一事である。いにしえの商工業者は、武士道のごときものに対する観念を著しく誤解し、正義、廉直、義俠、敢為、礼譲等のことを旨とせんには、商売は立ち行かぬものと考え、かの「武士は喰《く》わねど高楊枝《たかようじ》」というがごとき気風は、商工者にとっての禁物であった。惟《おも》うに、これは時勢のしからしめたところもあったであろう。けれども、士人に武士道が必要であったごとく、商工業者にもまたその道が無くては叶《かな》わぬことで、商工業者に道徳はいらぬなぞとは、とんでもない間違いであった。

けだし封建時代において、武士道と殖産功利の道と相背馳《はいち》するがごとく解せられたのは、なおかの儒者が仁と富とは、並び行われざるもののごとく心得たと同一の誤謬《ごびゅう》であって、両者ともに毫《ごう》も相背馳するものでないとの理由は、今日すでに世人の認容し、了解されたところであろうと思う。孔子のいわゆる「富と貴とはこれ人の欲するところなり、その道をもってせずして、これを得れば処《お》らざるなり。貧と賤《せん》とはこれ人の悪《にく》むところなり、その道をもってせずして、これを得るも去らざるなり」とは、これ誠に武士道の真髄たる正義、廉直、義侠等に適合するものではあるまいか。孔子の訓《おし》えにおいて、賢者が貧賤に処してその道を易《か》えぬというのは、あたかも武士が職場に臨んで敵に後ろを見せざるの覚悟と相似たもので、また、かのその道をもってするに非ざれば、たとえ富貴を得ることがあっても、安んじてこれに処らぬというのは、これまた、いにしえ武士がその道をもってせざれば、一毫も取らなかった意気と、その軌を一にするものといってよろしかろう。果たしてしからば富貴は聖賢もまたこれを望み、貧賤は聖賢もまた、これを欲しなかったけれども、ただかの人々は道義を本とし、富貴貧賤を末としたが、いにしえの商工業者はこれを反対にしたから、遂に富貴貧賤を本として道義を末とするようになってしまった。誤解もまた甚だしいではないか。

武士道即実業道

思うにこの武士道は、ただに儒者とか武士とかいう側の人々においてのみ行わるるものではなく、文明国における商工業者の、拠《よ》りてもって立つべき道もここに存在することと考える。かの泰西の商工業者が、互いに個人間の約束を尊重し、たとえその間に損益はあるとしても、一度約束した以上は必ずこれを履行して、前約に背反せぬというのは、徳義心の堅固なる、正義廉直の観念の発動にほかならぬことである。しかるに、日本における商工業者は、なおいまだ旧来の慣習をまったく脱することができず、ややともすれば、道徳的観念を無視して、一時の利に趨《はし》らんとするの傾向があって困る。欧米人も常に日本人がこの欠点あることを批難し、商取引において、日本人に絶対の信用を置かぬのは、わが国の商工業者にとって非常な損失である。およそ人としてその処世の本旨を忘れ、非道を行うても、私利私慾《しよく》を充《み》たそうとすることがあったり、あるいは権勢に媚び諂《へつろ》うても、その身の栄達を計らんと欲するは、これ実に人間行為の標準を無視したもので、かくのごときは決してその身、その地位を永遠に維持する所以《ゆえん》の道では無いのである。苟《いやしく》も、世に処し身を立てようと志すならば、その職業のなんたるを問わず、身分の如何を顧みず、終始自力を本位として須臾《しゅゆ》も道に背かざることに意をもっぱらにし、しかる後に自ら富み、かつ栄ゆるの計を怠らざるこそ、真に人間の意義あり価値ある生活ということができよう。今や武士道は移してもって、直に実業道とするがよい。日本人は飽《あ》くまで、大和魂《やまとだましい》の権化たる武士道をもって立たねばならぬ。商業にまれ工業にまれ、この心をもって心とせば、戦争において日本が常に世界の優位を占めつつあるがごとく、商工業においてもまた、世界に勇を競うに至るであろう。実業家はよろしく旧来の悪思想を一洗し去り、新時代の活舞台において、いにしえ武士が戦場に駆馳《くち》したるがごとき心掛けをもって、大いに世界に活躍してもらいたい。余は武士道と実業道とは、どこまでも一致しなければならぬもの、また一致し得べきものであることを主張するのである。（二七）

新時代の実業家に望む

新時代の意義

余はまず本論に入るに先だち「新時代」の語について、区画上の説明を試みておかねばならぬ。さて、漫然として新時代といえば、旧幕時代に対称して、維新以降今日までの時を爾《し》か謂《い》うこともできるし、あるいはまた、今日以後まさに来たらんとする時代を指していうこともできる。すなわち、維新以降の四十余年間は、旧幕府の諸制度が破壊されて、新たな制度の布《し》かれた有史以来の大変革時期であるから、これをもって、すでに新時代に入ったものとしてもよい。しかしまた一方から観察すれば、過去四十余年間は、畢竟《ひっきょう》日本将来のために基礎を作った準備時代で、真の堅実なる発展はむしろ今日以後にあるから、従って、新時代も今日以後を指していわねばならぬともいえる。けれども、理窟《りくつ》はいずれともなるものだから、今ここに、これら二様の解釈について、そのいずれとも強いて論決しなければならぬ必要もないが、余は便宜上、後者を目して新時代と称し、これが立論をしてみようと思う。その理由如何というに、今日は韓国を併合し、清《しん》国及び露国と大陸において、境を接するに至った国史上の一大新時期に際しておる。同時にまた、明治時代も今や四十余年を歴《へ》て、文物制度の基礎もやや確立してきた時である。ゆえに、仮に今日を境として時代を前後に二分し、これを論ずることは、必ずしも独断ではあるまいと思うからである。しかして余はここに、前期の四十余年間は、如何なる有様をもって経過し来たりしかを顧み、さらに今後来たるべき新時代を、担うて立つの大責任ある人々のために、一言その注意を述べよう。

旧時代の状態

さて、旧時代の状態は如何であったか。かの維新以前幕末のころは、専政政治の悪弊その極みに達し、腐敗、堕落、無秩序等、あらゆる形容詞を用うるも、いまだ足らざるを怨《うら》むの有様であった。従って、当時の政治に参与しておったもののほとんど全部は、無気力で識見の足らぬ者ばかり揃うておった。とはいえその中には、まま相当なる識見を有する者も無いではなかったが、彼らといえども、その周囲の機運に逆らうことができず、大廈《たいか》の覆《くつがえ》らんとする時、よく一木の支《ささ》うるところに非《あら》ずで、時代とともに遂に滅亡のやむなきに至った。しかして、機運がかくのごとく迫った原因について探究したならば、種々なる遠因、近因があるであろうが、なかんずく、大勢を動かすに至ったものは外国の刺撃で、これを悪く言えばその圧迫、善《よ》く言えばその指導誘掖《ゆうえき》を受けた結果にほかならぬことと思う。幸いにして幕末の政治家中に、この外来の勢力に対し、事を処して出るだけの器量を有する人があり、三百年間の因襲を破って、終《つい》に今日の新時代をつくるの根元を成したのである。

維新の変革を作為した人々の頭脳も、その後様々の動揺を来し、かつ人の希望はとかく実際より一歩も二歩も前へ進み過ぎるために、幾多の衝突をも来して、ただちに静平な世の中になった訳ではない。いわゆる、急進党があって征韓論《せいかんろん》のごときものも起こり、国会速開を唱うる人と、尚早《しょうそう》を論ずる人とできて鎬《しのぎ》を削った。かくてこれらの事件が続発して、政治界は一時大いに人心を騒擾《そうじょう》せしめた。しかしながら幕末の政治といい、維新後の政治といい、あまりに極端に走らずに、都合よく治って今日あるを致したのは、惟《おも》うに天祐と人為と一致した結果にほかならぬことで、偏《ひとえ》に上御一人の聖徳の致すところと、国家のために慶賀せねばならぬ次第である。

今日の時代は如何

以上は、幕末以降今日に及ぶ経路の大略である。しからば翻って、今日の時代は如何であろうか。熟々《つらつら》現時の有様を見るに、あるいは進歩の気運が少しく躊躇《ちゅうちょ》するの状態になりはせぬかと、疑わざるを得ないのである。惟うに、明治ももはや四十四年の歳月を重ね、大分苔《こけ》も付いて来たが同時に埃《ほこり》も溜《た》まった。しかして、幕末の振わなかった原因の一つであったと思う属僚政治と、先例古格ということが漫《みだ》りにやかましくなって、何事も規則ずくめに食傷するの観があるように思われる。近時、新聞紙などがよく、現今の政治を評して官僚政治であるというが、もちろん現時国家枢要の地位におる人々は、正心誠意国事に鞅掌《おうしょう》し、眼中国家あるを知って、また他あるを知らぬ賢明の方々であると自分は信ずるが、しかし悪習というものは、いつの間にやら眼に立たぬよう、自然自然に生じてゆくものであることをも、常に注意しておらねばなるまいと思う。かの三百年の生命を一期として倒れた幕府も、必ずしも始めからその政治が悪かったのではない。名相賢臣相踵《つ》いで出《い》で、理想的政治の行われた時代もしばしばあった。それが次第次第と悪習慣を生ずるようになり、終に自滅するのやむなき運命を招致したのである。

余は現代政治に対する坊間の評言が、ただ一時の悪口たらんことを切に希望するものであるが、もしかかるいまわしい事が実際であるとすれば、かかる悪習は宛然黴菌《えんぜんばいきん》の蔓延《まんえん》するがごとき勢力を有するものであるから、速やかにこれを打破し、さらに理想的新時代に向こうて進むようにしたいものである。

いまだ微々たるわが実業界

以上のことどもは、余が政治社会に対する観察及び希望であるが、以下少しく自己の領域に入り、少壮実業家諸氏のために一言しておきたいことがある。さて、すでに上に述べた維新以降の事情については、実業界とても、ほぼ同様の経路を歩んで来たのである。さりながら、今日までは実業家の社会的勢力は、きわめて微々たるものであったから、社会の進運が実業界を主動として起こってきたことは、ほとんど無く、みな政治方面から動かされたことが、実業方面に波及したというに過ぎなかった。従って、過去の実業界は、あたかも政治家がその余力を用いて、これを左右したという有様である。その結果今日の会社銀行の経営は、とかく政権に支配せられ、株主多数によりてこれを維持するという気象が薄いようである。株式会社でありながら、内実は専制的になってきた。日本銀行、その他の大銀行大会社には、適当な人物が引き続いて出て、相当なる権力を扶殖《ふしょく》した者もあるけれども何分《なにぶん》その歴史が、新しいとともに力も弱い。常に時勢と伴うて発達してはきたものの、財力等においても、これを海外の銀行会社に比較すれば、いまだ如何にも微々たるものである。これも新興国たる日本の実業界としては、また已《や》む能《あた》わざるところであろうが、今や世界列強の伍班《ごはん》に加わった帝国の実業界としては、如何にも心細い次第である。しかして今までは、初期としてそれで満足もしなければならぬ事情もあったが、まさに来たるべき第二期、すなわち新時代の実業界はそんなことで満足する訳にはゆかぬ。これ実に、少壮実業家に猛省を乞《こ》わねばならぬ点である。

新時代実業家の覚悟

よって、余は新時代に活動すべき少壮実業家に対して、希望を述べる。過去の実業界はあまりに政府の力に依頼し過ぎた。ゆえに、今後の実業家は過去のこの失策に鑑《かんが》み、何事に依《よ》らず自分から整理し拡張してゆくの覚悟を持たなくてはならぬ。また、実業家は他人の世話にならずとも、仲間同士お互いに利益を進め合うだけの考えを持つことを必要とする。もしも目前の小利のために相呑噬《あいどんぜい》するようなことがあれば、終には政府の裁判を煩わして、黒白を決せねばならぬことが起こる。それも従前のように、仲間同士の老輩を頼んで仲裁する位ならまだしもだが、仲間中では命令権はなし、結局は法律に訴えて裁決を仰ぐよりほか仕方がなくなる。すでに法律に訴え、または政府の力に依頼することになると、官憲の力はますます強度を加え政府万能となりて、民力はいよいよ衰退するの結果となる。幸いにして政治家に立派な人物ばかりおればよいが、万一反対の有様であるとすれば、終に実業界は困厄に陥るようにならぬとも限らぬ。かの幕末の官吏の腐敗堕落しておったことは、もとよりであるが、実業家側において、一人の商売人らしい人物のおらなかったことも、確かに幕府滅亡の一原因でもあったに相違ないと思われる。その例を外国に求むれば、三百年前全盛をきわめておったイスパニヤの衰運に向かったのは、要するに実業界にその人なく、商業の次第に衰微した結果にほかならぬ。さらに、英国がその反対の現象をもって、日に月に隆昌に赴く所以のものは、主として実業に重きを置き、商工業者もまた鋭意国家のために、その業の発達を企図して止まなかったからである。かく申す余のごときは、自ら幕末の世に処してきた一人であるが、その頃の商人の無智蒙昧《もうまい》にして無気力であったに驚かされた。殷鑑《いんかん》遠からず、まさに新時代に立たんとする実業家は、よろしく取ってもってその範とすべきである。

結　論

要するに、自分らは第一期の実業家として、すこぶる暗澹《あんたん》たる時代を経過し、これが開拓者の地位にも立てば、あるいは指導者の側にも立って、とにかく今日の実業界を建設した。しかしてわが実業界は、まさに第二期の飛躍時代に入らんとしつつあるのだから、これが経営に任ずる少壮実業家諸氏は、一層努力奮励してその任に堪えるだけの覚悟を持ってもらわなくてはならぬ。今や静かに政府当局者の現在の仕事振りを観察するに、種々の民業を、次第次第に官の手に収めてしまおうとする弊があるようである。しかして、政府のこの手段に対する実業家諸氏は、その覚醒《かくせい》の度合いが甚だしく足らぬように思う。ゆえに余は、この際実業家たるものは、よろしく大局を達観するの明を持ち、同輩相助けて充分その分を尽くされんことを熱望する。それと同時に政府当局の人々も、余が四十余年間の苦辛を是認さるるならば、これによってもって、政府万能の悪弊をも悟らるる事であろうと思う。あえて江湖の士に警告しておく次第である。(明治四十三年初春)(二八)

事業経営に対する理想

会社重役の職責

およそ社会に立ちて合本法によりて、一事業あるいは一会社を経営せんとするには、その当事者たるものは、よろしく立憲国の国務大臣が、国民の輿望《よぼう》を負うて国政に参するほどの覚悟をもって、これに当たらなければならぬ。例えば一会社における重役が、株主から選ばれて会社経営の局に当たる場合には、会社の重役たる名誉も、会社の資産も、ことごとく多数株主から自分に嘱託されたものであるとの観念を有《も》ち、自己所有の財産以上の注意を払って管理しなければならぬ。しかしながら、また一方において重役は常に、会社の財産は他人の物であるということを深く念頭に置かねばならぬ。それは、会社経営上について一朝株主から不信任を抱かれた場合は、何時でも会社を去らなければならぬからである。なぜならば、すべて重役がその地位を保ち、その職責を尽くしておるのは、必ず多数株主の希望に依るものであるから、もし多数人の信任が無くなった際は、何時でも潔くその職を去るのが当然のことである。しかして、かかる場合には公私の区別が判然として、会社の仕事と自己の身柄と、ただちに判別がつき、その間にいささかも私なく、秘密なきことを期さねばならぬ。これ多数株主の輿望を負うてその任に当たる会社重役の、常に心得ざるべからざる肝要の条件であろうと思う。

商売に秘密はない

しかるに、現代における事業界の傾向を見るに、まま悪徳重役なるものが出《い》でて、多数株主より依託された資産を、あたかも自己専有のもののごとく心得、これを自儘《じまま》に運用して私利を営まんとするものがある。それがため、会社の内部は一つの伏魔殿《ふくまでん》と化し去り、公私の区別もなく秘密的行動が盛んに行われるようになってゆく。真に事業界のために痛嘆すべき現象ではあるまいか。

元来、商業は政治などに比較すれば、かえって機密などということなしに、経営してゆかれるはずのものであろうと思う。ただ銀行においては、事業の性質として幾分秘密を守らねばならぬことがある。例えば、誰に何ほどの貸付があるとか、それに対してどういう抵当が入っておるとかいう事は、徳義上これを秘密にしておかなければならぬであろう。また一般商売上のことにても、如何《いか》に正直を主とせねばならぬからとはいえ、この品物は何ほどで買い取ったものだが、今これこれに売るから、幾らの利益があるというようなことを、わざわざ世間へ触れ回す必要もあるまい。要するに不当なことさえないならば、それが道徳上、必ずしも不都合の行為となるものではあるまいと思う。しかし、これらの事以外において、現在あるものを無いといい、無いものをあるというがごとき、純然たる嘘を吐くは断じてよろしくない。ゆえに正直正銘の商売には、機密というようなことは、まず無いものと見てよろしかろう。しかるに社会の実際に徴すれば、会社において無くてもよいはずの秘密があったり、あるべからざるところに私事の行われるのは、如何なる理由であろうか。余はこれを重役にその人を得ざるの結果と断定するに躊躇《ちゆうちよ》せぬのである。

禍根はここに伏在す

しからばこの禍根は、重役に適任者を得さえすれば、自ら絶滅するものであるが、適材を適所に使うということは、なかなか容易な訳のものでなく、現在にても重役としての技《ぎ》倆《りよう》に欠けた人で、その職にあるものが少なくない。例えば会社の取締役もしくは監査役などの名を買わんがために、消閑の手段として名を連ねておる、いわゆる虚栄的重役なるものがある。彼らの浅薄なる考えは厭《いと》うべきものだけれども、その希望の小さいだけに、差したる罪悪を逞《たくま》しゅうするというような心配はない。それからまた好人物であるけれども、その代わり事業経営の手腕のないものがある。左様いう人が重役となっておれば、部下におる人物の善悪を識別するの能力もなく、帳簿を査察する眼識もない。ために、知らず知らずの間に部下の者に愆《あやま》られ、自分から作った罪でなくとも、竟《つい》に救うべからざる窮地に陥らねばならぬことがある。これは前者に比較すると、やや罪は重いが、しかし、いずれも重役として故意に悪事をなしたもので無いことは明らかである。しかるに、それら二人の者よりさらに一歩進んで、その会社を利用して自己の栄達を計る踏み台にしようとか、利慾《りよく》を計る機関にしようとかいう考えをもって重役となる者がある。かくのごときは、実に宥《ゆる》すべからざる罪悪であるが、それらの者の手段としては、株式の相場を釣り上げておかぬと都合が悪いというて、実際はありもせぬ利益をあるように見せかけ、虚偽の配当を行うたり、また事実払い込まない株金を払い込んだように装うて、株主の眼を瞞着《まんちゃく》しようとする者なぞもあるが、これらのやり方は明らかに詐欺の行為である。しかして彼らの悪手段は、いまだそれ位では尽きない。その極端なる者に至っては、会社の金を流用して投機をやったり、自己の事業に投じたりする者もある。これでは、もはや窃盗と択《えら》ぶところがない。畢竟《ひっきょう》するに、この種の悪事も結局、その局に当たる者が、道徳の修養を欠けるよりして起こる弊害で、もしもその重役が正心誠意事業に忠実であるならば、そんな間違いは作りたくとも作れるものでない。

事業経営の理想

自分は常に事業の経営に任じては、その仕事が国家に必用であって、また道理に合するようにしてゆきたいと心掛けてきた。たとえ、その事業が微々たるものであろうとも、自分の利益はきわめて少額であるとしても、国家必要の事業を合理的に経営すれば、心は常に楽しんで事に任じられる。ゆえに、余は論語をもって商売上のバイブルとなし、孔子の道以外には一歩も出まいと努めてきた。それから余が事業上の見解としては、一箇人に利益ある仕事よりも、多数社会を益してゆくものでなければならぬと思い、多数社会に利益を与えるには、その事業が堅固に繁昌してゆかなくてはならぬということを、常に心としておった。福沢翁の言に、「書物を著しても、それを多数の人が読むようなものでなくては効能が薄い。著者は常に自己のことよりも、国家社会を利するという観念をもって筆を執らなければならぬ」という意味のことがあったと記憶しておる。事業界のこともまた、この理にほかならぬもので、多く社会を益することでなくては、正径な事業とはいわれない。仮に、一個人のみ大富豪になっても社会の多数が、ために貧困に陥るような事業であったならば、どんなものであろうか。如何にその人が富を積んでも、その幸福は継続されないではないか。ゆえに余は、国家多数のために富を致す方法を、講じなければ駄目であるとの意見を抱き、明治六年以来もっぱら銀行業に身を委《ゆだ》ねてから、この心は終始一貫して今日まで渝《かわ》るところが無かったつもりである。

第一銀行と余と

惟《おも》うに、国家を自分一個人の家にするということは、真正なる立憲国の為政者のなすべきことではない。左様なことがあるとすれば、そはいわゆる王道に反《そむ》くものであるから、何人もそれを黙視しておかぬであろう。事業を経営する上にも、やはりそれと同一の観念が無くてはならぬ。余は実業界に入って以来、いまだ一日もこの観念を失ったことはない。

現在、自分は第一銀行において相応の勢力と信用とを維持し、株も一番多く持っておるから、もし自分がこの際、銀行を自由にしようと企つるならば、ある程度まで、できないことはなかろうと思う。だが、余は明日第一銀行の頭取を罷《や》められても差し支えないようにしておる。というのは、第一銀行の業務と渋沢の家事とは塵一本でも混同せず、その間には画然たる区別が立ててある。余は自己の地位を利用し、第一銀行の金で私利私慾を計るというようなことは、微塵《みじん》も無いのみならず、時として私財を割いてまでも第一銀行のために尽くし、その基礎の安固ならんことを図ってきた。余が実験談を述ぶれば、実に上述のごときものである。しかして、もし一般世人が余の所説のごとく、多数社会の富に留意することを立脚地として、その事業の経営に任ずるならば、その間に大いなる間違いの生じようはなかろうと信ずるのである。（二九）

企業家の心得

企業者一般の注意

およそ一事業を起こし、それをして成功せしめんとするは、すこぶる困難なることで、非常なる決心と綿密周到なる注意を持って掛からなければならぬことである。しかしこれは、もっぱら企業家の心に属する注意であるが、次に考えなければならぬところは、自己の企てつつある事業は、果たしてでき得べきものであろうか。それとも不可能事であろうかとの問題についてである。しかして、これらは事業を企つるに際しての序開きで、この問題の解決を完全になさずして無謀に事業を企つるならば、その事業は真に危険千万のものと言わねばならぬ。『孟子』のいわゆる「泰山を挟《わきばさ》んで北海を超ゆる」底の事は、現実なる事業の上においては到底不可能に属するが、世間にはこれに類する性質の事業を企てて恬然《てんぜん》たるものあるは、むしろ一驚《いっきょう》を喫《きっ》せざるを得ない。かくのごときは、ほとんど論外で、真面目なる企業家として同日に論ずべきもので無いことは、もとよりである。しからば、でき得べき性質の事業なら何事でもよろしいかというに、ここが企業家としてもっとも考慮を要する場合だと思う。一例を挙ぐれば、富士山巓《ふじさんてん》に完全の旅館を建設しようという者があるとすれば、それは決して不可能事ではない。でき得べき事業である。だが、もし富士の絶頂に旅館ができても、それが充分営業してゆかれる見込みがあるや否やは、疑問でなくして必ず不成立に終わるだろうとは、何人もただちに見当のつくところであろう。これは少しく極端な例証ではあるが、でき得べき事業でも、それが必ずしも成立すべきものでないという事を証するに足ると思う。

企業要領

事業界のことは、実にかくまでに複雑にして、かつ面倒なものである。ゆえに苟《いやし》も、一事業を企てんとするには細心精慮をもってし、遺漏なきが上にも欠点無からんことを期さねばならぬ。よって今企業に関するもっとも注意すべき要項につき、気づいたままを左に指摘して、これに説明を与えてみよう。

(一) その事業は果たして、成立すべきものなるや否やを探究すること。

(二) 個人を利するとともに国家社会をも利する事業なるや否やを知ること。

(三) その企業が時機に適合するや否やを判断すること。

(四) 事業成立の暁において、その経営者に適当なる人物ありや否やを考うること。

等、およそ四箇条であるが、思うにこれらの諸点を充分に具有しておるものなら、その事業はまず見込みあるものと見て差し支えないから、ここに初めて仕事に着手してもよいのである。

第一個条成立の可否

さて、第一条件たる「その事業は果たして成立すべきものなるや否や」というのは、前に述べたところのでき得べきものとか、不可能事とかいう論ではなく、一歩進んでとにかく、その事業は必ずでき得べきものではあるが、果たしてそれが成立して事業進行の見込みが充分立つや否やということの研究である。換言すれば、一歩進んだところの数字の問題である。世俗にいわゆる「勘定合って銭足らず」というように、数字の上では充分に見込みはついていても、事業を経営してみた上で、果たしてそれだけの利益を、収め得るや否やは疑問である。ゆえに、その事業に対して充分なる勝算も立たないのに、漠然と「この事業は有望である」とか、「世間の需用があるだろう」位の考えで、すなわち、その「だろう勘定」で事を始めると、十中八九までは多く失敗を招くこととなる。それゆえ企業家にとって、まず第一に心とすべきは数の観念であるから、それをもっとも精細綿密に成算して、右から見ても左から見ても、間違いないというようにしなければならぬ。これらが完全にできれば、その事業はまず大体の骨組だけは成立したものといってよいのである。

第二個条公私の利益

次に「個人を利するとともに、国家社会をも利する事業なるや否や」というのは、その事業を経営してゆく暁に、ひとり自己の利益となるばかりでなく、同時に国家社会をも益するような、仕事でなければならぬというのである。ただし、これは世の実業家が一度口を開けば、必ずいうところのことであるが、多くは言行不一致で、その実自己の利益ばかりを打算して、社会の公益は措《お》いて顧みないものがたくさんある。かくのごときは、実に実業界のために痛嘆すべき事柄であるとともに、また吾人《ごじん》のもっとも考慮せねばならぬところであろうと思う。自己の利益にばかり着目する事業は、たとえ一時順境に向こうて隆昌をきわめることがあるとしても、終《つい》には社会の同情を失墜して、悲運に陥る時が来る。世のいわゆる、虚業家なるものは滔々《とうとう》として、みなこの亜流である。その他商工業に従事する者にしても、例えば見本と実際の商品の品質とを誤魔化すというがごときは、一時人の眼を晦《くら》まして暴利を貪《むさぼ》ることができても、何時かはそれの発覚する時期が来て、必ず社会から葬られてしまうものである。しかるに、それとは正反対に、社会公益のためとあらば、自己の利益も何もまったく犠牲に供して構わないというのは、如何《いか》にも理想として立派なものには相違ないが、実際社会に立って事業をしようとするには、恐らく最全の策ではあるまい。如何となれば、たとえ国家社会の公益になるとはいえ、永遠に収支相償わぬような事業は、決して成立する者でないからである。もっとも、これが国家の事業であるとすれば、その解釈も自ら別様で、すなわち大局から打算してかかるから、目先にちょっと利益は見えなくとも、その成立すべき、また成立さすべき方法は幾らもあろう。しかしながら個人として、若《も》しくは個人的団体の事業としてならば、それに伴う利益の無い以上、とても永続しないので、如何に理想は社会の公益を計ることにあるとしても、事実はそれに伴わぬものと成り終わらねばなるまい。ゆえに事業という以上は、自己を利益すると同時に、社会国家をも益することでなくてはならぬのである。

第三個条時機の適不適

　また「その企業が時機に適合するや否や」というのは、事業の性質上、如何に成立の見込みが立ち、同時に公私の利益が充分に認められるものであるとしても、もしその事業が時機に適合せぬものならば、見込みはないというのである。よく世間で「機を見るの明」ということをいうが、事業を起こすに当たっても、これはやはり必要なことで、時機の好悪を充分に見抜いて掛からなければ、時代の潮流のために事業は圧倒されてしまう。しかして、事業上における時機の適不適とは、もっぱら経済界の調子の好悪を指したもので、如何にそれが有益有利の事業であるにせよ、国家の経済が不振で世間一般に不景気の時代には、まずその成立は望み難いと言うのである。例えば、かの日露戦後におけるわが経済界は、実に古今未曾有《みぞう》の景気で、事業熱もほとんど、その頂点に達した。爾《しか》してかかる時代に世人は、とかくその潮流に乗じて実力以上の膨脹を試みたがるから、従って、事業は雨後の筍《たけのこ》のごとく乱発した。余のいわゆる時機を見るとは、ここを指したもので、なんでも構わず一時の景気に乗じて事を起こせばよいと考えるのは大いなる誤りである。さしもに景気づいた経済界も、たちまち沈静に帰するの時代が続いてきたので、かの一時の景気に乗じてやったものは、みな倒れたり、さらでも行き艱《なや》みの有様に陥ってしまった。これは実に事業家にとっては、好個の活教訓であったと思う。如何に周囲の景気が沸騰しておっても、それが一時的のものなるや、あるいは永久的のものなるやを判別してかかれば、間違いはないはずである。企業家にとっては時機ということは、決して忘るべからざる重要な問題である。

第四個条人物の有無

最後に「事業成立の暁において、その経営者に適当の人物ありや否や」という問題であるが、これはいうまでもなく、如何なる事業でも人物を得なければ駄目であるということを述べたのである。すべて社会における諸事業は、人物ありて後のことで、資本が如何に豊富でも、計画が如何に立派でも、それを経営してゆく者に適材を得なければ、資本も計画も畢竟《ひっきょう》、無意義なものとなって仕舞う。例えば、ここに精巧なる一つの機械があるとしても、機械は自ら動くものでなく、それに人力とか火力とかいう動力を加えなければ、精巧な機械でもなんの役にも立たないのだ。事業経営上に適任者を得るのは、丁度機械における動力のごとき関係である。しかして、人材を得ると得ないとは、事業上より見て二重の損益がある。それは適任者を得ざる事業は、折角成立しても遂に失敗に帰するがごとき悲運に陥るに反し、適任者を得たる事業は、よし事業がそれまでは不成績であったとしても、これを既倒に翻すことを得るのみならず、さらに進んでこれを隆運に転ずるだけのことができる。事業は真に人物の如何にあるということは、忘るべからざる要旨である。

以上述ぶるところは、事業を起こさんと志すものの、是非とも服膺《ふくよう》しなくてはならぬ条件である。しかしながら人間は万能でない以上、如何に緻密《ちみつ》詳細に考慮したことでも、時に謬見《びゅうけん》が無いとは断言されない。例えば、自分がこの人ならばと見込んだ人物でも、存外見当の外れることもあるし、または時機の見損ないをしたり、計画に遺算《いさん》なぞのあることもあるから、時と場合に依れば万々善《ばんばんよ》いと見込んだことでも、仕損じができるのである。ゆえに事業を起こそうとする場合には、上述の四点について充分熟慮してかかることを、くれぐれも忘れてはならぬのである。

事業加入者の心得

さらに余は企業者の側でなく、ただ事業に加わる側の人に向こうて一言警告しておきたいことがある。それは如何なることかというに、事業家の発起した事業に賛成し加入する際、戒心すべきは出資の程度を量ることと、道徳心を尊重するということである。余は従来、しばしば人から推薦されて、事業の創立者やその委員になったことがあるが、たとえ左様いう際でも自分は自己の資力以外に、もしくは、身分不相応に過大の出資をしたことは決して無かった。しかるに世間の事業の協力者を見渡すと、自分よりも資産が少なかろうと思われる人が、かえって自分よりも遥《はる》かに過大の株を申し込み、自分が二、三百株しか持たぬところを、その人は千株も二千株も持つことがあった。その時自分は、あの人は何時の間にこんな大資力を造ったであろうかと疑ったものであるが、さていよいよ払い込みをするという段になってみると、先に千株二千株を申し込んだ人が、実際は百株か二百株分しか払い込まないという有様で、創立者側が誠に迷惑をすることが度々あった。それらの人々の心中を洞察すれば、恐らくは会社の創設を機会に権利株を売って、私腹を太らせようというのであろうけれど、それでは事業そのものに対する誠意がない。すでに最初から忠実を欠いておるのだから、国家的観念をもって事業に加入するというがごとき意志は、さらにないのであろう。なかにはそれほどの悪意があるのでなく、たくさん申し込んでおいても、払い込みはなんとかなるであろう位に考えて申し込むのもあるであろうが、それでは自己の分限を知らぬ人といわれても仕方がない。そのいずれにせよ、道徳心の薄いことは争うべからざる事実である。およそ事業を起こすにあたり、その協力者の不道徳、不信用ほど恐るべきものはない。迷惑の及ぶところは、その者一個人の上ばかりでなく、ために事務進行上に渋滞を来すことは容易なものでないから、かくのごときは実業家としてもっとも戒心せねばならぬことである。(三〇)

成功論

いわゆる成功観

現時、一般社会にいい囃《はや》さるる「成功」なる語の意義について、これを一言に説明すれば、着手した事業が都合よく運び、しかもそれが利益あることで、世間を益するとともに、自分も富んだというがごときものを指して、成功というらしい。仮に一身上から説明すれば、田舎から東京へ出て立派な商店の主人となったとか、官途について相当の地位に進んだとかいうものも、やはり成功として数えらるるのである。もっとも、官辺における立身出世は、今日のいわゆる成功の語に当てはめては、あまり適切でないようであるけれども、局長となり、大臣となり、士官となり、大将となるという位に出世し、名も揚がり富も位も高くなれば同じく成功である。しかしながら、実業界の人により多くこの言葉が用いられておる。例えば、銀行会社の発起者となりて、これが設立に力を尽くし、創立の後、その重役となって活動しておる中に、その株式は次第に上騰して、名声、信用両ながら高くなったとか、さらに卑近の例をもってすれば、ある投機的の人物が株式の買売とか、あるいは鉱山とかいうものに依《よ》って巨万の富を得て、世にいわゆる「成金屋」の列に加わり、しかして、その金を失わずにやり通したというがごとき者を指しても成功という。

以上のごとき事実を通じて成功の意義を観察するに、世人の多くは事物について、上述のごとき結果を得た者のみ成功というて、その他を顧みぬらしい。果たしてしからば、成功とは、富と位と、しかして事業が成就したもののことばかりを、指示することになってしまうが、余はそれらのものばかりが必ずしも成功であって、その他に成功がないとは思われない。成功ということを論ずるには、ひとりその結果の如何にのみ注目せずに、同時にその人が経営したところの事柄について、その理由順序を仔細《しさい》に観察しなければならぬことであろうと思う。

批判を誤れる成功論

富を得るに至ったところの方法、あるいは官途に地位を得るに至った経路が道理に欠けず、正義を失わず、穏当なる所作にて発達進行したものとすれば、余はそれが真の成功であろうと思う。しかるに、世の中のことは複雑繁多なもので、一理で万事を推し通すことのできぬ場合がある。例えば、ある人の行うところがすべて、その道理に中《あた》り、一つとして瑕瑾《かきん》なくやって出ても、時には一生を不運の中に送ってしまう者もある。それに反し、正当ならぬ手段に出《い》でて、識者の歯《し》するを恥とするようなことを行う者でも、また幸運に一生を過ごす者もある。しかるに、今日のいわゆる成功論をもってこれを品評すれば、前者を失敗者となして、後者を成功者となすの結論に帰着するであろう。これ実に結果にのみ拘泥《こうでい》するの余弊であって、不公平もまた、きわまれりといわねばならぬ。

菅公と藤原時平

成敗のみをもってその人を論ずるならば、遂には困った結果を生ずることとなる。一例を挙ぐれば、菅原道真《すがわらのみちざね》と藤原時平《ふじわらのときひら》のごときはその著しいものである。すでに世人の知れるごとく、道真は宇多《うだ》天皇の御信任を得て右大臣に進み、当時旭日沖天《きょくじつちゅうてん》の権威ありし左大臣藤原時平とともに、相並んで政務に参与しておった。しかるに、帝《みかど》は藤原氏の専政を抑えんとの御志から、道真をことに重く用いさせられたのであったが、醍醐《だいご》帝が即位せらるるに及んで、藤原氏の権勢は一層強くなり、その一族に非《あら》ざる道真は排斥されなくてはならぬ運命に陥った。かくて時平を始めとして、藤原貞国《さだくに》、藤原菅根《すがね》、源光《ひかる》等の徒党は、協力して帝に誣奏《ふそう》し、道真は帝を廃して、その女婿斉正親王（醍醐帝の御弟）を位に即《つ》けんとするものだと、讒口《ざんこう》に及んだので、道真は遂に大宰権帥《だざいのごんのそち》に貶《へん》せられ、二年の後その地に没した。今この事実から判断するときは、現今の成功論に照合すれば、道真は失敗者、時平は成功者である。如何となれば、たとえ奸曲《かんきょく》を逞《たくま》しゅうしたとはいえ、その当時において時平は、飽くまで藤原氏の権勢を立て抜いたのに反し、道真は正義正道に拠《よ》ったとはいえ、見すぼらしい結果に終わったから、結果のみに注目する今日成功論では、むろん左様なくてはならぬことである。しかしながら、きわめて常識的に批判したらどんなものであろう。当時、権勢飛鳥を凌《しの》ぐほどの時平は、今日の社会から価値なきものとされておるに拘《かかわ》らず、当時の罪人たりし道真は、かえって正一位《しょういちい》太政大臣を贈られ、今日までも文学の保護神と祀《まつ》られ、三尺の童子といえども、天満宮《てんまんぐう》の名を知らぬ者はない位の有様ではないか。してみれば、いにしえの失敗者たりし道真が、かえって今日の成功者となり、いにしえの成功者たりし時平が、かえって今日の失敗者となっておる。しかして余もまた、道真をもって真の成功者と認める者である。

楠公と足利尊氏

さらに他の例は、楠正成《くすのきまさしげ》と足利尊氏《あしかがたかうじ》の二人についてである。二人ともに北条氏《ほうじょう》を滅ぼすまでは、協力して後醍醐《ごだいご》天皇の勅命を奉じておったのであったが、かの建武中興の業成るに及び、尊氏は帝の為人《ひととなり》のあまりに軽躁《けいそう》にして君徳に薄きを見て、頼りないと思ったか、それとも自己の威福を張らんがためか、とにかく北条時行《ときゆき》等の乱を鎌倉に鎮定するを名として反旗を翻した。しかるに正成に至りては、尊氏と同様、君徳の足らざることは知っておったに相違ないが、君臣の分はその徳の如何に依るもので無い、君は君としてどこまでも立て通すのが、大義名分のしからしむる所以《ゆえん》であると、初一念を継続し、湊川に尊氏の大軍を引き受けて戦死するまで、いささかも忠節の心は変わらなかった。この両者の運命を当時、形の上より判断すれば、むろん尊氏は成功者、正成は失敗者である。しかるに後世に至り、尊氏としいえば、その木像の首を切られても、世人はこれを快とするほど憎悪するに拘らず、その失敗者たりし正成はかえって神と祀られ、忠臣義士の亀鑑《きかん》として推尊措《お》かれざるの有様である。従って、この両者を今日より批判すれば、肉体的には尊氏が成功者、正成は失敗者であるが、名教の上よりは正成が成功者、尊氏は失敗者である。ゆえに、真の成功者としては正成を推さねばならぬことと思う。

成敗は成功の標準に非ず

実業上のことでは、その差別をかくのごとく明白に述べることはできないが、なかには不道理のことを行うて富み、正道を踏まずして蓄財した例もある。ゆえに人の成功、失敗を論ずるにあたりては、必ずしも成敗のみをもって、これをいい得るものでない。もし、成敗のみをもって成功失敗を論ずるならば、人は各々その結果にばかり重きを置くようになり、目的を達するには手段を選ばずとの意から、忍んで悪事も行い正義に戻るようなこともできて、終《つい》に奪はずんば厭《いと》かざるの境地に達するであろう。果たして、社会の風潮が左様なったら如何であろうか。道義の観念は地を払って去り、野獣性は人の理性を奪略して、社会の安寧秩序はまったく打破せらるるに至るは、けだし火を観《み》るよりも明らかなる事実である。かくのごとき結果を生むところのものを、なんで成功と称《とな》えることができよう。惟《おも》うに真の成功とは、「道理に欠けず、正義に外れず、国家社会を利益するとともに、自己も富貴に至る」ものでなくてはならぬ。換言すれば一時の成敗の如何に拘らず、その内容に重きを置いてこれを論ずるものでなくてはならぬ。「成敗をもって英雄を論ずる勿《なか》れ」とは、古人の金言であるが、これは敗れたる者をば理も非もなく失敗者となし、勝ちたる者は同じく理非の別なく、成功者となすのいわれ無きを警醒《けいせい》したところの言葉である。ゆえに実業界のことでも、やはりその通りで、巨万の富を積んだからとて、必ずしも成功者でなく、窮途に彷徨《ほうこう》しておるからとて、必ずしも失敗者ではない。その富むに至った道、敗るるに至った道の如何によって、初めて成功と失敗とが、画然と別れるものであることを忘れてはならぬ。

成功論者に警告す

余はこの意味を一層拡張して、広く世間の実業家にこの観念を持たせたいと思う。すなわち、道理に基づいた事をなして失敗するとも、その人を嘲笑《ちょうしょう》せぬのみか、むしろこれを称揚し、もし不正を行うて富貴に達する者があっても、そは決して成功者に非ずとの観察眼を、社会の各人が持つならば、不正にして富貴を得るも、社会からは尊重されぬこととなり、正義を行うて失敗しても、依然その人は社会に重きをなすに至るであろう。さもなくして、現今のごとき成功論が一般社会から是認さるるにおいては、乱臣賊子は世に蔓《はびこ》り、ことに実業界のごときは、不道徳者、不徳義漢が跳梁跋扈《ちょうりょうばっこ》するに相違ない。とにかくこの間の分別もなく、玉石混淆《ぎょくせきこんこう》して同一に論ぜらるることになれば、不道理とか、不信用とか、不徳義とかいうものの判別はつかなくなる。かくては将来の実業界を教育する上においても、甚だ困ったことになると思う。如何となれば不道理、不徳義で金持ちになったものも、社会はこれを憎まぬようになるからである。ゆえに世の成功を思う者、成功を論ずる者は、よろしく深くこの意を心とし、その判断を誤らぬようにすることが肝要であろう。（三一）

成敗を意とする勿れ

天道果たして是なり

現代に大実業家と称せられ、富豪と目せらるる人々の中には、今日の身分地位をつくるまでには種々の経路を経て、随分衆人の羨望《せんぼう》を受け、その甚だしきに至っては、とかくの批評は通り越して、人身攻撃までやられる者が少なくないようである。しかして、世人はかかる人々を例に取って「悪人でなければ成功はせぬ。今の世は悪人栄えて善人亡ぶ」なぞいうて、廉恥を重んずる学校卒業生などになると、実業界に入って活動することを懸念する人もあると聞いておる。「天道是か非か」とは、古人の天命に対する疑いの言葉であるが、今の世にも果たして左様いう現象が存在するであろうか。善人亡びて悪人栄ゆるとは真に事実であろうか。この問題に対して、世人はなんと解釈を下すか知らぬが、余は「しからず」と断言するに憚《はばか》らないのである。惟《おも》うに、これは世人が観察を誤っておるので、余はいまだ善人の亡びたことも聞かなければ、悪人の栄えたのを見たこともない。世人が目して悪人とする者は、何時の間にかその身柄の発達するとともに善人になっており、かつては善からぬ手段で蓄財に熱中した者でも、今は善人たるに背かぬ行いの人となっておる。ゆえに余は、徹頭徹尾天道はこれなるものと、確信して疑わぬのである。

ややもすれば、世には悪果を積んで得々たるがごとき考えを持つ者もある。けれども、悪事によりて得たる仕合せは決して永続せぬ。よし物質的に零落はせぬまでも、精神的に社会から葬られる。人間の至情たる良心は何時も昭々《しょうしょう》として明らかであるから、大概の人ならここで翻然《ほんぜん》として、善人に帰るが常である。悪事を働いて金を儲《もう》けたごとく世間から見られる人々は、あるいは一時左様いわれるようなことを、なしたかも知れぬ、詐欺的方法を用いたり、賄賂《わいろ》でその筋を誤魔化したりして、一攫《いっかく》千金を得た人の例は世間に少なくないから、富豪はすべて左様して金を蓄えたものだと、世人から見られるのも無理はない。しかし、人間何時も悪事を行うて恬然《てんぜん》たる者は少なく、一時は悪人と目せられた者でも、前に言えるごとく良心に省みて、何時の間にか善人に化してしまうものである。さすれば一時は悪人であったにせよ、それを後悔して善人になり、善果を積んで既往の悪事を補うならば、「過って改むるに憚ること勿《なか》れ」で、もはや、その者の罪を責むる余地は無いではないか。しかし何時までも悔悟せず、徹頭徹尾悪人をもって終わらんとする者があるならば、それは道理上亡びねばならぬものと思う。天地間の事物は正当に行われておる。天道はいつも正義に与《くみ》するものである。

人たるの務めに背く勿れ

悪運という言葉はよく人の口にするところであるが、世にはこの悪運が強くて成功したかのように見える人が無いでもない。しかし人を観るに、単に成功とか失敗とかを標準とするのが、根底の誤解ではあるまいか。およそ人は「人たるの務め」すなわち「人道」を標準として一身の行路を定めねばならぬ。誰しも人たるの務めを先にし、道理を行うて世を益し、しかして、この間に己をも立てて行くということを理想としてもらいたい。世にいわゆる、成功失敗のごときは、まったく問題外で、仮に悪運に乗じて成功した者があろうが、善人の中に運拙《つたな》く失敗した者があろうが、それらをもって羨望したり悲観したりするには当たらぬではないか。ただ人は、人たるの務めをまっとうすることに心掛け、自己の責務を果たして行けば、もって安んずるに足るはずである。かの成功失敗のごときは、いわば丹精した人の身に残る糟粕《そうはく》のようなものである。

これについて面白い話がある。それは余が少年時代に、父が訓戒の例話として、度々語り聞かせたものであるが、そのころ余の実家の付近に、きわめて謹直な勉強家の爺《じい》さんが住んでおった。この爺さんは非常な働き人で、朝は寅《とら》の刻に起き、夜は子《ね》の刻に臥《ふ》すという位に、年中不断に家業に出精したが、その結果相当な分限者になった。けれども、彼は貧乏な時と同一の心持ちで、金ができたからとて奢侈《しゃし》に耽《ふけ》るようなことはなく、相変わらず朝から晩まで働き通したので、近所の人は何を楽しみにああ勉強するのだろうかと、かえって不思議に思った。そこで、ある人がこの爺さんに向かい「貴方はもう大分財産を蓄えたから、いい加減にして老後を遊んで暮らしては如何」と尋ねてみた。すると爺さんは

「勉強して自分のことを整斉してゆくほど、世の中に面白いことはない。私は働くことが何よりの楽しみだ。働いてゆくうちに楽しみの糟《かす》ができる。これが世の中の金銀財宝であるが、私は身後に残る糟粕は意とするところでない」といったそうである。これを野人の言として捨ててしまえば、それまでであるが、この戯言《ざれごと》の中には無限の教訓が含まれておると思う。と、父がこの語をもって、しばしば余を誡《いまし》められたは、今に至って観ればなるほどと思い当たるのである。要するに現代の人は、ただ成功とか失敗とかいうことを眼中に置いて、それよりもっと大切な天地間の道理を見ておらない。人たるの務めを忘却しておる。彼らは実質を生命とすることができずに、糟粕と等しい金銀財宝を主としておる。これらの人々は、この無学の爺さんに対して愧《は》ずるところはないか。

運命と智力

広い世間には、成功すべくして失敗した例は幾らもある。智者は自ら運命を作ると聞いておるが、運命のみが人生を支配するものでない。智慧《ちえ》がこれに伴うて、初めて運命を開拓することができる。如何に善良の君子人でも智力が乏しくて、いざという場合に機会を踏み外したら成功は覚束《おぼつか》ない。例えば、豊臣秀吉《とよとみひでよし》と徳川家康がよくこの事実を証明しておる。仮に、秀吉が八十歳の天寿を保って、家康が六十で死去したら如何であったろうか。天下は徳川氏の手に帰せずして、かえって豊臣氏万歳であったも知れぬ。しかるに数奇なる運命は徳川氏を助けて豊臣氏を禍した。単に秀吉の死期が早かったのみならず、徳川氏には名将智臣雲のごとく集ったが、一方豊臣氏は淀君《よどぎみ》という嬖妾《へいしょう》が権威を恣《ほしいまま》にし、六尺の孤を託《たく》すべき誠忠無二の且元《かつもと》は擯《しりぞ》けられ、反って大野父子が寵用《ちょうよう》されるという有様。しかのみならず、石田三成《いしだみつなり》の関東征伐の一挙は、豊臣氏の自滅を急がしむるの好機会を造った。豊臣氏愚なるか、徳川氏賢なるか。余は徳川氏をして三百年太平の覇業を成さしめたものは、むしろ運命のしからしむるところであったと判断する。しかしながら、この運命を捉《とら》えることが難しい。常人は往々にして際会せる運命に乗ずるだけの智力を欠いておるが、家康のごときはその智力において、到来せる運命を捕捉《ほそく》した。

とにかく、人は誠実に努力黽勉《びんべん》して運命を待つがよい。もしそれで失敗したら、自己の智力が及ばぬためとあきらめ、また成功したら智慧が活用されたとして、成敗に拘《かかわ》らず天命に安んずるがよい。かくのごとくにして、破れても飽くまで勉強するならば、何時かは再び好運命に際会するの時が来る。数十度の合戦に連戦連敗の家康が、最後の勝利を得たではないか。人世の行路は様々であって、ほとんど一律に論ずることはできないものであるから、時に善人が悪人に負けるごとく見えることもあろうが、長い間に善悪の差別は確然と付くものである。ゆえに成功に関する是非善悪を論ずるよりも、まず自ら誠実に努力するがよい。公平なる天は必ずその人に幸して、運命を開拓するように仕向けてくれるであろう。

道理！　道理‼

人は何よりもまず、道理を明らかにせねばならぬ。道理は天における日月のごとく、終始昭々としておるものであるから、道理に伴うて事をなす者は必ず栄え、道理に悖《もと》って事を計る者は必ず亡ぶることと思う。一時の成功とか失敗とかいうものは、永い人生、価値多き生涯における泡沫《ほうまつ》のごときものである。しかるに、この泡沫のごときものに憧憬《しょうけい》して、目前の成敗のみを論ずる者が多いようでは、国家の発達進歩も思いやられる。よろしく左様な浮薄の考えは一掃し去り、社会に処して実質ある生活をするがよい。もし事の成敗のほかに超然として立ち、道理に則《のっと》って一身を終始するならば、成功失敗のごときはおろか、それ以上に価値ある一生を送ることができよう。況《いわ》んや成功は、人たるの務めをまっとうしたるより生ずる糟粕たるにおいては、なおさら意に介するには足らぬではないか。（三二）

事業家と国家的観念

事業に伴う国家的観念、

明治維新はわが国にとって、長夜の眠りを覚ましたと等しい大変革期であった。旧制度旧習慣が破壊されたとともに、新文明は非常なる勢力をもって輸入されたが、それにつれてまた、各種の事業も計画せられ創業せられた。しかして、当時これらの事業に関係していた者の中について、よく成功したものを見ると、多くは国家的観念をもって従事した事業であるゆえに、明治初年における事業界の状態は、ほとんど国家の利益のために奔走したものであった。かくして交通、運輸、通信、金融等より各種の商工業に至るまで、新文明の恩沢に浴することができ、日本はここに二千余年来の旧衣を脱することとなった。以上は、実に明治初年における事業界の有様である。

それに引き替え、近時事業界における、企業者一般の気風は如何であろうか。もちろん少数の異例はあるとしても、今日の企業家に果たして真の国家的観念があるであろうか。これ恐らく疑い無き能《あた》わざる問題であろうと思う。余が眼に映じたるところをもって観測するに、今日の企業家の多くは、国家よりも、社会よりも、まず第一に自己の利益に着眼するようになっておりはしまいか。なかんずく、その甚だしきに至っては、眼中社会なく国家なく、ただ私利あるのみという振舞すら見受けることもあるが、明治初年の企業家に比して、その心事の相違は如何であろう。かくのごとき者によって、果たして事業の経営が完全にできるであろうか。惟《おも》うに事業経営のごとき、経営者の眼中に国家もなく社会もないようでは、その事業は到底永久的生命を保ち得るものではあるまい。ただただ目前の利益にのみ眩惑《げんわく》せられ、その国家社会とともに発展し行くことを度外視するならば、事業の基礎堅実にして永久的の生命あることは、望み得べからざるところである。

かくのごとき企業に伴う弊害

近年の事業界の有様を見るに、景気の好《よ》さそうな事業が無闇と起こるが、起こったかと思う間も無く、たちまち倒れてしまう。世に「泡沫《ほうまつ》会社」などと怪しむべき代名詞を作り出さるるに至ったのも、要するに、国家と社会とを眼中に置かぬところの企業家、及びその事業の運命を語っておるものに、ほかならぬのである。余は常にこれら企業家と称する者の態度を見るに、なんらの確信もなく精神もない。たとえば、甲の製造業がこのごろ非常に景気が宜《よ》いときけば、たちまち垂涎《すいぜん》三尺、ただちにそれを摸倣《もほう》して事業を起こす、しかしてそれは、創意的のものでなくて摸倣であるから、形式は学ぶことができても、精神が届いておらぬので、思ったようにやれるものでない。こんな調子で新事業は企てられるが、その結果互いに競争を仕合うようになる。もちろん、競争は事業にとって悪いことではないが、それも程度の問題で、無謀の競争をすれば必ず共倒れとなるの結果を見るであろう。

およそ事業に着手せんとするほどのものは、まず静かに社会の大勢に鑑《かんが》みて取りかからねばならぬと思う。眼中国家も社会もなく、事業の前途をも考慮せず、ただただ現在に儲《もう》かりさえすればというような、浅薄な思案から企業すれば、たちまち生産過剰を来し、旧来の事業も新興の事業も、相ともに倒れなければならぬ運命になる。ゆえに、もし仮に製造工業のごときものを起こすとするならば、まず第一に社会の需用から算当して掛からねばならぬ。現在に甲の会社が、甲の事業で景気が宜いからというて、乙の会社が根本的の調査もなく、永遠における社会の需用をも考慮せず、ただちに甲の事業を摸倣して製造を開始するようなことをすれば、その事業は当然悲運に際会しなくてはならぬのである。

何事か国家的事業ならざるものぞ

元来、事業なるものの性質を稽《かんが》うれば、特に取り立てて国家的事業である、社会的事業であると、その効能を並べ立つるまでもなく、すべて国家社会の利益とならぬものは何一つあるべきはずが無い。もし仮に私利を営むためとのみなって、国家社会とその利益が牴《てい》触《しょく》するようなものがあるとすれば、そは事業としての性質に欠くるのみか、決して永久的生命あるものでは無い。しかるに世の企業家なるものが千篇一律の口吻《こうふん》として、これは国家的事業であるから是非賛成してくれとか、これは地方産業のために必ずなければならぬ事業だとかいうのであるが、天下これほど訳の解らぬことはあるまいと思う。余がかつて昔時、大蔵省におった頃のことであったが、地方の事業家等が出て来て、「これは国家事業であるから国庫の補助を仰ぎたい」という言を度々聴かされた。余はその都度それらの人に対し、次のように答えてやった。「いったい世話にいう理窟《りくつ》と紐《ひも》とは、どこにでも付くものであるから、国家的事業だ、国益上の興業だといえば、天下何事業として、そのしからざるは無いということになる。これを極端なる例にとって言えば、米屋が米を商うのも、車夫が車を牽《ひ》くのも、みな国家事業であるということができよう。如何となれば米屋あるがために、車夫あるがために国民のある一部分は、確かに利便を得ておるからである。かくのごとく、理窟はどこにでも付けられるから、今君らが何々事業だなぞと、ことさら国益を振り回して政府の補助に依頼しようとするのは、甚だ虫の好過ぎるいい分であろう」と言ってやったことがある。

これを要するに理窟は如何にでもなり、どこにでも付くものである。しかるに、その理窟を濫用して国家事業云々と誇称する企業家ばかりが、国家のために働いておる訳ではない。交通とか、通信とか、金融とかいう、少数の直接国家に関係を持つものは別問題であるが、その他のものは、たとえそれが何種の事業であろうとも、企業家が特に事業そのものを誇るのは間違いである。つまり、国家社会と通有的関係ある事業のほかは、その称呼を許されないのである。しかして国民の利益とか、民衆の幸福とかいうことは、事業そのものとは別に、離れて存しなければならぬのであろうと思う。

学ぶべき義公の言

惟うに、事業はこれを行う人の覚悟如何にあることである。余はかつて『義公叢書《ぎこうそうしょ》』という書物を読み、水戸義公《みとぎこう》が梶原景時《かじわらかげとき》の態度を評された言葉について、すこぶる感に堪えなかったことがあった。それは、義公が『源平盛衰記《げんぺいじょうすいき》』の梶原景時一《いち》の谷《たに》二度駆《にどがけ》の条を読んで、景時が敵地に突き入り、その子景季《かげすえ》の危難を救うた時「景時が戦に勝ち功を立つるも、要するにこれ子孫の繁栄を計らんためのことなれば、われわれが子の難を見て自らの危うきをも省みず、敵地に進み入りたるは、敢《あ》えて意とするに足らず」と、自らいうたのを、義公は評されて「梶原の二度駆は歴史上の美譚《びたん》として伝えられておるが、余をもってこれを評すれば、梶原景時の心事のごとき陋劣《ろうれつ》にして、ほとんど論ずるに足らぬものであると思う。梶原は由来奸邪《かんじゃ》の徒として、後世に至るまで世人に憎悪されておるが、二度駆に現れた彼の心事から推究して観ても、なるほどと思わせる点が見える。いったい戦に勝ち功を樹《た》つるはこれ国のため、君のためである。しかるに、彼はこれを子孫繁栄のためだというに至っては、誠に武士の本分を知らぬ者ではないか」という意味を語っておる。しかして、余は今義公が梶原を評した言葉を取り、ただちに移して現代実業家の心事を評したい。彼らの軽佻浮華《けいちょうふか》にして、ひたすら私利私慾《しよく》にのみ走る輩《やから》は、梶原と同じこと、子孫の繁栄あるを知って、国のため、君のため、あるを知らぬ者である。とはいえ、もちろん自己の利益を計ることは、必ずしも責むべからざること、ある意味から見れば、むしろ当然のことといい得る場合が無いではない。しかしながら国民たるの本分に悖《もと》り、国家の利益と牴触《ていしょく》するをも省みず、ただ自己の利益のみを思う者は、要するに梶原の心事となんら選ぶところがあろうぞ。国民として君国あるを知り、人と生まれたる以上、社会あるを知ってこそ、真に人生の意義に悖らぬ行動ができるのである。しかるに、国家を忘れ社会を忘るるにおいては、もはや人間にして禽獣《きんじゅう》と相去る遠からざるものといってよいものであろうと思う。

この秋において覚醒せざるべからず

これも『義公叢書』の中にあった一佳話であるが、義公のいまだ稚《おさな》かりしころ、父頼房《よりふさ》公の膝下《しっか》に侍して、父と問答したことがあった。それは頼房公が「もし、われその許《もと》とともに職場に出《い》でたる際、不幸にして手傷を負うて倒れることがあったならば、その許は定めし親切に介抱してくれることであろうな」との問いに対し、義公は容姿を正して「父上よ、それは私にできかぬるところであります。私は退いて傷に悩まるる父上を御介抱申し上げんよりは、さらに進んで父上を傷つけたる敵を斃《たお》さんことに努めまする。由来戦場に敵と戦うものは、天下万衆に代わって邪を討つものでありますれば、これすなわち大義であります。それゆえ父子の小情をもって、大義を誤ることを致したくはありませぬ」と答えたので、父頼房公も「如何にも天晴《あっぱ》れな覚悟だ。それでこそわが子として恥ずかしからぬというもの」と、大いに悦《よろこ》ばれたとのことがある。少年にしてすでに、かくのごとき覚悟を抱いておった義公が、梶原の心事を評して陋劣《ろうれつ》としたのは、まさにこれ理の当然と謂《いい》っべきであろう。この例は、実に戦国武士の覚悟ではあるけれども、移して現代実業家の覚悟として差し支えないことで、世に処して事をなさんとする者は、常にこういう心あることを、もっとも必要とするのである。

今や実業界には梶原の心事を持つ者は、日に多きを加えつつあるが、義公の覚悟を持つ者は日毎に少なくなるばかりである。しかして、梶原の心事をもって事に衝《あた》る人と、義公の覚悟をもって事を処する人とは、各々その結果において相違を来し、それがため国家はあるいは害毒を蒙《こうむ》り、あるいは利益せらるるのである。しかして、すでに前にも述べたごとく、事業そのものには別に国家的事業とか、国益的産業とかいうように取り立てて数うべきものはない。あるとすれば事業のすべてが、みなそれである。かくのごとく事業に差別が無いとすれば、これが国家のためになり、社会の利益となるようにするのは、事業そのものよりも、むしろこれを運為する「人物」の如何《いかん》にある。事業家各自の心事に依《よ》ることである。ゆえに事業家たるものは宜《よろ》しく自重し覚醒《かくせい》して、国家的観念のほか、一歩も出《い》でざらんことを力《つと》められたい。これ真に、事業家にとって唯一の武器であると、余は信じて疑わぬのである。（三二）

富貴栄達と道徳

およそ吾人《ごじん》がこの世の中に生存しておるところの目的は、そもそもなんであるか。また営々役々として、日々活動を継続しつつあるのは何のためか。まず第一に、これについて考えてみなければならぬ。しかして、これと同時に吾人はまた、しからば如何ように一身を処してゆくのが、もっとも機宜に適《かな》ったものであるかをも研究してみるの必要がある。ここに余は実業家の立脚地から、それらの問題を解決するため、いささか私見の一端を披《ひ》瀝《れき》してみたいと思うのである。

処世上の真意義

さて、この世の中に生存しつつある人々が、各自にただ自己一身さえ都合の好《よ》いようにすれば、それで人間の目的を果たしたものであると考えておったからとて、それを別段に咎《とが》め立てして、これに制裁を加えるという訳にもゆかぬが、しかし、それが果たして完全なる人間の目的であるということができようか。『孝経《こうきょう》』には「身を立て道を行い、名を後世に揚げ、もって父母を顕すは孝の終わりなり」とあって、すなわち父母の名を顕すという眼目から、身を立て道を行い名を後世に揚げるということを教えてある。この句を仔《し》細《さい》に味わってみれば、その内には功名も富貴も、乃至《ないし》栄達もみな含蓄されておる。もし『孝経』の説が果たして真理であるとすれば、功名富貴栄達は人生の目的であるようにも受け取られる。のみならず自己の立身出世は、ただに一身一家の幸福ばかりでなく、その余慶は延《ひ》いて九族にも及ぶという位であるから、人がその一身の栄達を求めて止まぬのは無理ならぬことである。ある意味から観察すれば、人間にこの心あるは、むしろ人間自然の性情のしからしむるところで、必ずしも賤《いや》しむべき事柄ではあるまいと思う。しかしながら、単にそれだけのことをもって、人間処世の目的が終わったものと考えるのは、大いに間違いではあるまいか。如何となれば、人間は自己一身の栄達を求むることが自然的性情であると同時に、人が社会の一員として立つ以上、共同生存ということもまた、人類自然の性情であらねばならぬ。従って、人は自己一人が富貴栄達をすれば、他はあえて顧みるに及ばぬという了簡《りようけん》で、この世に処してゆく訳にはゆかぬではないか。一面において自己の富貴栄達を欲するとともに、他の一面においては、どこまでも国家または社会のために尽くすべき義務がある。すなわち、国民各自が共同戮力《りくりよく》して、その国運または文明を進めて行くことは、これ共同生存の上から観て、人生の一重大要件になっておるはずである。これによって、これを観れば、人生の目的に添うところの人間真意義の行動としては、君に忠、父母に孝、朋友《ほうゆう》に信なるのみならず、洽《あまね》く同胞に対してはこれを愛し、これを敬するという、いわゆる「忠恕《ちゆうじよ》」の心を推し広め、もって世の進運を助けて行かなくてはならぬ。かくてこそ人生の本分を、初めて完了することができるので、延いて自己栄達の根本ともなるのである。

本分に伴う報酬

この意義を推究して考うるときは、商業に従事するものでも、工業に従事するものでも、単にその業務によって己一人儲《もう》けさえすれば、すなわち、それが人間の本分だとは思われない。もし、ここに一人ありて説を立てていう、「個人は国家の一分子であるから、個人の儲けることは、畢竟《ひっきょう》国家の利益である。ゆえに、各自に利益を得ることを主眼としておれば間違いはない」という意見を抱いたとしたら、その結果は如何であろうか。仮にこの意義を推し広めてみると、「人力車を牽《ひ》くのは賃銭を得るためであるが、もし賃銭さえもらえれば、人力車は牽かないでもよい」と、恁《こ》ういう風な議論になるの恐れがある。しかしながら、これは恐らく至当なる議論として許すことはできまい。余の説をもってすれば、人力車を牽かずに、ただ賃銭だけをもらうということは、あるいは車夫としては希望するところであるかも知れないが、人間の常道から論ずれば、必ずしも希望すべきところではあるまいと思う。要するに、人力車を牽くという人間の本分を遂行することによって、そこに賃銭という報酬が生じてくるのであって、本分を遂行して得たところの報酬に依って一身を立ててゆく、これすなわち、人間の常道を踏むものにして、俯仰天地《ふぎょうてんち》に愧《は》じざるところである。

この理と同じく、商業家は有無相通ずることが、その業務であると考えてみると、その有無を相通ぜしむることに対して、その智恵その働きの程度如何により、その報酬があるいは多くなり、あるいは少なくなるのである。かくして多かれ少なかれ、その分を尽くして得たる報酬に依って、身を立てることが人間最高の道であろう。徒《いたずら》に報酬の多きを欲するがために、人道を無視し道徳を軽んずるがごときは、決して処世上の目的に添うものでなく、かの車夫が車を牽かずに賃銭を得んとすると、同一論法となってしまうのである。

成敗は必ずしも論ずるに足らず

以上、論ずるところを約言すれば、国家的観念と自己栄達策とがよく権衡を得て、彼にのみ重からず、これにのみ傾かず、両々相駢《へん》馳《ち》することが、結局、人間処世の要道であるというところに帰着する。ゆえに人たるものは、よろしくまず心をこのところに置き、さらに相当の智恵を磨き、学問を修め、適当なる事業に対して充分に勉励したならば、これにおいてか、その事業の功績も世間に著れ、その人もまた、必ず相当の栄達ができるという結果を得るに至るであろう。さりながら、世間には相当の智識もあり、技倆《ぎりよう》も持ち、加うるに上述のごとき精神を吐露して働いておる人でも、それほどの声価を得ることが無くて、終わる人が無いとは限らない。また、それとまったく反対に、偶然の結果によって、実際の智識技倆以上に立派な身分に成り上がれるものが無いとも限らない。だから、単にその結果に表れたところについてのみ、その人の世に尽くした功績を判断してしまう訳にはゆかないのである。古人の言葉にも「成敗をもって英雄を論ずること勿《なか》れ」ということがあるが、これすなわち、余が言わんと欲するところと同一義で、事業に敗れたからというて、その人が英雄でないとはいえないのである。ひとり歴史上の英雄豪傑の事蹟《じせき》の上ばかりでなく、吾人は実業界においても、かくのごとき実例は、実際しばしば見聞するところである。ゆえに、その人が立派な身分であると無いとは、必ずしもその人が世に尽くしたる功績の如何に伴うものであるとはいわれない。だから実業界に立たんとするものは、強《あなが》ち結果ばかりに着眼せず、また成敗という点にのみ執着せず、すべからく、まず人間の本分を尽くさんことを目的とし、自己一身の行動は俯仰天地に愧じぬということを第一の心掛けとし、しかして事業に従事してもらいたいのである。事業に対する結果を懸念し、あるいは成敗をもって功績の如何を論ぜんとするがごときは、けだし枝葉のこと、要は根幹を閑却に付せざることに、注意が肝腎《かんじん》であるのだ。

義理合一論

なお、ここに一言せざるべからざるところのことは、富貴栄達、乃至《ないし》、利用厚生と仁義道徳との関係についてである。富を積み栄達するということと、人間の道たる仁義道徳とが、果たして並び行わるべきものであろうか。世間ではややもすれば、この二者の関係を誤解して、仁義道徳を行えば利用厚生の道に悖《もと》り、富貴栄達を欲すれば、勢い人道に欠くるところができるというように、解釈しておるものが無いではない。しかしながら余は、この両者は飽くまで合致並行することのできるものであると、信じて疑わぬ。しばしば述べたところだが、元来孔孟の教旨たる仁義道徳と、利用厚生とを引き放すように立論したのは、かの程子《ていし》、朱子《しゅし》あたりの閩洛《びんらく》派と称する学派より始まったもので、孔孟の根本思想に遡《さかのぼ》れば左様いう訓《おしえ》は、さらに見出《みいだ》すことが出来ないのである。『大学』などにも「国は利をもって利となさず、義をもって利となすなり」と、明らかに述べてある。とにかく、義利は合致すべきもので、孔孟の教えがまた、そこにあることは、『四書』の各章に照らして確実に証拠立てられるのであるが、その事については別に詳論したから、ここには暫《しばら》く省くとして、余はこれを偏狭なる学者の罪に負わせたい。後世の学者は、誤って富と道徳とは合致せざるもののごとくに解釈し、仁を行えば富む能《あた》わず、富まんと欲すれば仁なる能わずというように、説いてしまった。けれども、もし実際その通りであるとすれば、儒学の価値というものは、大いに減殺される訳で、そは一種の心学たる以外、人間生活になんらの交渉なきものと、なってしまわねばならぬ。果たして左様なれば、孔子の教えとても、また尊敬に価するものではなくなるはずであるが、事実はまったくこれと反対で、孔子の説かれたところの道はそんな迂遠《うえん》なものではなかった。管仲《かんちゅう》さえも「衣食足りて礼節を知る」というがごとく、富みかつ仁なる者の実例は、世界にたくさんある。ゆえに、如何なる時代においても仁と富、義と利とは駢馳するもので、決して相背戻するものでないと、余は信ずるのである。従って、義利合一論が生ずる訳で、富貴栄達を希《ねが》う者は、同時にまた人道の遵奉者、仁義道徳の人たることができるとの結論をも得らるることとなる。

余が理想

要するに、仁義道徳の骨髄は無慾恬淡《むよくてんたん》にして、いわゆる「疏食を飯《く》い、水を飲み、肱《ひじ》を曲《ま》げてこれを枕とす」といったような、仙人染みたところにあるとの誤解を、まず一掃しなくてはならぬ。しかしてそれと同時に、前に述べたごとき、自分一身さえ栄達すれば、それが理想であるというような考えをも除かなくてはならぬ。如何となれば、かくのごとき思想は仁義道徳の教えからいうても、また人たるの本分からいうても、決して正鵠《せいこく》を得たる見解とすることはできぬからである。ゆえに、人としての本分を尽くさんとするには、如何しても道徳と功利とを両手に握って進むの精神をもって世に立って行くことが緊要である。これ実に、余が理想郷たるのみならず、万人の目して理想郷とするところであるに相違ない。元来利用厚生の道は、仁義道徳に依って、ますます拡張発達せしむることが、人間処世上の至当の道である。この道を辿《たど》って理想郷に達するの責務は各自にあることであるから、人として生をこの世に享《う》け来たれる以上、互いに努力黽勉《びんべん》し、一時も早くかの理想郷に到達するように力《つと》めてもらいたいものである。(三四)

危険思想の発生と実業家の覚悟

聖上陛下に対し奉り、ただただ恐懼《きようく》措《お》く能《あた》わざるは、かの幸徳《こうとく》一輩に関する大逆《たいぎやく》事件の発生である。わが国有史以来の大事件であったにも拘《かかわ》らず、幸いにこれを未発に防ぐことを得たのは、この上もなき幸福であった。されば爾後《じご》にこの種病源の根絶を期することは、われわれ臣民たるものが夢裡《むり》にだも、忘るべからざるところで、かかる忌わしい問題は、未来永劫《えいごう》わが国内に発生させぬよう努めることも、また吾人《ごじん》臣民たるものは瞬時も忘れてはならぬ。よって余は実業家の立場から、われわれ同業者の将来覚悟すべき点について、一言所感を述べておきたいと思う。

西洋文明の恩沢

さて、この問題を論ずるに方《あた》り、まず研究してみなければならぬのは、わが国が今日驚くべき発展をなした根源、すなわち維新開国当時の事情は如何《いか》なることであったか。回想すれば、今よりおよそ五十年の昔である、旧幕府において開国の実施はせられたが、国内の上下に種々の議論がありて、一定の国是《こくぜ》は立ち得なんだ。しかして、わが国が初めて泰西諸国との条約を締結して、完全に開国を宣言するや、聖上陛下は明治元年三月五ケ条の御誓文を約して、大いに国是を定め給《たも》うた。その中に「知識を世界に求め大いに皇道を振起すべし」との有り難い思《おぼ》し召しがあったので、爾来、上下一致して盛んに西洋文明の輸入に力《つと》めたのであった。それがため国運は、駸々《しんしん》として長足の進歩を遂げ、四十四年の今日は、早くも先進国たる世界列強の伍班《ごはん》に列するほどの盛運に達した。外は二回の戦争に依《よ》って国土が約二倍の境域となり、内は政治、教育、軍事その他百般の施設一として大いに進歩せぬものはない。近くわが実業界の事を徴するも、各種の商工業が昔日に比して、十倍乃至《ないし》何十倍の生産額となっておるものも少なくはない。

かくのごとき大発展は、そもそも何によりて生ぜしやというに、そは言うまでもなく、上御一人の御聖徳の致すところと、わが国体のよろしきを得たるとの二点に職由するものであるとは、けだし何人も疑いを挟み能《あた》わざる事実であろう。さりながら、これら諸種の文明的機関は、もとよりわが国固有のものばかりで組織されておるのでは無く、御誓文中の広く世界の智識を取り入れよとの思し召しが本となり、漸次に西洋文明の輸入したことが大いなる関係を持っておるのである。してみれば、今日の進歩発達を招致した一因として、また西洋文明の恩沢をも数えなければならぬ。実に泰西文化の輸入はわが国開発の上にとって、大効果があったというも決して過言でない。

文明に伴う害毒

しかしながら社会の百事、利あるところには必ずなんらかの弊害が伴うは数の免れざるもので、わが国が西洋文明を輸入して、大いにわが文化に貢献した一面においては、やはりその弊害を免るることはできない。すなわち、わが国が世界的事物を取り入れて、その恩沢に浴し、その幸福に均霑《きんてん》したと同時に、新しき世界的害毒の流入したことは、争われぬ事実で、かの幸徳一輩が懐《いだ》いておった危険思想のごときは、明らかにその一つであると言い得るのである。古来、わが国にはあれほどの悪逆思想は、いまだかつて無かった。しかるに、今日左様いう思想の発生するに至った所以《ゆえん》は、わが国が世界的に立国の基礎を築いた結果で、またやむをえざることではあるけれども、わが国にとっては、もっとも怖るべき、もっとも忌むべき病毒である。従って、われわれ国民たるものの責務として、如何にもしてこの病毒の根本的治療策を講じなくてはならぬ。惟《おも》うに、この病毒の根治法には、恐らく二様の手段があろう。一つは、直接その病気の性質原因を研究し、これに適切な方剤を投ずるので、他の一法は、できるだけ身体諸機関を強壮ならしめて、たとえ病毒の浸染に遭うとも、立ち所に殺菌し得るだけの素質を養成しておくことである。

ところで、われわれの立脚地からは、この二者いずれにつくべきかというに、元来実業に携わるものであるから、この悪思想の病源病理を研究して、その治療方法を究むることは職分でない。むしろ、われわれの取るべき務めは、国民平生の養生の側にあると思う。国民全部をして強健なる身体機関を養わしめて、如何なる病毒に遭うも、決して侵害されることの無いように、養生を遂げしめなくてはならぬ。ゆえに、これが治療法、すなわち危険思想防遏策《ぼうあつさく》について、余が所信を披瀝《ひれき》し、もって一般世人、ことに実業家諸氏の考慮を促したいと思う。

儒者に誤られたる孔孟教

余が平素の持論として、しばしば言うところの事であるが、従来利用厚生と仁義道徳の結合が甚だ不充分であったために「仁をなせばすなわち富まず、富めばすなわち仁ならず」、利に付けば義に遠ざかり、義に依れば利を失うというように、仁と富とをまったく別物に解釈してしまったのは、甚だ不都合の次第である。この解釈の極端なる結果は、利用厚生に身を投じた者は、仁義道徳を顧みる責任は無いというようなところに、立ち至らしめた。余はこの点について、多年痛嘆措《お》く能わざるものであったが、要するに、これ後世の学者のなせる罪で、すでにしばしば叙《の》べたるごとく、孔孟の訓《おし》えが「義利合一」にあることは、四書を一読する者のただちに発見するところである。

後世、儒者のその意を誤り伝えられた一例を挙ぐれば、宋の大儒たる朱子が『孟子』の序に「計を用い数を用うる、たとえ功業を立て得るも、ただこれ人慾《じんよく》の私にして、聖賢の作処とは、「天地懸絶す」と説き、利殖功業の事を貶《けな》しておる。その言葉を押し進めて考えてみれば、かのアリストートル（アリストテレス）の「すべての商業は罪悪なり」といえる言葉に一致する。これを別様の意味から見れば、仁義道徳は仙人染みた人の行うべきことであって、利用厚生に身を投ずる者は、仁義道徳をほかにしても構わないというに帰着するのである。かくのごときは、決して孔孟の骨髄ではなく、かの閩洛《びんらく》派の儒者に依って捏造《ねつぞう》された妄説にほかならぬ。しかるに、わが国では元和《げんな》寛永《かんえい》のころより、この学説が盛んに行われ、学問といえばこの学説よりほかには無いというまでに至った。しかして、この学説は今日の社会に如何なる余弊を齎《もたら》しておるであろうか。

余がいわゆる黄金世界

孔孟教の根底を誤り伝えたる結果は、利用厚生に従事する実業家の精神をして、ほとんどすべてを利己主義たらしめ、その念頭に仁義も無ければ道徳も無く、甚だしきに至っては、法網を潜らるるだけ潜っても、金儲《かねもう》けをしたいの一方にさせてしまった。従って、今日のいわゆる実業家の多くは、自分さえ儲ければ他人や世間は如何あろうと構わないという腹で、もし、社会的及び法律的の制裁が絶無であるとしたならば、彼らは強奪すらしかねぬという、情ない状態に陥っておる。もし永くこの状態で押し行くとすれば、将来貧富の懸隔はますます甚だしくなり、社会はいよいよ浅ましい結果に立ち至ることと予想しなければならない。これ誠に孔孟の訓《おし》えを誤り伝えたる学者が、数百年来跋扈《ばっこ》しておった余毒である。とにかく、世の中が進むにつれて、実業界においても生存競争がますます激しくなるは、自然の結果というてよい。しかるにこの場合に際し、もし実業家が我勝ちに自利自慾を計るに汲々《きゅうきゅう》として、世間は如何なろうと自分さえ利益すれば構わないというておるならば、社会はますます不健全となり、嫌悪すべき危険思想は徐々に蔓延《まんえん》するようになるに相違ない。果たして左様なれば危険思想醸成の罪は、一つに実業家の双肩に負わねばならなくなる。ゆえに、一般社会のためにこれを矯正せんとするならば、この際われわれの職分として、極力仁義道徳によって利用厚生の道を進めて行くという方針を取り、義利合一の信念を確立するように勉めなくてはならぬ。富みながら、かつ仁義を行い得る例はたくさんにある。義利合一対する疑念は根本から一掃せねばならぬ。たとえ貧富の懸隔は社会に免れるべからざる現象としても、かくのごとくにして富者は貧者を憫《あわ》れみ、強者は弱者を扶《たす》け、相ともに手を携え精神を一にして進むならば、それこそ真に黄金世界の実現と謂《い》つべく、如何に獰悪《どうあく》なるバクテリヤがこの間に侵入しても、毫《ごう》も意に介するには足らぬこととなるであろう。

吾人が吾人に尽くすところの職分

余がここに再言せんとするは、弱者保護の方法についてである。わが国四十有余年間にける顕著なる万般の発達につれて、もっとも注目を払うべき新たなる現象は、貧富の懸隔が著しくその度を加えてきたことである。なかんずく、適切なる一例としては、東京市の富が幾何《いくばく》増加したかを知らんとするにあたりて、その反対の貧者の数が幾何殖えたかを調査すれば、間違いはないといえる。これは、すこぶる皮肉な言い方であるが、事実であるから致し方がないのである。余は明治初年より東京市の養育院に関係しておるものであるが、もし前説に疑いを抱く人があらば、願わくは養育院の統計表を一覧してもらいたい。甚だ遺憾ながら、院の事業は年毎に繁昌して行く。如何に優勝劣敗の自然淘汰《とうた》が社会進歩の原則であるとはいえ、吾人《ごじん》はこれら貧困者を冷然と見過ごすことはできない。貧者を憫れみ、弱者を扶くることは、すなわち、われわれが自身に尽くすべきところの職分である。余はこれらの貧困者をことごとく救助したいとは言わぬが、希《ねが》わくは、彼らのために相当の授産方法でも講じてもらいたいものである。富強者が貧弱者に対して相当の職分を尽くすことは、文明的国民の唯一の徳義となっておる。余が先年米国を巡遊した時、各地に慈善救済事業の盛んなる有様を見て、熟々《つらつら》文明国の真意義を感ぜずにはおられなかった。同時に翻ってこれをわが国情に照らし、わが国民がこの種の事業に対して、甚だ冷淡なることを嘆息した。由来、わが国は家族制度の国柄であったから、公共的救済事業の発達しなかったのは、むしろ当然であろうが、今日はもはや、昔日の日本ではなくなっておる。わが実業界を始め、その他各般の施設がまったく世界的になってきたから、貧困者の救済策もやはり、世界的の方法を取らなければ間に合わぬ訳だ。かくて一方には、貧困者が各々その地位に安んじて、生活を楽しむようになり、他方においては社会的危険思想の病源を根絶するの道が立つならば、それこそ論語にいわゆる「貧にして楽しみ、富んで礼を好む」の域に達したもので、大逆事件のごときは永遠に起こるべきものではないと、余は自ら信ずるのである。あえて実業家の猛省を促す次第である。(明治四十四年一月の談)(三六)

当来の労働問題

貧富の懸隔は自然の結果

日本の商工業というても維新以前までは、いまだ幼稚なものであった。そのころの商業といえば小売商、工業といえば手内職に過ぎぬほどのもので、一国の経済機関はきわめて単純であったから、富の程度も比較的平均を保って、著しい貧民もなかった代わり、財貨一世を圧するというがごとき富豪もまた、できなかった。ところが、維新以降、世運の向上進歩するに伴い、国家の経済組織も自ら複雑を加え、商業にまれ工業にまれ、大資本を投じて雄大なる計画をなすべき時代に推移してきた。従って、過去に平均を保っておった富の分配も、それにつれて動揺を生じ、一方に巨万の富を擁する富豪が輩出すると、また一方にはそれと正反対に、身外無一物の貧民を出すに至った。これ要するに、生存競争の結果であって、世が文明に進めば進むほど、貧富の懸隔にいよいよ等差を生ずるは、けだし数の免れ難きところである。

しかし貧富の懸隔を生ずるというだけなら、まだしもであるが、その結果は貧民と富豪、すなわち労働者と資本家との間柄が、自ら円滑を欠くに至り、反目衝突の極み、遂に社会の秩序を紊《みだ》し、国家の安寧を害するがごときことあるに至るは、欧米先進国において、往々見るところの実例である。これ真に貧富懸隔に伴う悪果であるが、欧米の学者政治家は早くより、これが救済について頭脳を痛め、なんとかして、両者の間を調和し、その関係を円満ならしめたいとは、彼らが居常忘るる能《あた》わざる研究題目である。幸いにしてわが国は泰西文明輸入の年月が短いのと、一般の風習に差異あるとによりて、いまだ欧米のごとく労働問題が切迫しておらないから、今日のままに打ち棄て置けば置かれぬというほどでもなかろうが、欧米の先蹤《せんしょう》に倣《なら》えば、早晩左様いう時代も見舞うて来るに相違ないとの観測が下される。果たしてしからば、わが国の現在のごとく、いまだ嫌悪の性質を帯びない中に、これを未発に防ぐだけの用心が肝腎《かんじん》であろう。嚮《さき》にわが国の学者間に「社会政策学会」などいえるものが設立せられ、それらに関する研究を試みんとせられた。誠に機宜を得たるものというべく、余もまた大いにその趣旨に賛同するものである。

誤解されやすき社会問題

けれども、かかる社会問題などは、その性質上、得て行き違いの生じやすいもので、彼らを煽動《せんどう》する気はなくとも、ややもすれば、彼らはその唱道するところの趣意を誤解し、または曲解して、遂には不慮の間違いを惹《ひ》き起こすようなことが無いともいわれない。

試みにその一例を挙ぐれば、かの日露戦役講和の際に発作せる日比谷《ひびや》事件のごとき、必ずしも社会主義者や労働者の暴動という意味のものでは無かったけれども、講和条件を不満足に憤激したる、少数人士のある行動が動機となって、帝都にあるまじき不体裁の有様を演出するようになってしまった。これを冷静に考うれば、かの事件に関係した人々とて、最初からさほどに無法の挙に出《い》でようとの下心があった訳でもなかるべく、また無法の挙に出でたからとて、なんらの裨益《ひえき》するところのないのは、承知しておったであろうに、人気の発作というものは、不可思議の力を有するもので、一旦《いったん》爆発すれば、それが那辺《なへん》まで行き走るか知れない。遂にあんな騒動を惹き起こすに至ったのは、くれぐれも遺憾千万のことである。とかくに人の気は勢いに乗じやすいもので、多人数群居集合すれば、そこに自らなる過激の挙動を生じてくるものである。されば誰とはなくただ、ざわざわと騒ぎ立つ一団の気勢に乗せられて、われとわれが思慮分別を失い、その行動に定規を逸して心にもない結果に立ち至るようになる。かくのごときことは、相当なる学問見識を有する人々にすら免れざる勢いであるから、況《いわ》んや感情の奔馳《ほんち》する識見卑しき労働者のごときは、勢いに乗せられて自己を没却するの行動に出ずることあるは、むしろ無理なき次第であろうと思う。ゆえに彼らを主題としたる社会問題、労働問題を論議する学者政治家は、深くかかる点に注意するところありて、すべからく慎重の態度に出でられんことを切望するものである。

工場法制定の結果如何

近時、政府当局者も社会問題、労働問題等につきて大いに自覚するところがあったものと見え、労働者保護の名の下に「工場法」を制定するに至った。そもそも工場法制定の必要を唱道せられたのは、日本に紡績業の初めて起こった当時のことであった。そのころの社会一般の情態に徴して、余はその当時それに対して、尚早説を唱えたのであったが、今日になってみれば余はもはや、その制定に反対するものではない。ただ恐れるところは労働者保護という美名の下に、かえって後日に幾多の禍根を残すに至りはしまいかとの懸念である。例えば、従来は比較的円満であった労働者と資本家との関係を、工場法の制定によって乖離《かいり》せしむるようなことはあるまいか。また年齢に制限を加えるとか、労働時間に一定の規定を設けるとかいうようなことは、かえって労働者の心に反《そむ》くものではあるまいか。如何となれば彼らは子供にも働かせ、自分もできるだけ長時間働いて、たくさんの賃銭を得たいとの趣意であるが、もし子供は工場に用いぬとか、時間も一定の制限があるとかいうことになれば、彼らの目的はまったく外れてしまうようになるからである。また、同じ工場法の中に衛生設備について、なかなか難しくいうてあるようであるが、これも一見立派のように聞こえるが、その実内容の伴わぬものではあるまいか。なぜならば、衛生設備をやかましくいうのは、すなわち職工等の衛生を重んずるからのことであるに相違ないとしても、それがため資本家側は少なからざる経費を特に支出して、その設備を完全にしなくてはならぬ。経費が嵩《かさ》めば、その結果職工の賃銭を引き下ぐるようにしなければ収支相償わない。それでは折角労働者の保護を名としても、実質はこれに伴わぬものとなってしまうではないか。一方、労働者等が自家における生活状態を見るに、十人が十人、衛生設備の完全な家屋に住居してはおらない。彼らにとっては少し位衛生設備に欠くる点はあっても、なるべく労働賃銭の多からんことを希望しておるのであるのに、徒《いたずら》に衛生設備ばかり際立つほどよく行き届いても、命と頼む賃銭がかえって減却されては、彼らはむしろ、それをより大いなる苦痛と心得るであろう。かかる次第であるから、労働者保護という美名の下に制定された工場法も、その実際においては、かえって労働者を泣かす結果を来さねばよいがと、すこぶる寒心に堪えぬのである。

唯一の王道あるのみ

惟《おも》うに社会問題とか、労働問題等のごときは、単に法律の力ばかりをもって解決されるものでない。例えば一家族内にても、父子兄弟眷属《けんぞく》に至るまで各々権利義務を主張して、一も二も法の裁断を仰がんとすれば、人情は自ら険悪となり、障壁はその間に築かれて、事毎に角突き合いの沙汰《さた》のみを演じ、一家の和合団欒《だんらん》はほとんど望まれぬこととなるであろう。余は富豪と貧民との関係もまた、それと等しいものがあろうと思う。かの資本家と労働者との間は、従来、家族的関係をもって成立してきたものであったが、俄《にわ》かに法を制定して、これのみをもって取り締まろうとするようにしたのは、一応もっともなる思い立ちではあろうけれども、これが実施の結果、果たして当局者の理想通りにゆくであろうか。多年の関係によって、資本家と労働者との間に折角結ばれたところの、言うに言われぬ一種の情愛も、法を設けて両者の権利義務を明らかに主張するようになれば、勢い疎隔さるるに至りはすまいか。それでは為政者側が骨折った甲斐《かい》もなく、また目的にも反する次第であろうから、ここは一番深く研究しなければならぬところであろうと思う。

試みに余の希望を述ぶれば、法の制定はもとよりよいが、法が制定されておるからというて、一も二もなくそれに裁断を仰ぐということは、なるべくせぬようにしたい。もし、それ富豪も貧民も王道をもって立ち、王道はすなわち人間行為の定規であるとの考えをもって世に処するならば、百の法文、千の規則あるよりも遥《はる》かに勝ったことと思う。換言すれば、資本家は王道をもって労働者に対し、労働者もまた王道をもって資本家に対し、その関係しつつある事業の利害得失は、すなわち両者に共通なる所以《ゆえん》を悟り、相互に同情をもって終始するの心掛けありてこそ、初めて真の調和を得らるるのである。果たして両者がこうなってしまえば、権利義務の観念のごときは、徒に両者の感情を疎隔せしむるほか、ほとんど、なんらの効果なきものと言うてよろしかろう。余が往年欧米漫遊の際、実見した独逸《ドイツ》のクルップ会社のごとき、また米国ボストン付近のウォルサム時計会社のごとき、その組織がきわめて家族的であって、両者の間に和気靄然《あいぜん》たるを見て、すこぶる歎称《たんしょう》を禁じ得なかった。これぞ余が、いわゆる王道の円熟したもので、こうなれば法の制定をして幸いに空文に終わらしむるのである。果たして、かくのごとくなるを得ば、労働問題もなんら意に介するに足らぬではないか。

一得一失は社会の常事

しかるに、社会にはこれらの点に深い注意も払わず、漫《みだ》りに貧富の懸隔を強制的に引き直さんと希《ねが》う者が無いでもない。けれども貧富の懸隔は、その程度においてこそ相違はあれ、何時《いつ》の世、如何《いか》なる時代にも、必ず存在しないという訳にはゆかぬものである。もちろん、国民の全部がことごとく富豪になることは、望ましいことではあるが、人に賢不肖の別、能不能の差があって、誰も彼も一様に富まんとするがごときは望むべからざるところ、従って富の分配平均などとは、思いも寄らぬ空想である。要するに富む者があるから、貧者が出るというような論旨の下に、世人が挙《こぞ》って富者を排擠《はいせい》するならば、如何にして富国強兵の実を挙ぐることができようぞ。個人の富は、すなわち国家の富である。個人が富まんと欲するに非《あら》ずして、如何でか国家の富を得べき。国家を富まし自己も栄達せんと欲すればこそ、人々が日夜勉励するのである。その結果として貧富の懸隔を生ずるものとすれば、そは自然の成り行きであって、人間社会に免れるべからざる約束と見て、諦《あきら》めるよりほか仕方がない。とはいえ、常にその間の関係を円満ならしめ、両者の調和を計ることに意を用うることは、識者の一日も欠くべからざる覚悟である。これを自然の成り行き、人間社会の約束だからと、その成るままに打ち棄て置くならば、遂に由々しき大事を惹き起こするに至るは、また必然の結果である。ゆえに禍《わざわい》を未萌《みほう》に防ぐの手段に出《い》で、よろしく王道の振興に意を致されんことを切望する次第である。（明治四十四年の春）（三七）

社会に対する富豪の義務

余が社会に対する覚悟

社会の平和安寧を完全に保たんとするには、政治上はた社交上、弱者を憐《あわ》れんでこれが救恤《きゅうじゅつ》の方法を講ぜねばならぬ。しかして公平に、また適切に救民策が行わるるならば、社会の秩序は何時《いつ》も井然として一糸乱れぬはずである。しかるに世の富豪なる者は、往々この辺の事理を弁《わきま》えず、彼は彼なり我は我なり、彼ら貧困なりとも我の富を積むにおいて、なんの顧慮あらん、富は取り徳なりというように考え、飽《あ》くまで我意を押し通そうとするものがあるが、これらは社会の秩序安寧を保全する上より論ずれば、甚だ怪しからぬ行為といわねばならぬ。孔孟の教えによって、自分は早くよりこの事を深く感じ、およそ富豪として社会に立つ以上は、自ら社会に尽くすべき義務あることを自覚した。もちろん、自分の意見は東洋的であるから、今日の時代に当て嵌《は》めては、すこぶる時代遅れの感があるかは知らないが、如何に思想が古くても、仁義忠孝というものは千載不磨で、その根本に遡《さかのぼ》れば決してこれに新旧の差別ある訳はないから、自分の意見とても、頭から古いとして必ずしも一概に排すべきものではなかろうと思う。

さて、自分は実業界の人となったと同時に、上述のごとき考えからして、自分の力相応には今日まで養育院のために尽力してきた。もっとも、養育院にも幾多の変遷があって、いまだ市会の無かった明治十六年ごろ、東京府会はこれを無用の長物として、一時廃止さるるの厄難に遇うた。その当時は府の共有金をもって貧民救助を行ったものであったが、府の方から止められては仕方が無いから、自分は同志者と謀《はか》り、これを私設として存続することにした。しかるに二十二年に市政の施かれた時、再び同院を東京市に引き渡すこととなり、爾来《じらい》今日に到るまで二十余年の日子を経過してきたが、この間余は、常に常設委員長として、はた養育院長として、終始渝《かわ》らぬ熱誠をもって、その事に当たってきたつもりである。しかして、もし余も富豪の末の一人に数えらるるの資格があるとすれば、自分は富豪として社会に尽くすべきを尽くしてきたと考えるから、今日において心中いささかも、やましきを覚えないのである。

時代の趨向に鑑みよ

世人もすでに知れるごとく、東京市の人口は次第に増加し、事業もおいおい、その大を加え、日清日露両戦役後のごときは、ことにその著しきを感じた。かくのごときは一面東京市の繁栄といわねばなるまいが、しかし他の一面、すなわち養育院から観たところに依《よ》れば、繁昌につれて貧窮民の増加したことも、また事実たるを免れない。すなわち、国家の富力が増進するに連れ、それと反対に貧民増加の事実は、現在の東京市がこれを証明しておる。しかしながら、人は飢えたりとて黙して死を待つものではない。食わんがためには忍んで幾多罪悪を犯すものであるから、貧富の間が懸隔すればするほど、彼らに対する救済の方法を講じなければ、社会の安寧秩序は到底保つことができなくなると思う。ゆえに貧民救助は、これを広義に解釈すれば、社会の安寧秩序を保つにおいて、必要的条件であるといえる。

元来、日本の旧慣は家族制度で、人よりは家を重んじたものであった。十代、十五代に亘《わた》って同名の人の連続してあったのはその証拠で、例えば、三井八郎右衛門《みついはちろうえもん》は何代続いたものか解らぬ。かく家を重んじた代わりには、一族相救い一郷相助くるの美風もこの間に存在しておった。現に水戸藩のごときは、総じて農家のその家に付属せる敷地は、これを世襲財産となし、何人たりともこれを売買質入等することはできぬ制度で、どこまでも家というものを続かせる策を講じてあった位である。当時社会の風潮がこうであったから、家族は互いに相救い、郷党は互いに相助け合ったので、従ってこの間別に公共的救助の必要を認めなかった。しかるに泰西文明の輸入に連れ、諸事業はすべて機械的となり、個人思想が次第に発達してきたから、この間に介在して巧みに手腕を揮《ふる》うものは、限り無き富を積むが、下手なものはまた反対に、貧困に陥らざるを得なくなった。つまり、善《よ》きは何処までも善く、悪しきはどこまでも悪しいということになったから、これにおいてか貧富の懸隔は、いよいよ甚だしくなって行く。しかもまた、それを自然の趨向《すうこう》と心得、一人の救済策を講ずるものもなく打ち捨て置くので、遂にはかの忌むべき社会主義のごとき思想を生ずるに立ち至ったのだと思う。

救民問題は世界の輿論

余は従来、救民のことは人道上より、はたまた経済上より、これを処理しなければならぬことと思うておったが、今日に至ってはまた、政治上よりもこれを施行せねばならぬこととなったと思う。余の友人は先年、欧州細民救助の方法を視察せんとして出発し、およそ一年半の日子を費やして帰朝したが、余もこの人の出遊については多少助力した点から、帰朝後、同趣味の人を集めて、その席上に報告演説を依嘱した。その人の語るところを聞いてみると、英国のごときはこの事業完成のために、ほとんど三百年来苦心を継続して、今日纔《わず》かに整備するを得た。またデンマルク（デンマーク）は、英国以上に整頓《せいとん》しておるが、仏、独、米なぞは今や各自各様に細民問題に力を注いで、ちょっとの猶予もないとのことである。しかして、海外の事情を見れば見るほど、久しい以前より自分どもが力を注いでおったところに、力を入れておるように思われる。

この報告会の時、自分も集会した友人に対して意見を述べた。それは「人道よりするも経済的よりするも、弱者を救うは必然のことであるが、さらに政治上より論じても、その保護を閑却することはできないはずである。ただし、それも人に徒食悠遊させよというのではない。なるべく直接保護を避けて防貧の方法を講じたい。救済の方法としては、一般下級民に直接利害を及ぼす租税を軽減するがごときも、その一法たるに相違ない。しかして塩専売の解除のごときは、これが好個の適例である」という意味であった。この集会は中央慈善協会において開催したのであったが、会員諸君も余の所説を諒《りょう》とされ、今日といえども、その方法等について種々なる方面に向かい、相ともに調査を続行しつつある次第である。

富豪に望む

如何に自ら苦心して築いた富にしたところで、富はすなわち自己一人の専有だと思うのは、大いなる見当違いである。要するに人は、ただ一人のみにては何事もなし得るものでない。国家社会の助けに依って自らも利し、安全に生存することもできるので、もし国家社会が無かったならば、何人たりとも満足にこの世に立つことは不可能であろう。これを思えば、富の度を増せば増すほど、社会の助力を受けておる訳だから、この恩恵に酬《むく》ゆるに救済事業をもってするがごときは、むしろ当然の義務で、できる限り社会のために助力しなければならぬはずと思う。「己立たんと欲して人を立て、己達せんと欲して人を達す」といえる言のごとく、自己を愛する観念が強ければ強いだけに、社会をもまた同一の度合いをもって愛しなければならぬことである。世の富豪はまず、かかる点に着眼しなくてはなるまい。

この秋にあたって、畏《かしこ》くも陛下は大御心を悩まし給《たま》い、御先例になき貧窮者御救恤《ごきゅうしゅつ》の御下賜金を仰せ出させられた。この洪大無辺の聖旨に対し奉りて、富豪者は申し合わせぬまでも、心中にはなんとかして聖恩の万分一にだも、酬い奉らなくてはならぬと苦慮するであろう。これこそ余が三十年来一日も忘るる能《あた》わざりし願意で、いわば願望が今日漸《ようや》く達せられたというもの、しかしながら誠に長く心掛けてきたことだけに、有り難き聖旨を承るにつけても、前途が非常に明るくなった感がして、心中の愉快はほとんど譬《たと》えようがない。けれどもここに懸念すべきは、その救済の方法如何についてである。それが適度に行わるればよいが、乞食《こじき》が俄《にわ》かに大名になったというような方法では、慈善が慈善でなく救恤が救恤でなくなる。それからもう一つ注意したいのは、陛下の御心に副《そ》い奉らんため、富豪が資金を慈善事業に投ずるにしても、出来心の慈善、見栄《みえ》から来た慈善は決してよろしくないということである。左様いう慈善救済事業には、得て誠実を欠くもので、その結果はかえって悪人を造るようなことになりがちである。とにかく、陛下の大御心の存し給うところを思い、この際富豪諸氏は、社会に対する自己の義務をまっとうせられたい。これ実に畏《かしこ》き聖旨に副い奉るのみか、二つには社会の秩序、国家の安寧を保持する上において、如何《いか》ばかりか貢献することが多かろう。（明治四十四年二月下旬の談）（三八）

立志

就職難善後策

誤れる学生の抱負と教育の方針

経済界に需要供給の原則があるごとく、実社会に投じて活動しつつある人間にも、またこの原則が応用されるようである。言うまでもなく、社会における事業には一定の範囲があって、使うだけの人物を雇い入れるとそれ以上は不必要になる。しかるに一方人物は、年々歳々たくさんの学校で養成するから、いまだ完全に発達せぬわが実業界には、とてもそれらの人々を満足させるように使い切ることは不可能である。ことに今日の時代は、高等教育を受けた人物の供給が過多になっておる傾きが見える。学生は一般に高等の教育を受けて、高尚の事業に従事したいとの希望を持ってかかるから、たちまちそこに供給過多を生じなければ止まぬことになってしまう。学生がかくのごとき希望を抱くのは、個人としてはもちろん、嘉《よみ》すべき心掛けであるが、これを一般社会から観、あるいは国家的に打算したら如何であろうか。余は必ずしも喜ぶべき現象として、迎えることはできないように思われる。要するに、社会は千篇一律のものではない。従って、これに要する人物にも色々の種類が必要で、高ければ一会社の社長たる人物、卑《ひ》くければ仕丁《してい》たり車夫たる者も必要である。人を使役する側の人物が必要であると同時に、人に使役されてよく働く人もまた、大いに必要である。しかして、人を使役する側の人は少数なのに反し、人に使役される人は無限の需用がある。されば、学生もこの需用多き人に使役さるる側の人物たらんと志しさえすれば、今日の社会といえども、いまだ人物に過剰を生ずるようなことはあるまいと考える。しかるに今日の学生の一般は、その少数しか必要とされない人を使役する側の人物たらんと志しておる。つまり、学問して高尚な理窟《りくつ》を知ってきたから、馬鹿らしくて人の下なぞに使われることは、できないようになってしまっておる。同時に教育の方針もまた、若干その意義を取り違え、無闇《むやみ》と詰め込み主義の、智識教育で能事足れりとするから、同一類型の人物ばかり出来上がり、精神修養を閑却した悲しさには、人に屈するということを知らぬので、徒《いたずら》に気位ばかり高くなってゆくのだ。かくのごとくんば人物の供給過剰も、むしろ当然のことではあるまいか。

寺子屋教育と英独の教育

今さら、寺子屋時代の教育を例に引いて論ずる訳ではないが、人物養成の点は不完全ながらも、昔の方が甘くいっておった。今日に比較すれば、教育の方法なぞはきわめて簡単なもので、教科書といったところで高尚なのが、四書五経に八大家文位が関の山であったが、それに依って養成された人物は、決して同一類型のものばかりでは無かった。それはもちろん、教育の方針が全然違っておったからではあろうけれども、学生は各々その長ずるところに向こうて進み、十人十色の人物となって現れたのであった。例えば、秀才はどんどん上達して高等の仕事に向こうたが、愚鈍の者は非望を抱かずに下賤《げせん》の仕事に安んじてゆくという風であったから、人物の応用に困るというような心配は少なかった。しかるに、今日では教育の方法はきわめてよいが、その精神を履き違えておるために、学生は自己の才不才、適不適をも弁《わきま》えず、彼も人なり我も人なり、彼と同一教育を受けた以上、彼のやる位のことは自分にもやれるとの自負心を起こし、自ら卑しい仕事に甘んずる者が少ないという傾向である。これ昔の教育が百人中、一人の秀才を出したに反し、今日は九十九人の普通的人物をつくるという教育法の長所ではあるが、遺憾ながらその精神を誤ったので、遂に現在のごとく、中流以上の人物の供給過剰を見るの結果を齎《もたら》したのである。しかし、同じ教育の方針を取りつつある欧米先進国の有様を見るに、教育によってかかる弊害を生ずるようなことは少ないように思う。ことに英国のごときは、わが国における現時の状態とは大いに違うて、充分なる常識の発達に意を用い、人格ある人物をつくるという点に、注意しておるように見える。もとより、教育のことに関してその多くを知らぬ余のごとき者の、容易に容喙《ようかい》さるべき問題ではないが、だいたいから観て今日のような結果を得る教育は、あまり完全なものであるとはいわれまいと思う。

人に使われる人物が欲しい

しかしながら、それらは一に教育の罪とはいえ、余は今日の青年にもその罪の一半を分けてもらわなくてはならぬことと思う。諸君に学問の素養があるからというて、ただちに人に使役されるような仕事につくことを嫌うのは甚だ間違いである。希《ねが》わくは、自ら自己の力量程度を考えて、相当の職につくことができたら、それに甘んずるようにしてもらいたい。余は現在、人に使われる階級の人物たることに甘んずる人を、もう少し多く欲しい。とかく、いずれの会社を見ても、上に立つものは一人か二人で、下に立って働く者はたくさんにおる。将校は立派な人がたくさんあっても、完全な兵卒が無かったら充分なる戦争はできぬであろう。余は今の場合、将校たらんよりも兵卒たるの心掛けを持つ人をたくさんに希望する。使う人ばかりが如何に殖えてみたところで、事業界が発展を遂ぐるということは望まれない。同時に、これに使われる人も伴わなくてはならぬから、余はこの際、実力を持った使われる人の殖えることを切望して止まぬ。左様なれば誰か就職を難ずるの要があろう。のみならず、その暁においては国家社会の発達も、きわめて円滑に理想的にゆくことができようと思う。

しかし一面から観察すれば、一般社会がいまだ完全なる発達を遂げない中に、教育の方が先に進み、一般に高等教育を授け過ぎて、むしろ供給過多の感がある。社会の設備さえ整うてくるならば、今日位の学校卒業生は幾らも用うべき道はあろうと思う。なかんずく、商工業のごときは発達せしめんとすれば、この上いまだ無限に各種の事業が興り得るであろう。それらが一々企業されて欧米諸国に遜色《そんしょく》なき実業国となるまでには、人物はまだまだ、たくさんの需用がある。ただ、目下社会の状態がそこまでに進歩しておらぬのは、今日の学生にとって不幸であると、いわばいえることであるかも知れぬ。

余が商科大学設立に奔走せし理由

けれども学問そのものから観れば、部分的にはもっと高尚な教育が必要であると思う。如何となれば、高遠な学問を研鑽《けんさん》するだけの資格ある人士が出て、人に使われる人以外に、人を使うという側に立つには、その人は部下に使うものよりも、さらに深い研究がしてなくてはならぬ。よし人を使う側の人にならなくとも、一生を研究に委《ゆだ》ねるという人もなくては、万物さらに進歩ということがない。この理由からして、層一層高尚な学問も部分的には必要であるのだ。自分が商科大学設立のために、久しい以前から苦心し奔走したるごときは、つまりこの例に漏れぬものである。その頃の商業学校には、高等商業学校というものはあったが、大学組織にはなっておらなかった。しかるに、同じ実業の中に工科大学、農科大学が設けられてあるにも拘《かかわ》らず、ひとり商科大学の無かったのは、すこぶる権衡を失っておると思うた。これは、あたかも政治、法律、工業、農業なぞに比較して、商業が卑いものであるとの見解で、かく階級を設けられ、従って商業には、最高の教育は不必要であると決められたように見えた。世間からの解釈はとにかく、文部当局者の心中が甚だ面白くない。余が年来商科大学の設立に力を入れたのも、まったくそれがためであった。もっとも自分はかく言うからとて、商業に従事する者にはことごとく大学課程を履《ふ》ませたいと希望するものではない。もし商科大学を設けたところで、学生がみな大学に志したならば、やはり今日の供給過多の原因がここにも一つ殖えることになるから、国家的に打算して賀すべき事実ではないのである。ただ余が希望するところは、商業にも大学ができたならば、他の科学において、しかるべき人物があるごとく、商売人にもしかるべき人物ができるからとの意で、誰にも彼にも商科大学に入学することを勧めるものでは無かったのである。しかし、この希望は今日漸《よう》く達せらるることとなった。とにかく、高尚にして人の上に立つべき人を養成することも、人に使わるる多数人の養成と同等に、また必要欠くべからざるところである。

事実は案外楽観すべきもの

思わず教育論に花を咲かせたが、再び本論に立ち帰り、さて現今学校出身者の就職難については、その原因を教育の欠点と、学生の誤れる懐抱とに帰したが、余はさらになお、一つの一時期原因あることを説かねばならぬ。それは何かというに、経済社会の状況が与《あず》かって一時的に影響を及ぼしたことである。曩《さき》に社会が、しきりに学校出身者を要望し歓迎して、これを求むることが甚だ急であったために、この需用を充たすべく各所に、各種の俄《にわ》か仕立ての学校が設立され、漸次にその要求を満足せしめた。しかるに需用者側は、ほぼその要求を充《み》たしたにも拘らず、学校側はなお引き続き夥多《かた》の卒業生を作ったので、たちまちにして、そこに多数の過剰を生じたのであった。ゆえに前にも述べたごとく、社会が一層の発展を遂げ、経済界の状況が一段の活気を呈するまでは、過剰の現状はこれを如何ともすることはできまい。さりながら、ここに一つの楽観すべきことは、世の統計家が唱うるごとく、卒業生の余剰が果たしてそれほどにあるか如何かという事である。世人の多くは学校の報告書から推断して、卒業生の三分の一が会社銀行、あるいは諸官省役所に採用されたることを知り、しかして他の三分の二は今なお過剰しつつある人員であると即断してしまう。しかし、これはあまりに早計ではあるまいか。卒業生でも会社や役所に奉職しておる者は、ただちに知れるけれども、他の個人の商店に入った者とか、独立経営を始めたものとか、乃至《ないし》郷里に帰って父祖の業を継いだものとかに対しては、ほとんど統計的にこれを知るの便がない。それらの学生もやはり、純然たる就業者ではないか。してみれば、無職で徒手遊食しておる者は案外少ないかも知れぬ。学校を出た者は必ず役人になるとか、会社員になるとか即断するのは間違いで、社会は広い、仕事は幾らもある。それらの仕事に必ず従事して、何かしらやっておるに相違ない。現に、余が直接に知っておる埼玉県出身者のごときは、何時も残っておる者があまりないようである。もし余がこの想像にして当たれりとせば、相当に教育を受けた者がそれだけ社会に殖えたことになるから、社会の分子は年毎に高等教育化されてゆく訳で、事実かくあるならば、必ずしも悲観すべきことでは無いと思う。

結　論

とにかく、もし過剰であるとしても、それは一に教育の仕方に改良を望み、二に学生の心掛けを改め、三に社会状態の隆昌なるべきを期し、四に従来過多に養成して来た学生に幾分手心を加えて、秀才のみを選ぶというような方法を取ったならば、近き将来において就職難は根絶するであろう。果たして左様いう時代が来るならば、これひとり学生そのものの幸福たるのみならず、国家のため大いに慶賀すべき現象である。就職難の善後策について評論すれば、なお言うべき点はあろうと思うが、今はその体論に止めておく。希わくは、当事者及び学生の猛省を促したいのである。(三九)

地方繁栄策

都会における人口の増加は大いに喜ぶべき現象で、これ実に都会の繁栄を致す所以《ゆえん》であると説く者がある。けれども余は、かくのごとき説にのみ全然首肯することはできない。都会の繁栄は一面において、ただちに地方の衰微に関する問題ではあるまいか。都会そのものとして観れば、如何にもその繁栄は喜ぶべき現象に相違あるまいけれども、これを国家の上より観れば、都会のみ徒《いたずら》に増大するに反し、地方が衰微するようなことであっては、むしろ憂うべきことで、志ある者の閑却すべからざる問題であろうと思う。ゆえに、今余は地方繁栄策について、一言微意の存するところを述べて、世の識者に警告を与えたい。

都会の発達と地方の衰微

都会について大体より観察すれば、現時における日本の各都市のごとく、漸々《ぜんぜん》人口の増加しつつある事実は、明らかに都市の繁栄を証明するものであるから、都会自身にとっては大いに慶すべき現象たるを失わぬ。しかしそれと同時に、裏面たる地方の衰微に意を用いて見るの必要がある。年毎に都会に増加しつつある人口は、年毎にまた地方に減却しつつある人口ではあるまいか。事実、地方の人口が減じて、都会にそれだけ増すというようなことであるとすれば、各地方において減却しただけの人口と比例して、その地方におけ る生産力をも、減じておるものであろうと想像される。しかし、これは極端なる悲観で、都会繁栄を楽観しつつある人々の所論のごとく、都会に増加したる人口が地方におけるよりも以上に、生産力を増しつつあるものとすれば、国家の大局から見て、必ずしも悲観しなくともよいようである。如何となれば、統計的に国家全体の上からは、幾分か生産力を増しておる訳であるから、地方に若干衰微の事実はあるとしても、結局差し引きはつくことになるからである。けれども、都会は都会として繁栄したる上に、地方も地方として相応な繁栄をするのは文明国の理想である。ゆえに余はある意味において、都会繁栄楽観論者に全然反対はしないけれども、また大いに地方衰微に悲観する者であるから、都会の発達するにつれて地方をも同様、如何にか繁栄策を講じたいと心掛けるのである。

人口の増減と盛衰の関係

しかしながら、ここに一つの疑問とすべきは、都会の人口が増加したからとて、この事実をもってただちに都会が繁栄になり、国家の富が増殖したとはいわれないということである。何故ならば、地方人がその故郷を出《い》でて東京、大阪、名古屋というような都会へ移住したとしても、それらの人々の中には適当なる職業を得ることができずに、徒手遊食するものが無いとも限らず、その甚だしきに至っては、飢渇に迫られて心にもない悪事を働いたり、行路病者となって養育院の厄介になるようなことであるとすれば、都会に人口は増加しても、平均すれば生産力は減ずることになるから、単に人口の増加をもって繁栄の如何を卜《ぼく》することはできないのである。

もし、これらの事実について充分調査研究を遂げたならば、あるいは予想外に好成績の結果を見るかも知れぬ。例えば、各地方において減少したる人口に伴う生産力の減少は、かえって地方に居残れる人々によって補塡《ほてん》され、ある程度までその地方人が余分に働いて埋め合わせをしておるかも知れないし、また、都会に出た人々の大部分は、いずれも適当な職業を得て、田舎におった時よりも、さらに以上に国家のために生産的に働いておるかも知れぬ。果たしてかくのごとき事実であるとすれば、地方人口の減少は決して憂慮するに足らぬところであるが、これは、よほど精細の調査を遂げた後でなければ、なんとも言われない。とにかく、表面から見た地方はどうも衰微して、都会が繁栄してゆくらしく思われる。ゆえに余はこの際、なんとか地方繁栄を策するが必要であろうと信ずるのである。

地方救済策

しからば地方繁栄策として、この際如何なる手段を取るべきか。およそ社会の進歩するにつれて地方の人々が都会に集中し、都会中心主義となることは、世界各国に幾らも例のあることで、いわば自然の成り行きであるかも知れないが、真誠の意味における国家の富実は、地方事業の発達と都会の繁栄とが、両々相伴うにあるので、単に都会ばかり繁栄して生産力が増大すればよいとの議論は、正鵠《せいこく》を得たものとは受け取れない。ゆえに、これが救済策としては、かの都会における集中的大規模の事業の発達を図ることはもちろんであるけれども、それと同時に地方に適当なる小規模の事業の発達を図り、都会と地方と相呼応して富の増進に力を致すことが、もっとも急務であろうと思う。もとより、地方においても大規模の事業ができるならば、それを必ずしも小規模にする必要はないが、地方は地方として別に特色があるから、都会の及ばぬこの特色の発揮に努めた方が得策であろう。例えば、水力電気事業のごときは、どこでもきっとやれるとは限らぬけれど、現に広島県においては、わずかに二十万円か三十万円の小資本で経営しておるが、それで相当の利殖を見て行かれる。こういうような地方的の事業は、全国到るところに多くあるに相違ない。余は、いまだそれらの地方事業について、仔細《しさい》に調査を遂げた訳でないから、どこは何、どこは何と一々指摘することはできぬが、それは各地の人々が充分意を注いで調査研究し、適当な事業を発見するがよかろうと思う。

地方人に開放主義を希望す

さて、地方に適当なる事業が発見されたとしても、ただちに困難を感ずることは資金が潤沢しておらぬため、何事も思うように手を付けられぬということである。地方としてこの一点は無理ならぬことで、とても都会と同一な金融のありようはずもないが、しかし事業そのものにさえ見込みがついて有利であるならば、資金は自らそこに寄って来るものであるから、都会に比して多少は困難であろうが、必ずしも絶望すべきことではない。要するに、それも地方人の心掛け一つにあることと思う。それは如何《いか》なることかと言う、都会人と地方人との関係は、あたかも外国人と日本人との間に共同の事業経営をなすと同じように、地方人がこれを見ておることが悪い。従来、地方に事業を企てた経験によれば、地方の人々はとかく都会の資本家を危険視したり、あるいはわが意を主張せんとしたりして、資本を投じて事業経営を企ててくれるのは有り難いが、地方の利益を都会に吸収されては困るとか、こういう条件を付けてくれなくては共同してやることができぬとか、なんでも地方の人々自身にばかり有利というより、むしろ勝手な条件をつけて、都会の資本家をして安心して放資のできないようなことを主張する傾向がある。もし都会の人から進んで投資しようとすれば、丁度外国人が進んで資本を投じようという場合に、日本人があられもい無い一種の疑念を挟んでこれを迎えるように、如何にも渾然《こんぜん》として融和し難い風が見える。都会人が投資しようというのを、地方の人は、あたかもその地の権利や利益を侵害されるような気合いでこれを観るから、たとえ有利な事業があるとしても、これがため資本がそれに伴わぬので、利益を見ながら徒に資本の欠乏を喞《かこ》たねばならぬということになる。これ実に地方人の一大欠点たるのみならず、地方にとって不利益も甚だしいものである。ゆえに、苟《いやしく》も地方繁栄策に意を用いるものならば、今後よろしくかかる点に鑑《かんが》みるところありて、大いに文明的の開放主義をもって、中央の資本家と結合しようとするが、現下のもっとも必要事であろうと思惟《しい》される。地方の人はよろしくこの点に意を用いてもらいたい。

地方は国家の富源なり

今にして各地方に適当な事業が起こらなかったならば、地方における有為の人物は、ますます都会に輻湊《ふくそう》し、都会の膨脹するその反比例に地方は衰微して、遂には国家の元気を損するようなことに、なりはせぬかと心配である。もし地方には地方適当の事業が勃興《ぼっこう》し、その土地がますます繁栄するようになり、都会はまた都会として集中的大事業が起こって、いよいよ繁栄を重ぬるようになるならば、国家の前途は真に楽観すべきものであろう。しかるに、これらのすべてが反対にゆき、地方は次第に蟬の脱け殻同様になるに拘《かかわ》らず、ひとり都会のみ人口増加するものとすれば、思うにその繁栄は真摯《しんし》なる富の増進ではなく、あたかも無駄花の咲き競いつつあると同じことではあるまいか。余は米国のジェームスヒル氏の演説筆記を読んで、痛切にこの感を深くしたのである。国家にとっての地方は真に元気の根源、富裕の源泉である。ゆえに資本の供給を潤沢にし、地方富源の開拓を企つるならば、都会の事業に比して必ず遜色《そんしょく》なきものであろうと信ずる。とにかく、憂国の士は深くこの事実を探求し、必然その方法を講じなくてはならぬ。しからば、富源開拓の方法は如何にすべきか。これは前にも述べた通りに、地方によって各々趣を異にしておるから、余がここに一々説明すべき限りでない。よろしく地方毎に実地について、これが調査研究をなし、各地に適応するだけの方法を考えるがよい。余はただ日毎に地方の衰微せんかを深く慮《おもんぱか》り、ここに概括して地方繁栄策に対する卑見を陳《の》べたのに過ぎぬのである。（四〇）

立志の工夫

人間の一生涯に歩むべき道――その大方針を決定するのが、いわゆる立志であって、已はこの世の中に立って如何なる方面に向こうてよいか、如何なる仕事に従事すべきか、如何にして一生涯を有意味に終わらしむべきかを、予《あらかじ》め決定するのであるから、なかなかに重大な問題で、軽々しく取り極めることはできない。回想すれば、余はむしろこの点について、痛恨の歴史を有する一人である。

余の立志

余は十七歳の時、武士になりたいと志を立てた。というものはその頃の実業家は、一途《いちず》に百姓町人と卑下されて、世の中からはほとんど人間以下の取り扱いを受け、いわゆる歯《し》牙《が》にもかけられぬという有様であった。しかして、家柄というものが無《む》闇《やみ》に重んぜられ、武門に生まれさえすれば智能の無い人間でも、社会の上位を占めて恣《ほしいまま》に権勢を張ることができたのであるが、余はそもそも、これが甚だ癪《しゃく》に障り、同じく人間と生まれ出た甲《か》斐《い》には、何がなんでも武士にならなくては駄目であると考えた。そのころ、余は少しく漢学を修めておったのであったが、日本外史などを読むにつけ、政権が朝廷から武門に移った経路を審《つまび》らかにするようになってからは、そこに慷慨《こうがい》の気というような分子も生じて、百姓町人として一生を終わるのが、如何にも情けなく感ぜられ、いよいよ武士になろうという念を一層強めた。しかしてその目的も、武士になって見たいという位な単純のものではなかった。武士となると同時に、当時の政体をどうにか動かすことはできないものであろうか、今日の言葉を仮りて言えば、政治家として国政に参与してみたいという大望をも抱いたのであったが、そもそも、これが郷里を離れて四方に放浪するというような間違いを仕出かした原因であった。かくて後年、大蔵省に出仕するまでの十数年間というものは、余が今日の位地から見れば、ほとんど無意味に空費したようなものであったから、今、この事を追憶するだに、なお痛恨に堪えぬ次第である。

真の立志

自白すれば、余の志は青年期においてしばしば動いた。最後に実業界に身を立てようと志したのが漸《よう》く明治四十五年ごろのことで、今日より追想すれば、この時が余にとって真の立志であったと思う。元来、自己の性質才能から考えてみても、政界に身を投じようなどとは、むしろ短所に向こうて突進するようなものだと、この時漸く気がついたのであったが、それと同時に感じたことは、欧米諸邦が当時のごとき隆昌を致したのは、まったく商工業の発達しておる所以《ゆえん》である。日本も現状のままを維持するだけでは、何時の世か彼らと比肩し得るの時代が来よう。国家のために商工業の発達を図りたい。という考えが起こって、ここに初めて実業界の人となろうとの決心がついたのであった。しかして、この時の立志が後の四十余年を一貫して変ぜずに来たのであるから、余にとっての真の立志はこの時であったのだ。

惟《おも》うに、それ以前の立志は自分の才能に不相応な、身のほどを知らぬ立志であったから、しばしば変動を余儀なくされたに相違ない。それと同時にその後の立志が、四十余年を通じて不変のものであったところから見れば、これこそ真に自分の素質にも協《かな》い、才能にも応じた立志であったことが窺《うかが》い知られるのである。しかしながら、もし自分に己を知るの明があって、十五、六歳のころから本当の志が立ち、初めから商工業に向こうて行っておったならば、後年実業界に踏み込んだ三十歳ごろまでには、十四、五年の長日月があったのであるから、その間には商工業に関する素養も充分積むことができたに相違なかろう。仮に左様であったとすれば、あるいは実業界における、現在の渋沢以上の渋沢を見出されるようになったかも知れない。けれども惜しい哉《かな》、青年時代の客気に誤られて、肝腎《かんじん》な修養時期をまったく方角違いの仕事に徒費してしまった。これにつけても、まさに志を立てんとする青年は、よろしく前車の覆轍《ふくてつ》をもって後車の戒めとするがよいと思う。

さて、生まれながらの聖人なら知らぬこと、われわれ凡人は志を立てるに当たっても、とかく迷いやすいが常である。あるいは眼前社会の風潮に動かされ、あるいは一時周囲の事情に制せられて、自分の本領でもない方面へ、浮か浮かと乗り出す者が多いようであるけれども、これでは真に志を立てたものとはいわれない。ことに、今日のごとく世の中が秩序立ってきては、一度立てた志を中途から他に転ずるなどのことがあっては、非常の不利益が伴うから、立志の当初もっとも慎重に意を用うるの必要がある。その工夫としては、まず自己の頭脳を冷静にし、しかるのち自分の長所とするところ、短所とするところを精細に比較考察し、そのもっとも長ずるところに向こうて志を定めるがよい。またそれと同時に、自分の境遇がその志を遂ぐることを許すや否やを、深く考慮することも必要で、例えば身体も強壮、頭脳も明晰《めいせき》であるから学問で一生を送りたいとの志を立てても、これに資力が伴わなければ、思うようにやり遂げることは困難であるというようなこともあるから、これならば、いずれから見ても一生を貫いてやり通すことができるという、確かな見込みの立ったところで、初めてその方針を確定するがよい。しかるに、さほどまでの熟慮考察を経ずして、ちょっとした世間の景気に乗じ、うかと志を立てて駆け出すような者がよくあるけれども、これでは到底末の遂げられるものではないと思う。

　すでに根幹となるべき志が立ったならば、今度はその枝葉となるべき小さな立志について、日々工夫することが必要である。何人でも時々事物に接して起こる希望があろうが、それに対しどうかしてその希望を遂げたいという観念を抱くのも一種の立志で、余がいわゆる「小さな立志」とは、すなわちそれである。一例を挙げて説明すれば、某氏はある行いによって世間から尊敬されるようになったが、自分も如何かしてああいう風になりたいとの希望を起こすがごとき、また一つの小立志である。しからばこの小立志に対しては、如何なる工夫を回らすべきかというに、まずその要件は、どこまでも一生を通じての大いなる立志に悖《もと》らぬ範囲において、工夫することが肝要である。また小なる立志はその性質上、常に変動遷移するものであるから、この変動や遷移によって、大いなる立志を動かすようなことの無いようにするだけの用意が必要である。つまり大なる立志と、小さい立志と矛盾するようなことがあってはならぬ。この両者は常に調和し一致するを要するものである。

孔子の立志

以上述ぶるところは、主として余が立志とその工夫とであるが、古人は如何に立志をしたものであるか、参考として孔子の立志について研究してみよう。

自分が平素処世上の規矩《きく》としておる論語を通じて孔子の立志を窺うに、「十有五にして学に志し、三十にして立ち、四十にして惑わず、五十にして天命を知る云々《うんぬん》」とあるところより推測すれば、孔子は十五歳の時、すでに志を立てられたものと思われる。しかしながら、その「学に志す」といわれたのは、学問をもって一生を過ごすつもりであるというほど、志を固く定めたものであるか如何か、これはやや疑問とするところで、ただこれから大いに学問しなければならぬという位に考えたものではなかろうか。さらに進んで「三十にして立つ」といわれたのは、この時すでに世に立って行けるだけの人物となり、修身斉家治国平天下の技倆《ぎりよう》ありと、自信する境地に達せられたのであろう。なお「四十にして惑わず」とあるより想像すれば、一度立てた志を持ちて世に処するにあたり、外界の刺戟《しげき》位では、決してその志は動かされぬという境域に入って、どこまでも自信ある行動が執れるようになったというのであろうから、ここに到って立志が漸く実を結び、かつ固まってしまったということができるだろう。してみれば、孔子の立志は十五歳から三十歳の間にあったように思われる。学に志すといわれた頃は、いまだ幾分志が動揺しておったらしいが、三十歳にいたって、やや決心のほどが見え、四十歳に及んで初めて立志が完成されたようである。

人生の骨子

これを要するに、立志は人生という建築の骨子で、小立志はその修飾であるから、最初に確《しか》とそれらの組み合わせを考えてかからなければ、後日に至って折角の建築が半途で毀《こわ》れるようなことにならぬとも限らぬ。かくのごとく立志は人生にとって大切の出立点であるから、何人も軽々に看過することはできぬのである。立志の要はよく己を知り、身のほどを考え、それに応じて適当なる方針を決定するという以外にないのであるから、誰もよくそのほどを計って進むように心掛くるならば、人生の行路において、間違いの起こるはずは万々無いことと信ずる。（四二）

功名心

功名心の本体

功名心は、人間にとってもっとも尊ぶべきことであって、しかもまた、人をして過ちを多からしむるの因をなすものである。孝経《こうきょう》に「身を立て、道を行い、名を後世に揚げ、もって父母を顕《あらわ》すは孝の終わりなり」とあるは、これ真の「功名」を説明したものであろう。論語の中に「覇気」とか、「功名心」とかいうことについての教えは認め得難いけれども、例えば「博く民に施してよく衆を済《すく》う者あらば、如何、仁というべきか」と、子貢《しこう》が質問した時、孔子は「なんぞ仁を事とせん、必ずや聖か、尭舜もそれなお諸を病めり、それ仁者は己立たんと欲して人を立て、己達せんと欲して人を達す、よく近く譬《たと》えを取る。仁の方というべきのみ」と答えられたごとき、暗に「功名」の極致を説いておる。また論語に「国にありても必ず達し、家にありても必ず達す」とある、この「達する」という言葉も、功名を意味したものであろうと考える。かくのごとき意義のものを挙ぐれば、明らかに「功名」ということを説いてないまでも、それに類したものは、なかなかたくさんにある。

余は常に「功名心」は人生欠くべからざるの一機能であると考える。果たして孝経に説けるごとく、論語に言えるごときものであるとすれば、この心が無ければ世に立つこともできなければ、国家を裨益《ひえき》することもできない。人生と功名心とは常時、離れられぬ関係をもっておるもので、もし仮にこれを棄てるならば、人間は遂に乾燥無味でなければ、自暴自棄に陥らなければ止まぬのである。

誤解されたる功名心

しからば功名心は、単に功名をのみつくるものであろうかというに、その弊の極みはややもすれば奸邪《かんじゃ》、詐欺、騙瞞《へんまん》等をも生ずるものであるから、余は冒頭において、功名心は大切なものだが、また人を過らしむるものであると述べた次第である。思うに、功名心には常に道理が伴わなくてはならぬ。もし道理を離れての功名心であるならば、「仁義を後にし利を先にすれば奪わずんば厭《あ》かず」と、『孟子』の説けるところへ落ち行くであろう。人は多くの功名につき、その原因を糺《ただ》さず、結果ばかりを求めることに焦心するから、道理を踏み外すことが多い。ゆえに道徳論者はこれを卑下し、畢竟《ひつきよう》人生に功名心あるがために、奸邪、詐欺、騙瞞等を生ずるに至るのだというて、ひどくこれを嫌っておる。なかんずく、著しく排斥を試みたものは、禅味を帯びた宋朝学者、すなわち朱子学派のごときは功名心を敵視し、種々なる書物にこれを説き、孔孟の註にもそれが散見しておる。しかしながら、これがそもそも誤解を生ずるの源となった。余は仁義と利益とは両立して、しかも離れざるものであると説く一人であるが、いわゆる儒者は大いにこの解釈を違え、君子賢人は功名を意とせぬとか、名誉のことを口にするは仁人君子にあらずとかいうて、まったく功名心を放棄しておる。けれども、これは儒者が利益を卑下すると同一義の誤解である。道理に伴わざる功名心が、まま悪結果を生むからとて、ただちに功名心全体を唾棄《だき》するのは間違いである。弊害を挙げて利益を顧みざれば、天下何事か悪事ならざるものぞ。

功名心必要論

余は道理正しき功名心は、甚だ必要であると思う。これあるために勉強心も発する、奮発心も起こるではないか。仮に禅学においてこれを擯斥《ひんせき》しても、禅の「恬淡《てんたん》」とか、仏の「一切空」とかいう境地に達するまでには、やはりそれに達したいという、一種の功名心が含むもので、これらの人々でも世に名僧智識と称せらるるようになれば、すなわちそれは「功」が成ったのではないか。必ずしも戦争に勝利を得たことのみが功でない。仏に功徳という言葉のあるも、功の字ではないか。世に不朽の発明をして名誉を博したとか、殖産の道よろしきを得て大富豪になったとかいう種類のことばかりが、功とはいわれない。

仏の悟入、真諦《しんてい》、真髄などいうことも同じく功であって、これを知りたいと希《ねが》う心は、すなわち功名心である。ゆえに儒者や禅家が功名心を擯斥することは、ほとんどいわれなきことで、彼らは自ら自身をも嘲《あざわら》っておると等しいのである。

かく観じ来れば、功名心は道理正しき慾望というものになるから、人は慾望の無いところには生きられぬと同じく、人生寸時も功名心に遠ざかることはできないものである。ゆえに、功名心はもっとも尊ぶべきもので、しかもまた、甚だ必要のものであると言い得る。

弊害

しかるに、ややもすれば田舎の青年なぞはこれを誤解し、遂に救うべからざる弊害を醸すに至ることがある。由来青年期は感情に駆られやすい時代で、無闇と他人の成功が羨《うらや》まれるものであるが、この心は落ち着いて分別をさせる暇もなく、彼らを駆って都会へ出させる。都会へ出さえすれば、何人でも成功はできるものである。先輩は都会で成功したというような空想に走りて、その人が如何なる理由、如何なる経路によって成功したか、それらの原因を糺さず、単純に功名という結果ばかりに眩惑《げんわく》し、きわめて浅薄なる考えから故郷を飛び出してしまう。それでも結局成功すればよいが、左様の人々に限って成功するということは難いから、その目的は外れて、終生を功名心の犠牲に供しなければならぬような破目になる。これ実に功名心から来るところの弊害で、かかる種類の人々が終《つい》には奸邪、詐欺、騙瞞をも働きかねまじきものとなるのである。

されば、功名に憧《あこが》るる人は、徒《いたずら》にその弊に陥らぬように、慎重なる考慮をもってしなければならぬ。すなわち功名心に応ずる才学、能力、位置如何《いかん》を自己の智力によりて知ることが必要である。これを知らずして功名心に駆らるる人は、飛び得られぬ堀を飛んで落つるか、不完全の飛行機に乗って負傷するに等しいものだ。

以上、述ぶるところのごときは、実に功名心の弊である。しかしながら、弊害はたとえ左様いうものがあるにしても、それは功名心その者が悪いのではない。軽佻《けいちょう》浮薄の青年によって愆《あやま》らるるものであるから、むしろ、かくのごとき青年をば憎んで、功名心はやはり尊ぶがよいと思う。(四二)

現代学生気質

世人は漸《ようや》く学生問題について注目を払うようになり、これに対して甲是乙非の論が喧《やかま》しい。余も学生気質について、いささか所見を述べてみよう。

時代は人をつくる

現代における先輩と目せらるる人々が、口を開けば必ず古今学生気質の変遷を云々《うんぬん》し、しかして何人もこれを維新以前に比較して、今日の学生は一般に気力が衰えたとか、活気に乏しいとか、豪放の気が失せたとか、敵愾心《てきがいしん》が薄らいだとか批評する。けれどもこの批評は、彼ら学生にとって忠実なるものであろうか。果たして、肯綮《こうけい》に当たっておるであろうか。余の考うるところをもってすれば、必ずしも左様とばかりはいわれぬように思う。およそ古今の史乗に徴するに、時代によりて人物を出すことがあり、あるいは人物の出方が変化することがある。時にあるいは、進歩的開発的な人物がしきりに出ることがあれば、ある時はまた、守成的保守的の人物ばかり出ることがある。要するに、これは時代機運の変が人心に及ぼす結果、人心をして自然に時代と伴うように、変化せしむることになるからであろう。しかして、かくのごとき事実は、いにしえより支那にも日本にもたくさんあったことで、近く一例を挙ぐれば、元亀天正《げんきてんしよう》年代の人心と元禄享保ごろの人心とのごとき、明らかにこれを証明しておる。人も知るごとき元亀天正の交は、群雄割拠の戦国時代であったから、人は戦闘攻伐に巧みとなり、人心はなお武勇猛の気風に傾いて、世は徒に殺伐の風が吹き回しておったのであった。しかるに元禄享保年間に至っては、まったくこれと反し、人は文学技芸を事とし、人心もまた自ら柔弱華美に流れ、一世を挙げて滔々《とうとう》文弱淫《いん》靡《び》の風をなしておった。この二つの時代における対照が、両面の極端を示しておるほどではないが、今日の時代もやや、それに類したものであって、かの維新以前と今日とは享《う》けたる機運がまた二個の異なった時代を成立せしめ、人もまた各相異なる性格をもって、世に立たねばならなくなってきた。すなわち人々に勇敢の風、豪邁《ごうまい》の気を享けたのは多く維新以前で、沈着の態度、精密の考慮を持つ者の多いのは今日の時代である。かく維新以前と今日とは、時勢が変化しておるのであるから、従って、学生気質もまた同時に相違するのは、むしろ当然のことであろうと思う。

昔の学生と今日の学生

しかしながら、以上は実にその大体論である。余はさらに一歩進んで、より近き原因について再説してみたいと思う。およそ世の中のことは、目的の如何によりて形態に変化を惹《ひ》き起こすものである。人は希望の如何によりて、自然とそこに種々多様の差異を生ずるものである。たとえば、自分は将来かくありたい、こうなってみたいという考えを抱くにつれて、日常の行状にも差異を生じ、性格にも変化を来すことになるのである。等しく学生と称しても、維新前の学生と今日の学生とは、その内容において大いなる差があった。以前の学生のほとんど全部は漢学生で、将来の目的希望というものは、みな一様に治国平天下というところにあった。ことに、その時代が政体紀綱振粛して百度拡張し、百般の文物整頓《せいとん》の時代であったならば、如何に気概ある、悪くいえば野心ある学生でも、これを如何ともする能《あた》わざるものであったに相違ない。しかるに事実はこれに反しておったから、憂国の心ある者はもちろん、これを黙視されぬこととなった。多少なりとも国家の前途を考える者は、ただちに施政上の欠点が見え、何時とは無しにそれに対する不満不平の心が起こり、またこの心が一歩一歩と進み行き、それにつれて目的も向上するから堪《たま》らない。初めの内こそ、武士と農民との格式が違うというようなことを、不平としておった者も、遂には国家は何故に少数人によって政治を行うものであろう。なんらの理由があって家柄の人のみが、政務に任ずるのであろうか。しかし少数人でも家柄の人でも、為政よろしきを得ればいまだしもだが、悪政を施すにおいては、いよいよ捨て置かれぬというので、十人が十人まで書生は、自ら天下を双肩に担うて立つつもりでおったものだ。それゆえ、彼らの気風もなかなか昂然《こうぜん》として、気概もあり活気もあった。

しかるに、今日の世態はまったくそれに相違し、政治上はもちろんのこと、社会の百事一として整頓せざるなく、かの維新前が狂瀾怒濤《きょうらんどとう》を捲《ま》くがごときものならば、今日は平静油然たる海上のような時代である。ゆえに、学生も治国平天下のごとき問題に没頭するの必要なく、彼らは主として文学、法律、商業、工業、理学等のごとき、各種の科学に向こうて研究すれば、事足る時世になっておる。従って、彼らの気風も学ぶところの科目に感化を享けて、昔の豪放不羈《ごうほうふき》なりしに反し、すこぶる沈着精密な風を生ずるに至った。ゆえに、世にこの二者を比較して批評し、昔の学生は気概があったが、今の学生は柔弱になったなぞという者は、いわゆるその本をはからずして、その末を等しゅうせんと欲する者というてよかろう。

余は今日の学生に同情す

余が家庭にも学生がおる。自分の子息も現に、大学と高等学校へ通学しておる。さて、余はこれらの近い例に徴して学生気質を察するに、余が書生時代の気風と子供らの気風とは、まったく違っておって、世人のいうがごとく、敵愾心も気力も無いように見える。自分らの学生時代には、意気が盛んであった。今日の学生はその脚下にも及ばぬ点がある。しかしながら、昔と今とは学生そのものの目的が相違し、行動を異にしておるから、現在の学生の気質が必ずしも悪いとはいわれない。今日憂国の士が昔日偉かった学生の風儀や気質を観た目をもって、現今の学生の風儀や気質を評論し、ただちに断案を下して、今の学生は昔の学生に劣っておるというに至っては、妄もまた甚だしいではないか。余は昔日と今日とを比較して、学生の人物が必ずしも劣ったとは観られぬのである。のみならず、今日の学生が思慮なき先輩のために、とかくの評を下されるのに対し、むしろ気の毒なことと思うて同情の念を禁ぜざるものである。(四三)

頽廃せし師弟の情誼

学生気質と相関連して一言致したいのは、師弟間の情誼《じょうぎ》が昔と今と甚だしい相違を来したということである。

学問の仕方に異議はない

学制は別問題として、今日における学問の仕方について、余は一言の批評をも加えるところはない。如何に昔日の風を慕うからとて、学問の仕方までを昔日の方が善《よ》いというて、今日を批議するのは間違った考えだと思う。およそ学問の目的は千人中、一人の穎才《えいさい》をつくるがためでなく、千人は千人みな一様に効果を顕すように教育することが理想である。それだから一面よりこれを観察すれば、非常なる穎才の士に対しては、こんな教育方法を用いずに、かえって昔日のごとく幾らでも、その人の進歩するに任せて、学問させた方が偉大の効果を得られるかも知れぬ。換言すれば今日の学問の仕方は、ある場合には穎脱《えいだつ》を妨げる嫌いがあるかも知れぬ。しかしながら、いにしえの学生の脳力は、誠に不平均で、同一門下生でありながら、甲の力と乙の力とは格段の相違があったものであるが、今日の教育方法にはこの弊害少なく、一人の穎脱をさせぬ代わりに、九百九十九人の同一脳力を有する者を養成することを、目的とするようになったのである。これは明らかに学問の仕方の進歩といわねばならぬ。

例をもって説明すれば、国家を治める場合もその通りである。一国の政治は、一人の民に満足なる治安を得せしめようというためではなく、なるべく多数の人に利用厚生の途を得せしめようとするが、その目的である。憲法政治のごときは、正にこの例に漏れぬものであって、賢明なる君主が独裁で善政を行うならば、施政上もきわめて簡易でやり善《よ》いから、いずれの国にもこれを行う方が世話無しである。しかしながら、もし暴君汚吏の出た場合には、これを矯正することは出来ぬから、国民側から見れば、誠に不安千万の次第である。それよりも多数人によって、国政の是非を決すべき立憲政体の方が、施政上、幾多の複雑の事は免れぬとしても、国民をしてもっとも安心せしむることができる。ゆえに、今や立憲政体は進歩した為政方針として、世界から認められておるのである。今日の教育方法も、実にこの政治上の問題と同一義である。千人中一人の穎才を犠牲にするも、九百九十九人の普通に用立つところの人物をつくることは、真に進歩した学問の仕方といわねばならぬ。ゆえに、余は今日の学問の方法に関しては、一言の批難の加うべき余地すら見出されない。

教育者にその人が乏しい

さりながら余は今日の教育において、いまだ遺憾に思うことがある。それは官公立学校と私学派とを問わず、一般の傾向として学問が精神的方面に欠けておることと、そして、学問の範囲が拡大されたためか、教育の任に当たる者にその人を得られぬということである。第一の精神的に欠けておるということは、今日多少なりとも志ある人士の等しく憂うるところであるが、今日の教育は主として智識にのみ傾いておる。これを昔日の精神に重きを置き、智識はほとんど従たるかの観ありし時代に比すれば、智識の方では非常な進歩をなしておるには相違ないが、精神はそれと反対に、かえって退歩しているように思われる。それから第二の、教育者にその人を得ぬということも、強《あなが》ち自分一人の感想のみでも無い。維新以前はほとんど漢学の時代であったから、数百年来練習し来たった結果、教育に任ずる人は精神といい、学問といい立派なもので、人の師表として恥じざるほどの人が、多くその教師となった。しかるに維新後、俄《にわ》かに泰西の文明が輸入された結果、学問の範囲も非常に広くなったので、修学時間の短いにも拘《かかわ》らず、学ぶべき科目が多いから、従って教員をさえ養成する期間が無いものだからして、一般に教員が善くない。維新以前の教育者に比較すると、いわゆる、でも教員というような人が多くなった。しかして、その学問は右から左へ口移しにするという有様であるが、教育の実はこんなことで挙がるものではないと思う。広くなれば勢い雑駁《ざつぱく》になることは免れぬのみならず、彼ら教員に人の師表となるという精神を欠いて来ることが、大いなる欠点ではあるまいか。

生活のために教育者となることは異議がないとしても、教育者をもって任ずる位の人なら、少なくとも学識に伴うに人格を存せねばならぬことで、それでこそ教育の本旨に添うところの訓導者と称することができる。しかるに、教育者たる者がまゝ学問の切り売りをする。精神的教育に関してはほとんど、なんら関知するところなきもののごとくなるに至っては、弊習もまた甚だしと言わねばならぬ。「源濁れば末清まず」という古言のごとく、かかる教師から感化薫陶された生徒こそ災難で、こんな風では善良の人物のできるはずがないと思う。

師弟の情誼地を払うて去る

前に述べた訳であるから、今日の教育は多数に於《お》いては師弟の感化のごときものは、ほとんど無くなった。師弟はあたかも路傍の人のごとく、大道で行き逢《お》うても互いに顔を外向けて通るというがごとき有様で、一つは生活のために学問の切り売りするのだと考え、一つは月謝を出した報酬として口移しの学問を学ぶのだというような感を抱き、その間に昔日のごとき厚い情誼などはなくなった。ただしかく言えばとて、余は決して悪意をもって現今の教育家全体を罵詈《ばり》するつもりではない。かつ多くある学校の中には、帝国大学もしくはその部内の学校とか、または官公私立の学校中には教育界の天爵を享《う》けて、立派に一世の師表と称し得らるる人も相応に見受けられ、随《したが》って、これらの学校の師弟の間柄は、やや旧態を存し、頭目たる人を目的として就学する者も多く見ゆるが、もしその人が亡《ほろ》ぶると、この美風も衰運に向かわざるを得ないと思うのである。かくのごとき有様で、如何して生徒を心から悦服させることができよう。

教育界における一大恨事たる学校騒動のごときものは、これがために起こってくる。さなくとも生徒が教師を見ること、あたかも学友か何かのごとく、その欠点を捉《とら》えてはこれを批評し、習癖を見出《みいだ》してはこれを真似し、その甚だしきに至っては、頭から教師を馬鹿にしてかかっておる者なぞもある。かくして教師に一つの威厳もなく、生徒はこれに服従することを知らぬ。それで果たして、理想の教育が施せるであろうか。生徒はその教師の人格に心服し、教師は生徒を見ること、あたかも子のごとく、その間の情誼の深厚なるによって初めて真の教育は行われるもので、それこそ感化薫陶の文字も失当ではないことになる。しかるに今日のごとき有様では、教師は一日の長があるから、自分に知っておるところを、生徒に授けてやればよいというがごとき有様だから、師弟の情誼も何もない。ただ教える人、教えられる人という差があるばかりである。余は今この弊習を見て、甚だ困ったことだと思う。しかしながら、如何にしてこの弊風を改めてよいか、その方法に至ってはいまだ充分に考えておらぬが、このままに打ち棄て置くべきもので無いということだけは、明らかに言い得るのである。

美わしかりし昔時の師弟関係

いにしえの漢学者間における師弟の関係は、甚だ美《うる》わしいものであった。弟子がその師を父のごとく思うて、何から何までその指導を遵奉し、これに倣うて事を行い、いささかたりともその師を批評するとか、反抗するとかいう今日の学生のごとき態度は無かった。

しかしながら、弟子をして、さばかり感化薫陶したのは、やはりその師匠たる人々の偉かった証拠で、人格ある人でなければ企及することのできないところである。弟子が師に対して、父を慕うがごとく濃《こま》やかな情誼を持つまでには、その師匠たるものもまた、弟子を見ることわが子のごとくこれを愛し、今の多くの教員が衣食のために学問の切り売りをするようなやり方とは、まったく異なっておった。その父がその子の一挙一動によく心を用い、意を注いで訓誡《くんかい》すると同じ心持ちで、昔の師匠はその弟子を見たのであった。師弟の情誼の厚く深かった例は幾らもあるが、なかんずく、かの熊沢蕃山《ばんざん》が中江《なかえ》藤樹《とうじゅ》の門に学ぼうと志し、絶食三日、師の門前に座して動かなかったというがごときは、美談として人の知るところである。蕃山という人は、なかなか人に屈する人ではないように思われる。あれほどの人物でおりながら、藤樹の門に教えを請うたのは、一に師を慕うの念が、急なるほかに何物も無かったからのことである。また新井《あらい》白石《はくせき》は、木下順庵《きのしたじゅんあん》の門に学んだが、後日あれだけの学識卓見を持つようになり、あれだけの地位を得るようになったに拘《かかわ》らず、師匠順庵のことは死ぬまで褒め通しておった。近くは広瀬《ひろせ》淡窓翁《たんそうおう》のごとき、苟《いやしく》も翁の門下に遊んだものは、淡窓を神のごとくに称揚して措《お》かぬというのも、畢竟《ひっきょう》、師たる者の感化がその弟子に充分及んでおるからのことであると思う。しかして藤樹といい、順庵といい、乃至《ないし》淡窓というとも、みな古風の漢学先生で、世界の事はいずれかといえば、あまり知らぬ人々であったにも拘らず、弟子の陶冶《とうや》感化はそれほど偉力あるものであった。

それに対して今日は、宇宙間の森羅万象何事も広く知っておらるる先生方は、なんらの感想があるであろうか。しかしながら、今日のごとき教師の風儀は、かえって学生に深く感化を及ぼさぬ方がよいかもしれぬ。もし学生が、一も二もなく先生の風儀に真似たら、その結果はかえって、とんでもないものとなってしまうであろう。

余は学問の仕方については、どこまでも賛成するが、師弟間の風習だけはどうにかして、いにしえの美風に引き戻したいものと思う衷情《ちゆうじよう》から、あえて江湖の識者に卑見を開陳して、警告を致す所以《ゆえん》である。

特に教育家にこの一事を希望す

最後に、なお一つの言うべきことは、教育の任に当たるものの中でも、今なお富と仁義とは並行することのできぬものであるとの考えを抱き、この思想を子弟に吹聴《ふいちよう》する者が無いとはいわれないことである。これは主として支那学に原因しておるが、西洋の学問にもこの傾きはあるので、余はこの一事をもって思想界の大誤謬《ごびゆう》としておる。富と仁義道徳と並び行わるべき性質のものであることは、余が平生の持論で、本書中にもすでに、しばしばこれを説いたから、重ねてここに喋々《ちようちよう》するの繁を避けるが、願わくは教育の局に当たる者はこの位の識別はして、旧来の誤れる思想を棄ててもらいたいものである。余は今日の教育が西洋風に則《のつと》って大いに進歩したことの昔日に優れるを喜ぶものであるが、ひとりこの誤られたる思想に対しては、満足することができない。願わくは、教育者もこの点に力を注いで、学生の教育に任ぜられんことを切望するのである。（四四）

初めて世に立つ青年の心得

現代青年の通弊

余がここに初めて世に立つ青年といえるは、重《おも》に学校生活を卒《お》えて後、初めて実社会に立つ青年を指したものである。およそ青年が初めて社会に出《い》でて実際の仕事に任じたる者の、就業の日いまだ幾何《いくばく》ならざるに、早くも我慢の心を生じ、「自分は偉いのに相当な地位を与えない」とか、あるいは「自分にはつまらぬ仕事ばかり授けておく」とか、種々様々な不平を鳴らし、とかく自己の境遇に対して大いなる不満を抱くようである。しかして不思議なことには、こういう苦情が必ず十人の中、九人までの共通性であるように、見受けらるることである。しからば青年自らがみな一様に、自分を高しとし偉なりとしておる以上は、実際の仕事に当たってそれだけに働き得るであろうかというに、事実はまったくそれに反し、誠に意外の感に打たるるのである。彼らについて一事一業を執らせてみると、自分に担当させられた、いわゆる「平凡な仕事」「つまらぬ仕事」でさえも、完全に処理することができない位の者ばかりである。これ世にいう「眼高うして手の卑きもの」

で、その不平を仔細《しさい》に分析してみると、自己の事務に堪え得ぬということを、自白しておると等しいのである。要するに、これ現代青年の一大通弊であろうと思う。

かの「学は天人を貫き才は文武を兼《か》ぬ」いう抱負を持っておりながら、あるいは不遇の中に終生を送る者も無いとは限らぬけれども、多くそれは昔にあったことで、今の世においては、かかる現象はほとんどあり得べからざることと言うてよろしかろう。如何となれば社会のいよいよ発達するにつれて、人材の必要はますます、その度を高めてゆくから、完全の人物でありさえすれば必ず需要がある。もしまた、社会から見出されぬまでも、各々その境遇に応じて全力を傾注し、歩一歩と向上的に進んで行けば、信用は自らその人の身辺に集中して、期せず求めざるも立身出世ができるのである。立身出世の要旨は、絶対に自らこれをなすにあるのでなく、自己は自己の職を忠実に真正に守ってさえゆけば、他からその人に立身出世という月桂冠を、戴《いただ》かせてくれるものであるということを忘れてはならぬ。

順境と逆境

およそ人が社会に立つにあたり不平を抱けば、如何なる事にも必ず不平は生じてくるものである。しかして不平というものは、人の心をして惰慢に流れしめ、怨嗟《えんさ》愚痴に陥らしめて、それがため、まま逆境に陥らしむるの恐れがあるものだから、まさに世に立とうとする青年にとっては、もっとも意を注いで警戒しなくてはならぬことと思う。何事に依《よ》らず、世の中のことがわが意のままになることは少ないものだから、そこに一つの「あきらめ」を持ち、ある程度まで不平なことをも堪えてゆかなくてはならぬ。この堪えることも度重なれば、それが自ら習慣性ともなって、遂にはつまらぬ事に不平なぞ起こさぬようになり、何事も大局を見て楽観することのできるようになるものだから、平生この心の修養が緊要である。

さて、また逆境の反対なる順境に処しつつある青年の覚悟は、如何《いか》にすべきかというに、これもまた逆境に処すると同様、大いに注意しなければならぬことである。社会に立って順境にあるもの、あるいは得意な時代に処するものの通弊として、往々調子に乗るの傾向があり、人間界の万事はすべて意のごとくになるものと思うたり、そしてかかる時代は何時もあるもの、何時までも続くものと考える。従って、その心に油断とか安逸とかいうものができるから、間隙《かんげき》に乗じて来る外界の誘惑は、たちまちそこにつけ込み、終《つい》に一身を誤るということになるのである。「名を成すは毎に窮苦の日に在り、事を敗るは多く得意の時に因る」という句は、言きわめて簡単ではあるけれども、よく個中の消息を伝えたものだと思う。

ゆえに、前途に幾多の希望を抱く青年は、心の緊縮ならんことを期し、如何に逆境に立つとも動ぜず、順境に処するも驕《おご》らず、いわゆる「貧にして諛《へつら》わず、富んで礼を好む」という先哲の言を実地に行うよう、心掛くることが肝腎《かんじん》であろう。心の持ち方は、この簡単なる一語が青年の前途を闇黒にもし、光明にもするのであるから、よくよく心してかからねばならぬ。

人格の修養

次に、現代青年にとって、もっとも切実に必要を感じつつあるものは、人格の修養である。維新以前までは、社会に道徳的教育が比較的富んでおったのであったが、西洋文化の輸入するにつれて、思想界にも少なからざる変革を来し、今日の有様ではほとんど道徳は混沌《こんとん》時代となった。すなわち、儒教は古いとして退けられたから、現時の青年にはこれが充分咀嚼《そしやく》されてはおらず、というて耶蘇教《キリストきよう》が一般の道徳律になっておる訳では、なおさらなし、明治時代の新道徳が別に成立したのでもないから、思想界はまったくの動揺期で、国民はいずれに帰向してよいか、ほとんど判断にさえ苦しんでおる位である。従って、青年一般の間に人格の修養ということは、あたかも閑却されておるかの感無きを得ない。これは実に憂うべき趨向《すうこう》である。世界列強国がいずれも宗教を有して、道徳律の樹立されておるのに比し、ひとりわが国のみがこの有様では、大国民として甚だ恥ずかしい次第ではないか。試みに社会の現象に徴するに、人は往々にして利己主義の極点に馳《は》せ、利のためには何事をも忍んでなすの傾きがあり、今では国家を富強にせんとするよりも、むしろ自己を富裕にせんとする方が主となっておる。富むことも、もとより大切なことで、何も好んで簞食瓢飲陋巷《たんしひょういんろうこう》にあって、その楽を改めぬということを最上策とするには及ばない。孔子が「賢《けん》なる哉回《かなかい》や」と顔淵《がんえん》の清貧に安んじておるのを褒められた言葉は、要するに「不義にして富み、かつ貴きはわれにおいて浮雲のごとし」という言葉の裏面をいわれたまでで、富は必ずしも悪いと貶《おとし》めたものではない。しかしながら、唯一身さえ富めば足るとして、さらに国家社会を眼中に置かぬということは慨すべき極みである。説は富の講釈に入ったが、何にせよ社会人心の帰向が左様いう風になったのは、要するに社会一般の人々の人格の修養が欠けておるからである。国民の帰依すべき道徳律が確立しており、人はこれに信仰を持って社会に立つという有様であるならば、人格は自ら養成されるから、滔々《とうとう》として社会は挙げて我利を図るというようなことは無い訳である。ゆえに余は青年に向こうて、ひたすら人格を修養せんことを勧める。青年たるものは真摯《しんし》にして率直、しかも精気内に溢《あふ》れ活力外に揚がる底のもので、いわゆる威武も屈する能《あた》わざるほどの人格を修養し、他日自己を富裕にするとともに、国家の富強をも謀《はか》ることを努めねばならぬ。信仰の一定せられざる社会に処する青年は、危険が甚だしいだけに、自己もそれだけ自重してやらねばならぬのである。

さて、人格の修養をする方法工夫は色々あろう。あるいは仏教に信仰を求めるもよろしかろう、あるいはキリスト教に信念を得るも一方法であろうが、余が青年時代から儒道に志し、しかして、孔孟の教えは余が一生を貫いての指導者であっただけに、やはり忠信孝弟の道を重んずることをもって、大いなる権威ある人格養成法だと信じておる。これを要するに、忠信孝弟の道を重んずるということは、まったく仁をなすの基で、処世上一日も欠くべからざる要件である。すでに、忠信孝弟の道に根本的修養を心掛けた以上は、さらに進んで智能啓発の工夫をしなければならぬ。智能の啓発が不十分であると、とかく、世に処して用を成すにあたり、完全なることは期し難い。従って、忠信孝弟の道を円満に成就するということも、できなくなってくる。如何となれば、智能が完全なる発達を遂げておればこそ、物に応じ事に接して是非の判別ができ、利用厚生の道も立つので、ここに初めて根本的の道義観念と一致し、処世上なんらの誤りも仕損じもなく、よく成功の人として、終局をまっとうすることを得るからである。人生終局の目的たる成功に対しても、近時多種多様にこれを論ずる人があって、目的を達するにおいては手段を択《えら》ばずなぞと、成功という意義を誤解し、何をしても富を積み地位を得られさえすれば、それが成功であると心得ておる者もあるが、余は左様の説には絶対に左袒《さたん》することができない。高尚なる人格をもって正義正道を行い、しかる後に得たところの富、地位でなければ、完全な成功とはいわれないのである。

とにかく、社会の風波の及ばぬ学校生活をしておった青年諸君が、初めて社会に立った時は、学窓時代の理想と相反するかと思われる幾多の出来事に、一時は遭遇するであろうが、遼遠《りょうえん》なる前途を有する諸君は、ただ眼前の些事《さじ》小節に意を労するなく、心を大局に注いで真の成功者たることを心掛けられたい。初めて社会にたった際、諸君に不満を与え不平を抱かしめた事実も、やがてはみな諸君のために利益ある事柄となるばかりであるから、濫《みだ》りに屈撓《くっとう》せず、慢心せず、よく中庸を守りて青年の本領をまっとうせられたい。これ余が経験から打算して、諸君のために一言を呈しておく次第である。（四五）

役に立つ青年

人の能、不能は一概に臆測《おくそく》のできぬもので、ことに青年時代のごときは、変化すべき前途を持っておる時であるから、その際における性行をもって、ただちに後年を予想することは難事である。世には青年時代に見込みある人物の観られた者が、後年かえって失落の生涯を送るようになったり、あるいは青年時代は持て余し者であったのが、中年以後、出世をするというような例が幾らもある。しかし統計的にこれを観れば、やはり青年時代の見込みある者、役に立つ者は、中年以後に及んでも、同じく役に立つ者となって世に処することができる。世人の多くはこの傾向でゆくようである。しからば、如何なる青年が果たして役に立つ人物であろうか。

罪は自己にあり

余は幾多の事業に関係し、多くの青年をも使ってみた。彼らの中には、よく嘆声を発して「仕事らしい仕事を与えてくれないからつまらない」とか、「用事が無くて身体の処置に苦しむ」とかいう者がある。これ恐らく不用意の中に発する言葉であろうが、現代青年に通有的の不平の声で、自分もこれまで、こういうことを幾回となく聞いたのである。しかしながら、もしこの言葉が真実彼らの心から出たものであるとすれば、余は誠に合点のゆかぬ不平であると思う。如何となれば真実こんなことを口にして、不平を訴うる青年があるならば、その青年こそ誠に気の毒な人物で、いわば人に向かって自己の無能を吹聴《ふいちょう》しておると同じこと、男子として恥辱の限りではあるまいか。いわゆる「用事が無くて困る」との嘆声を発する青年について、その実際を調べてみたら、仕事らしい仕事をさせてくれないのは、人が与えてくれないというよりも、むしろ自分に仕事を引き付くる能力が無いのではなかろうか。役に立つ青年は、丁度磁石のようなもので、人に頼んで仕事を与えてもらわなくとも、自分に仕事を引き付けるだけの力を持っておる。古人の句に「桃李もの言わざるも下自ら蹊《けい》を成す」といえるごとく、沈黙しておっても、仕事は自ら忙しくて堪《たま》らぬほど、そこへ寄って来るものだ。果たして、しからば仕事が無くて困ると不平を並べるような者は、自ら仕事を引き付けるだけの能力が無いもので、彼の磁石に鉄を吸引する力の欠けておると同様、自ら吹聴してわが無能なる所以《ゆえん》を他人に告白しておるのに、等しいものといわねばならぬ。

使用人の遊ぶを喜ぶ主人は無い

およそ多数人を使用しておる主人、多数人の上に立っておる上長者の身になって考えてみると、使用人なり、あるいはその部下なりに向こうて、なるべく多くの仕事をしてもらいたいという希望をこそ持っておるが、できる限り遊んでもらいたいなぞと思っておる者は、恐らく一人もあるはずがない。考えてもみよ、月給や手当てを与えた上に、なんらそれに対する報酬的の仕事もさせず、徒《いたずら》に遊食させておこうというような、そんな物好きな主人や上長者が果たしてどこにあろう。一時も多く働き、一事も余分にする雇人をば、何人も等しく希望し尊重しなければならぬはずである。事情は実にそんな工合であるのに、彼ら青年に仕事が無いというならば、それはその青年は仕事を与えられないのではなく、かえって自ら仕事することを欲しないのか、さもなければ多くの仕事を与えられるだけの実力を持っておらないかの二つであろう。左様でなければ、仕事らしい仕事が無くて困ると嘆じたり、無聊《ぶりよう》に苦しむと不平をいう必要はない訳である。

もし、青年が如何《いか》なる仕事に対しても勤勉に忠実に、正心誠意その用に任じて多々ますます弁ずるという風であるならば、仕事は需《もと》めずして、自らその青年の許《もと》に集まり来るのである。あるいは、その仕事の中には、彼らの嘆ずるがごとく仕事らしい仕事でない、こんなつまらない事と思うようなものもあるであろう。しかしながら、如何なる些事小項に対しても、それをつまらない仕事だと考えるのは、大いなる誤りで、主宰者の側から見れば、大なれ小なれ仕事の価値はみな一様なもの、実務上の仕事には真実つまらないものは、一つも無いのである。たとえ小さい仕事でも些細の問題でも、事業そのものの上から見れば、いずれも重要なことばかりで、その中の一つを欠いても事業は完全にできるものでない。ゆえに、仮につまらないと見える仕事でも、これを一生懸命に喜んでする者でなければ、責任をもって仕事をする人ということができぬから、従って重要な仕事は、勢い左様いう人に与えられぬこととなるのである。

順序次第を考えよ

青年時代には、とかく空想に走るの弊があるものではあるが、学校を卒業したばかりの者が実業界へ入り、いきなりその手腕が大いに揮《ふる》えるものだと考えるのは間違いである。何事に依《よ》らず、社会のことには順序次第というものがある。青年が架空の希望を抱いて実業界に入っても、事実はまったくそれと反対で、最初の中は誠につまらないと思う仕事ばかり与えられるので、失望不平の声を発せずにはおられなくなる。しかし、これは当然の順序であって、決して不平を述ぶべき事ではない。何事も順序を追うて、初めて目的の彼岸に達することのできるものであるから、すなわち、そのつまらないと思う仕事に対して、一生懸命に勉強するがよい。左様しておる中には、必ず重要なる仕事が、漸次にその手に委任されるようになってくるのである。それであるのに、最初から用事が無くて困るというのは、誠に合点のゆかぬ話ではないか。もし、事実用事が無くて困ると思うならば、いよいよ、ますます忠実熱誠を吐露して、その職務に鞅掌《おうしょう》し、重要な仕事を与えらるだけの要素を自らつくるがよい。磁石をして飽《あ》くまで吸引の力を生ぜしむるがよい。これ決して他人に不平をいうべきことでなく、責任は自己の頭上にあるのではないか。三人、五人寄って仕事をしても、もっとも重用なる仕事は、もっとも実力ある者の手に託されるのである。ゆえに、役に立つ青年ならば、用事が無くて困るなぞということは、断じて無いはずである。諸君も自ら進んで役に立つ青年たらんと、心掛けてもらいたい。(四六)

余が好む青年の性格

余の青年時代

青年の気風も時代の推移とともに、大分変わってきた。自分らの若い時代の青年というものは、一般に今日よりも活潑《かっぱつ》の方であった。どちらかといえば、随分乱暴を働き、負けぬ気が強かったというものか、つまらぬことにも他人に負けてはおらぬという風で、何か人がちょっとでも間違ったことを口にしようものなら、即時にその言葉尻《じり》に付け込んで喋々《ちょうちょう》と口論をやらかす。自分のごときも、自らはあまり怜悧《れいり》でもない癖に、どういうものか、年取った者が馬鹿に見えてならず「何を知るものか、この老爺奴が」というような風で、一も議論、二も議論と、議論ばかりしておったものだ。

もっとも、その頃は政態も時勢も今日とは全然相違しており、かつ一般に教育が普及しておった訳でないから、世間の人にも智慧《ちえ》のある者、学問のあるものは少なかったという点はあったから、自分なぞが年長者を馬鹿にしたというのも、結局そこらに原因したところも少なくは無かったであろう。それで、自分がいまだ田舎住まいをしておった時分には、なんでも百姓が馬鹿に見え、京都に行きてから後、一橋《ひとつばし》家の役人になったころには、また先輩がみな馬鹿に見えたものであった。そのころの一橋家の役人は多く家柄から出たので、なかには少しばかり書物の読める者が無いでもなかったが、その読める者といっても、余の読書力に比すれば大同小異で、しかもそれらの人々は、代々その職におる家に生まれて、相当の教育を受けながら漸《よう》やくその位であった。それゆえ、その他の者の馬鹿であったことはいうまでもないから、余が無闇と人を馬鹿にしたかったのも、一つは時勢と境遇とがしからしめたとも、いえるようである。そんな風であったから、有体に白状すれば余の青年時代は、むしろ「剛情我慢」に偏した方であったのである。

余が好む青年

もしも人間というものは、自己の青年時代におけるがごとき性格の青年を、老後に至っても好むものであるとすれば、余のごときは現在負けじ魂の、意地の悪い青年を好まねばならぬはずである。しかるに妙なもので、現在は左様でない。余が好む青年は、如何なる性格の人物であるかというに、どこまでも温良にして忠実な、山気のない、英雄豪傑をもって自ら任ずるというがごとき振舞をせぬ、純正にして率直に、しかもまた、活潑なる気性を有する無邪気な青年を好むのである。しかし、今日自分が左様いう気質の青年を好むについては、これを仔細《しさい》に考察してみれば、また相当な理由が無いでもない。というのは、自分の青年時代に、誰でも相手構わず議論したほどであったから、自分の性質が相当に剛情に、かつ活潑であったに相違ない。しかして、また幾分の自信をもって容易には引かなかったが、その位であったから、職務なぞにもごく忠実であった。しかしながら、無邪気という点に至っては甚だ疑わしい。あるいは無邪気というよりも、むしろ我慢気であったかも知れず、何しろ人の手に持て余された青年であったことだと思う。それでも、年を取り老境に進むにつれては、漸次に修養もできてゆくものと見え、今日における自分は、昔日の性質と一変して、意地の悪い、人に議論を吹きかけるような老人ではないつもりである。青年時代に我慢であったものが、老年に及ぶに従い無邪気に変じて行ったから、たとえ青年時代の余は無邪気で無かったにせよ、今日は無邪気の青年を好むことになったものであろうと考えておる。これらの諸点から推考すると、今日の余が忠実にして活潑に、しかも無邪気なる青年を好むは、また相当な理由のあることと思われるのである。

智慧と無邪気

もし、自分が今日の時世に生まれ合うて、しかも二十四、五歳の青年盛りであったなら、必ずや今日の青年のごとく温順な者であったことと思う。余が意地悪く他人に議論を吹きかけたのも、一つは前に述べたごとく、時勢のしからしむるところであったので、現今の社会に処してあんな我慢や自負心が増長しておれば、人は恐らく狂人としか見ないであろう。ゆえに、余は今日の時勢につれて思想も変化し、現代に適合する性格の青年を好むようになった。温順で忠実で、しかも活潑で無邪気な青年は、すなわち現代に適合するところの人といってよろしかろう。

余はここに無邪気ということについて、一言しておきたいのであるが、世の中を見渡すと、どうも智慧の勝れた人物には無邪気の者が少ないように思われる。ややもすれば智恵の力を借りて、心にも無い意見を吐いてみたりして、なんでも智慧で人を圧伏してみなければ、智者として、はた学者としての本分が立たぬと考えておるものが、少なくないらしい。従って、智慧を働かす者の多くは、由来有邪気に傾きやすいことになる。しかしながら、智慧があり学問があるからというて、必ずしもその人が無邪気になれぬことはなかろうと思われる。無邪気という言葉について考えてみると、邪念のない率直な天真爛漫《らんまん》の性情である。痴呆《ちほう》とか愚鈍とかいう意味とは、全然趣意を異にしておるので、彼は痴呆だ愚鈍だといわれたら恥辱でもあろうが、無邪気だと呼ばれたとて、その中に誹謗《ひぼう》の分子はさらに含まれおらぬはずである。智慧の働き、学問の練習が充分あって、それで天真爛漫の態度を持続し、智慧や学問を活用してゆくならば、その人格は実に立派なものである。智力や学問の力を悪用して、有邪気に働かせるからこそ、幾多の弊害が起こるのであるが、それと反対の態度をもって、無邪気に活用させる人ならば、それこそ真に世の中の宝である。果たして、しからば何人か好んで有邪気の態度をとる者があろう。智慧があり学問があればあるほど、一層無邪気ならんことを希《ねが》うべきではないか。

現代青年に希望す

以上、叙述したところは、余が所見の大要に過ぎぬけれど、左様なる性格を有する青年は、実に余が好愛する人物であると同時に、現代社会もみな、かくのごとき青年を歓迎することだと思う。その実業界に志すと否とを論ぜず、今日の青年はすべからく、左様の性格を養われんことを希望する。(四七)

会社銀行員の必要的資格

実務家としての要素

一言にして会社銀行員と称《たた》えても、それには様々の種類があり、階級があるのであるから、それらについて一々必要的資格を述べることは容易な業でないが、ここには会社員たり銀行員たらんと欲する者のために、一般に通有せる必要的の資格と、またその心得の概略とを述べようと思う。

およそ会社でも銀行でも同様であるが、その事務家となるには、大略上級事務家と下級事務家との別がある。しかして、また上級の中にも各種の別あり、下級にも各様の等差があるのであるから、事務家となるものの地位如何によって、それぞれ適応する才能、学問、技芸を要することとなる。ゆえに、一列一体にその資格心得を説くことの困難なるは前述の通りだが、仮に上級下級の二つに区別して言ってみれば、上級の事務家となるには、比較的高尚なる学問技芸の素養あることが必要で、下級の事務員となるには、普通学の素養がある上に、常識に富んでおりさえすれば、それで差し支えなくやることができよう。しかし、これら以外に大切な要件は、精神的に完備しておらねばならぬということである。如何《いか》に学問の素養があり技芸にも秀で、かつ適当の才能を有しておる者でも、性格においいて欠くるところがあったり、気質が悪くては、到底実業界に立って立派な事業をなし遂げることは出来ない。ゆえに、精神の修養には特に注意しなくてはならぬ。

学問技芸上の資格

さて、細節の説明に入るに先だち、しからば学問、技芸上の資格としては、如何なることが特に必要であろうかというに、そこには上級下級の別もあり、かつまた商業とか工芸とかいう専門的の学問もあることであるから、一概には言われない。だが一般に通有的な、かつもっとも需用の多き事務家に必要の資格について述べてみようなら、まず、

(第一)、簿記に熟練すること。簿記は計算の基礎でもあり、また事務中にて重要なるものの一つを占めておるのであるから、事務家たらんと欲する者は、必ず熟練しておかねばならぬのである。

(第二)、算術に熟達すること。計算は、銀行会社のごとき場所においては、もっとも主要なるもので、かつ日常の事務中多くの部分を占めておるのであるから、事務家は和洋算術中、ことに珠算に熟達しておらねばならぬ。

(第三)、文筆の才あること。別に文章家たるほどの必要もないが、多少文筆の心得があって、ちょっとした意見書なり、往復文なり、作り得られるだけの素養がなくては叶《かな》わぬことである。ことに往復書翰《しょかん》のごとき、会社銀行にとっては一の事務であるから、用

に応じては簡潔にして意義の明晰《めいせき》な文章を、敏速に作り得るの手腕を必要とする。

(第四)、字体の明確なること。如何に多忙な場合でも、一見ただちに読了し得る、字画の正しき明確の文字を書く習慣をつけておく必要がある。すべて事務上には達意を主とするのであるから、如何に書風は雅致でも難読の字は困る。明確の文字を速やかに書くのが第一よいので、また字画が正しければよいといっても、遅く書くようなのは取らない。筆の遅いのは事務の進行を妨げるからである。

以上は一般的必要条件であるが、なおこのほかに、下級事務家でも法律の大体と外国語の素養があれば、申し分なきものであろうと思う。

精神上の資格

精神的の資格は学問技芸と事変わり、地位階級の高下によって分かるるものでないから、これのみは上級下級を通じて論ずることができる。しからば事務家には、如何なる性格の人がもっとも適当であるかというに、余は常識の完全に発達した人と答える。事務家はすなわち読んで字のごとく、事務を処理するに適する人物であればよいので、かの乱世に出《い》でて天下を平定した英雄や、革命に加わって事を画策する豪傑のごとき性格は、これを必要としない。むしろ、太平の世に生まれた良民、すなわち常識的人物でなくてはならぬ。

しかして、その細目について気づいた点の三、四を拾うて説明を加うれば、

（第一）実直なること。正直にして親切に、かつ徳義を重んずる人でなくてはいかぬ。詐欺、騙瞞《へんまん》の行為ありて徳義の何物たるを知らぬ人は、たとえ一時的に用を弁ずることはあっても、永久の成功は覚束《おぼつか》ない。

（第二）勤勉精励なること。何事に当たるにも、勤勉にして精励の必要なることは、今さら言うまでもあるまい。勤勉精勤は成功の要素である。

（第三）着実なること。事を処理するに着実であれば遺漏、遺算なきを得るので、会社銀行の計算事務なぞにおいては、ことにこの性質を必要とする。かの東洋流の豪傑を学んだ突飛の行動、不謹慎の態度は事務家にとっては禁物である。

（第四）活潑なること。会社銀行の事務は繁忙にして、かつ多端なるものであるから、これに従事する者もまた、それら繁忙多端に添うべく活潑《かっぱつ》でなければいかぬ。ただし、活潑というても粗暴乱雑とは違うて、命ぜられたる事務をただちに処断するという向きのことをいう。不活潑な人物はとかく事務が渋滞していかぬものだ。というても、不活潑と着実とを混同してはいけない。

（第五）温良なること。性質が温順にかつ善良で、いわゆる謙譲の美徳に富み、言語、態度がともに丁寧懇切でなければならぬ。

（第六）規律を重んずること。会社の規則に遵《したが》い、上役の命令に違背せず、自己の分限を守る人が必要である。さもなきときは、秩序を紊乱《びんらん》し、事務の混雑を来すを免れない。

（第七）耐忍力あること。一度従事した仕事は、これを完成するまでは止まぬという心掛け、すなわち耐忍力がもっとも必要である。かくのごとき辛抱ありて、多年実務上の経験を積んでこそ、初めて成功の人たり得るものである。

学校卒業者の心得

以上は、精神的方面に関する資格の一般であるが、なおこの上に一つ心得ておかねばならぬことは、学校卒業生の初めて実業界に入りたる時の心掛けである。由来、実業界のことは実地経験を主とするので、学校において学んだところの事柄は、ただちに用の無いものである。従って、実業界に枢要の地位を占めるようになるまでには、多年の経験と耐忍とを要するということを覚悟せねばならぬ。しかるに、余が知れる卒業生の多くは、高い希望を抱き、校門を出るや否や一足飛びに支配人、支店長の要地を占めようと夢想しておるが、これは大いなる考え違いといわねばならぬ。なるほど支配人や支店長、乃至《ないし》重役の事務は、ちょっと側面から見れば如何にも楽で、容易にできそうではあるけれども、さて実地に臨んでみると、そこには言語にいい現すことのでき難い、いわゆる呼吸というものがあって、それ相応に難しい。しかして、この呼吸も多年の実験から修得したところのものであるから、局外者がちょっと飛び込んでも、それは容易に学べるものでない。ゆえに、実業界における初心の者たる卒業生が、ただちに重要の地位を要望するは、かえってその身のほどを知らぬ者といわれても仕方がない。

ただし、学校出身者は高い希望を持つに差し支えはない。非望を抱くのはよろしくないけれども、品格を高尚に保ち、卑吝《ひりん》なる思想を擲《なげう》って高潔なる精神を抱くことは、大いに歓迎すべきところで、ここに学校出身者の気品を示すがよいと思う。しかして、実力以外の欲望《よくぼう》に憧《あこが》れず、たとえ実務上、下級の位置を授けられても、それに不平を起こさず、よく忍耐して練磨の功を積むがよい。かくのごとく、努力勤勉して倦《う》まざれば、遂には、自己の欲するところのままになることを得るであろう。余はこの点について学校卒業生の短所を知る者であるから、特に左様の注意と警告とを与えておきたいと思うのである。（四八）

衣食住

立国の基礎は衣食住

人間生活において衣食住の三者は、必須《ひっす》欠くべからざる重要問題で、一面から観察すれば、人はほとんどこの三者のために活動するくらいにも見える。しかし、さほどまで必要ではあるけれども、人がただこれにばかり汲々《きゅうきゅう》としておるようなら、むしろ禽獣《きんじゅう》と選ぶところなきものになるから、また甚だ卑しむべき問題でもある。

余の主義としては、自己本位の主観論では、世の中に立ち行かれぬものであると平素から決めておる。もし立ち行かれるとしても、左様いう気風の国民によって結合されつつある国家なら、早晩衰微の時代が来なくてはならぬ。欧州において、個人主義、平等主義を唱えた学者は、そもそも如何なる思慮の下にかかる言動に出でたろうか。恐らく単一なる主観論のみではなく、その時代に跳梁《ちようりよう》した階級的制度の余弊に対する反抗の言では無かったろうか。語に「分言すれば人となり、総称すれば国となる」といえるごとく、国家も個人の集合より成るもので、土地あってさらに制度、法律、社交等のことが起こり、初めて国家社会が形づくられるものである。されば土地があっても人間無きは国とならぬと同様、ジウのごとく人間はあっても土地無きは、やはり国家とはいわれない。ゆえに国家を深く思うの士は、ひとり自己のことばかりを考えてはおられない。人々互いに利己主義を放れ、客観的に人生を見るによりて、初めて健全なる国家も樹立されることになる。しかして衣食住は実に、ここに大なる因縁を持つものであって、人として衣食住のためにのみ忙殺されるようなことでは、結局その人自身のためにはなるであろうが、国家の人とはならぬということを考えなくてはならぬ。

衣食住の完全は人間の完全を意味す

古来「人は食うために働くものか、働くために食うものか」との言あるも、人たる以上誰か食うために働くという者があろう。働くために食うというにおいて、初めて人の禽獣と異なるところの真価が認められるのである。果たして人は働くために食うというのなら、この精神を充分に養うて、人たるの本分を完全に尽くさむとするには、ここに完全なる衣食住の必要が起こってくる。すなわち、体力を養うためには食物を必要とし、寒暑を凌《しの》ぎ容姿を保たんとするには衣服の必要が起こる。居所といえども、単に雨露を凌ぐためのみならず、相当の家屋に住居するは、その人の資格を備うるの補助ともなるのであるから、人生においてこの三者は、その基礎をなすものである。しかして趣味のごとき衛生のごとき、品格のごときは、この基礎が建設された後に起こってくる問題である。ゆえに、これらを満足せしめんとするには、日常孜々《しし》として働かねばならぬ。すでに衣食住の三者を充実させるだけの働きをしておけば、それがやがて他に働く時の要具となるのであるから、いまだ衣食住に満足を得ぬ人は、是非とも、この礎石たる三者を充実せしめるだけのことを、なさなくてはならぬ。況《いわ》んや衣食住の完全なる人が、社会に立っても恥ずかしからぬ人物であるというにおいては、何人もこの点に努力せずにはおられぬではないか。しかして、これが客観的に世に尽くす者の欠くべからざる要具であるとすれば、衣食住のこともまた決して卑しむべき問題ではないのである。

程度は分限を守るにあり

さて、衣食住に対する出費は、如何《いか》なる程度がその中庸を得たるものであるかというに、この程度は限りなきものであるから、一様には言われない。しかし、標準はその人々の力によりて、相応に立てるがよいのである。すなわち、その人の収入が多ければ、少しは華美に見えても、必ずしも贅沢《ぜいたく》であるとは言えない。それと反対に、大いに節約しておるように見えても、その支出と収入と相償わぬようなことであれば、その人の衣食住は分に過ぎておると言わねばならぬ。すべてこれはその人の働きに差のあると同様、衣食住にも格段の差あることは免れぬところで、誰にでも他人に対して、一々この辺が適度であるとは指示し得られぬのである。けれども、必ずしも分量が無いというのではない。つまり、その人の分限に応ずべきはずのものであるから、各自に自己の財力から割り出して、その程度を極めるがよろしかろう。ゆえに働き多き者は、従ってたくさんの費用を支出することとなるべく、少なきものは小額の費用で満足しなければならぬ。すなわち人の貧富が、ただちに衣食住の上に顕れてくる訳である。例をもって説明すれば、握り飯を食うくらいのものには、一汁三菜の食も非常の奢《おご》りであろうが、八珍を陳《つら》ねて食する人には、一汁五菜も粗食である。こういう具合に、人各々の地位身分によって、その程度を異にするものであるから、今俄《にわ》かにそれと適当なる度合を指しては言い難い。けれども、ここに一つ注意しておきたいことは、一概に衣食住は節約なるをもってのみ尊しとするとは、いいきれぬことである。如何にも分を越えて贅沢にせよとは言えぬが、徒《いたずら》に節約にすることばかり奨励するならば、その結果は如何なるであろうか。倹約にせよという言の反面には、費用の少額を意味しておる。もし費用が少額で足ることとなれば、従ってその人の収入も少額をもって、満足することになりはしまいか。かくのごときことの窮極は、人はみな貧困に甘んずるようになり、ついに国家もまた貧困なるものとなり、終わる無きやの恐れがある。かの孔子が「疎食を飯《く》い、水を飲み、肱《ひじ》を曲げてこれを枕するも、楽しみもまたその中にあり」というたのも、要は不義にして富むよりも、むしろ貧賤《ひんせん》に甘んずるがよいとの趣意で、仁義を行うて富んだ者もやはり、左様せよという意味ではない。ゆえに度を計り、力に依《よ》って相当に衣食住の道を立てるのは、決して悪いことではないのみか、むしろそれが当然であろうと余は信ずるものである。

あえて富豪の三省を促す

しからば、そこに一つの問いが起こる。それは、もし富者は象牙《ぞうげ》の箸《はし》、金の碗《わん》、玉を炊《かし》ぎ桂を焚《た》くの贅《ぜい》を尽くしても、貧者の一椀《わん》の食も得られぬのを看過してよいかという問題である。ただしこれは極端な議論であって、常識的判断ではないけれども、余は余りある者はなるべく自己の力相応の程度よりも節約することに心掛け、力なき者は自己の力に依る生活に満足しなければなるまいと思う。富豪は余財あるに任せて、これを自己のためのみに用うるというのは、国家に尽くす道でない。およそ智識あり財力ある者は、社会の幸福を他の者よりも余分に受ける。すなわち、国家社会の寵児《ちょうじ》であるとすれば、これが報酬として、それだけ余分に国家社会に尽くすところが無くてはならぬはずである。かくして各々その得たるところの一部分を、社会に流用するがよい。余りある者が足らざるところを補うは、これ自然の法則で、むしろ当然の処置と言ってよかろう。このようにして、富者が貧者を救護することは、これを大にしては国家進運の一助となり、これを小にしては富者の本分を完了することともなる。しかして、かくのごとき挙に出ずることは、一に富者各自の倹約によるよりほかないのであるから、世の富者は自己に省みてこの挙に出でんことを望む。かくして各人が等しく客観的に人世を解釈し、自己は社会のために尽くさねばならぬ義務を負うものと観念すならば、ある程度までは自分を削《そ》いで、他の方面に力が用いられるものである。（五八）

修養

貯蓄と貯蓄機関

文明と貯蓄の関係

社会が進歩し人智が進めば進むほど、人はますます将来の事を注意するようになる。しかして今、余が説かんとする貯蓄は、現在の享楽を犠牲として将来に大いに楽しまんとするものである。ゆえに文明と貯蓄との関係は連鎖のごときもので、文明国の民ほど貯蓄心に富んでおるものであるが、これに反し野蛮人は現在のことに意がもっぱらで、将来のために用意しておくというがごとき、分別は起こらないものである。

貯蓄心薄き日本人

翻って、わが邦人の有様を見るに、貯蓄に関しては遺憾ながら、いまだ未開の国民といわねばならぬ。邦人の一般はいまだ貯蓄心にかけては、すこぶる幼稚の域を免れない。とりわけ昔の江戸っ子などは、貯蓄心のない人種であったことは、争うべからざる事実である。彼らの間には「宵越しの金は使わぬ」という習慣があった。取った金はその日に費い果たし、後日のために備えるというような観念はきわめて薄かった。市場の若者や侠気《きょうき》を売りものにする社会に、この風習があったばかりでなく、相当に社会的地位を占めておった者の間にもまた「武士は喰《く》わねど高楊子《たかようじ》」といったような風があって、貯蓄なぞをしなくとも、「なにそのうちには、なんとかなるだろう」「また善い風の吹き回しもあろう」というて、当てにならぬことを当てにし、将来のために準備するの念が誠に少なかったものだ。もっとも、この風習も近来大いに改まってはきたけれども、積年の習慣は社会の根底から全然地を払うというまでには至らぬ。これ実にわが国民が現在において、貯蓄心の薄い第一の理由であろうと思う。

第二の理由として、余はわが国の家族制度を論じたい。由来、家族制度はこれを一面より見れば、他に誇るべき美風を有《も》っておるが、他の一面より見れば、弊害もまたこれに伴うておる。それは人をして、他に依頼するの心を助長せしむるの点である。「貯蓄せずとも親父はどうにかしてくれるだろう」とか、「親戚《しんせき》で見てはおるまい」というて、なんでも他人に依頼してかかる。するとまた頼まれた親戚にも、誰かなんとかしてくれるだろうという依頼心があって、お互いに依頼し合うて、結局貯蓄心はきわめて乏しくなるのである。わが国民に貯蓄心の乏しい理由として、余は上述の二個条を挙げる。しかし文明が漸をもって進み、各人がみな将来の事を想うようになり、今までは今日のことばかり考えておった者が、明日を考え今月を考え、さらに今年のみならず明年、明後年、否《いな》数十年後をも考えることとなり、自身のことはすべて自己の力に頼らねばならぬもので、他人は決して頼むに足らぬということを感ずるに至れば、貯蓄心は期せずして発達するに相違ない。

しかして近時しきりに貯蓄の必要を唱道するものもでき、世人もまたこれを認めて、貯蓄も年毎に多少なりとも増加しつつあるのは、日本人の一般に文明の徳沢が行き届き始めたというてもよろしかろう。これを外国に比すれば、なお遥《はる》かに劣っておるが、希望の光の輝き始めたことは事実である。

貯蓄奨励と貯蓄機関

貯蓄を奨励するということは、すこぶる困難事である。各人が働いて得たところの金額が、各人の生活に必要なる金額以上に上った際、その剰余を貯蓄させる、すなわち普通の生活に必要なる飲みたい、喰いたい、着たいという以上に濫費させぬようにすることすら容易でない。各人の自由を束縛して圧制的にやらせることもできないから、人心をして自らその方向に向かわせるように、仕向けるより他に策はあるまい。それには貯蓄機関を完全に設け、設備を充分にして人心の帰向に備えるが、何よりの急務であろう。由来人間の弱点として、たとえその人に貯蓄は必要だという観念はあったにしても、自ら手許《てもと》に貯えておくことは、ほとんど不可能である。よほど強固な決心をもってかかっても、十人の九人までは手許に金があれば、無用の費としてしまう。もしまた、それを堪えて貯蓄したところで、手許に置くだけでは利殖の方法が立たないから、興味が乗らない。やはり、銀行とか郵便貯金とかの貯蓄機関に預け入れし、安全に保管してもらうとともに利殖させ、必要に応じてこれを引き出し活用させるということが、できるようにしなくては駄目である。ゆえに、貯金奨励の先決問題としては、その貯蓄させる機関を完全にして、しかも強固なるものとし、貯蓄者に対する設備を充分に設けてやることが必要である。貯蓄機関を強固にし設備を完全にすることは、人をしてわが財産を安心と便利とをもって、他に托《たく》するを得ると信じさせるから、勢い貯蓄の念を起こさしむる一動機となることになろうと思う。

貯蓄機関の不整備

現在の貯蓄機関としては、政府経営の郵便貯金があるが、これは政府事業であるから、姑《しばら》くこれを別とし、この他に貯蓄銀行と普通銀行とが、その仕事に任じておる。なかんずく貯蓄銀行は、この純然たる貯蓄の目的に添うべくできたもので、零砕《れいさい》な資金を集め貯蓄に便にし、普通銀行においては「小口当座預金」なるものがあって、同じく貯蓄の性質を有しておる。しかるに銀行なるものは元来、利益を目的とするものであるから、利益を多く収めんとするには、どうしても多くの貯蓄預金を吸収して、これを利殖しなければならぬ。ゆえに取り扱いの便利を主とし、手数を簡易にして預金の吸収には力《つと》めるけれども、従って弊害もそれに伴うて生じてくる。弊害というのは、銀行の内部を強固健全にし、万一の場合にも決して、貯蓄者に迷惑をかけぬという覚悟が乏しいことである。もとより多数の銀行中には、内部の健全を主として信用を重んずるものもあるが、要するに不整備なものが多い。世上にしばしば破綻《はたん》を伝える貯蓄銀行のごときは、みなその外見を確実らしくして、預金の吸収に努めておったものであるが、蓋《ふた》を開けてみると、大いに相違しておるやり方のものもある。これでは如何《いか》に貯蓄心の発達した国民でも、安んじて貯蓄をすることができないではないか。元来、貯蓄のごとき大切なものを取り扱う機関として、一面営利を目的として行《や》るのが、そもそも心得違いではあるまいか。かかる性質の事業については、一銀行の利益を重んずるよりも、全然公衆の安寧を確保しなければならぬことと思う。

政府の手加減を望む

政府は貯蓄銀行創設当時より、営利の経営をもってこれを取り扱わせることにしたので、今さら根本的にその性質を変更することもできぬであろうが、少なくとも現状よりさらに確実安固なものにして、なるべく貯蓄者に安心を与えるようにせねばならぬ。その方法としては種々あるであろうが、まず貯蓄銀行に多少の検束《けんそく》を加え、その行動を制裁して、基礎の強固堅実なる方法を取らしむるが、目前の急務だろうと考える。幸い政府もここに見るところあり、貯蓄銀行法の改正を行おうとするが、しかし普通銀行にも貯蓄預金があるから、もしこれを差し措《お》いてひとり、貯蓄銀行のみに検束を加えんとするがごときあらば、それは当業者も服従すまいし、また公平を得たる手段ということもできまい。さればといって、普通銀行の貯蓄を他の預金とまったく区別することは、なおさらできず、改正案をいよいよ断行しようとしても、それは容易なことではなかろう。しかして断行することができぬから、貯蓄者に安心を与えることも出来ずして、遂に折角の貯蓄心の発達をも阻害するようなこととになるのである。

旧来の面目を改めて、やや貯蓄の発達を促しかけてきたにも拘《かかわ》らず、いまだ大いに見るべきものの無いのは、主としてこれらの原因があるからのことと思う。余が先年渡米した時、費府で州の経営に係わる大きな貯蓄取扱所を見たが、設備の完全、内容の強固は素晴らしいものであった。仏国にも政府の力で、義務的に行うておる貯蓄銀行があるように記憶しておる。今俄《にわ》かにわが貯蓄銀行を米仏のそれのごとくにすることは、できない相談であろうが、せめては取締りをもう少し厳重にし、基礎を安固にして信用を高め、貯蓄者をして安んじて自己の財産を一任することのできるようにしてやりたい。これはひとり貯蓄者の利益ばかりで無く、明らかに貯蓄奨励の一方法たるに相違ないと信ずるのである。

郵便貯金の一利一害

国民が安心して貯蓄すべき機関が無いとすれば、官立の郵便貯金に一任したら善くはあるまいかとの議論が出てくる。なるほど郵便貯金ならば堅実である上に、低いながらも利殖ができるから至極ではあろうけれども、しかし左様なると郵便貯金万能となり、かえって経済上の不権衡が起こる恐れがある。それは如何なる理由であるかというに、元来わが国の経済と財政とは調和を保っておらぬ。経済は何時でも財政のために圧迫を受けておるのに、もしこの上郵便貯金万能となるならば、この弊害をしてますます増長せしむるに至るであろう。例えば国力と財政とを比較するに、欧州諸国における財政は、その国力の一部分に過ぎないところの比例である。しかるにわが国にありては、むしろ国力の大部分を財政に投ずるというような傾きがあって、そこに若干の剰余が生じたとするも、これをもって国力の伸張を期するには足らない有様である。かくのごとく財政が常に経済界を圧迫しておるから、財政が少しく緊縮するとただちに世間は不景気となり、財政が膨脹すると、たちまち景気がついてくる。ゆえにわが国における景気の消長は、経済界自身の力によるよりも、かえって財政に左右されるの傾きがある。仮に政府側に立って考えてみても、郵便貯金を利用して公債を買い入れるとか、鉄道建設の資金に転用するとかすれば、大いに便利ではあろうけれども、余はかえって、この方法が現在の財政と経済との調和を失し、経済上より見て好ましからぬことだと思う。従って余は、貯蓄の一切を郵便貯金に一任するを不得策とする論者である。余は痛切に希望するが、民間の資金はどこまでも、これを民業のために注入したいものである。

余が希望

上述のごとく郵便貯金に一任するは、甚だ不得策であるとすれば、吾人《ごじん》は民間に完全無欠の貯蓄機関を設け、大いに国民の貯蓄を奨励するとともに、一面においては零砕なる民間の資金を集めて、これを有利なる民間事業に投ずるの策を講じなくてはならぬ。政府が貯蓄銀行条例の改正を行わんとするのも、要するに郵便貯金万能をもって足れりとするものでないからのことであろう。余は現に貯蓄銀行の経営に任じておる者であるが、遠慮なく余が所見を述ぶれば、いまだなお斯界《しかい》の内部において、大いに革正を要すべきことが幾らもある。適宜の方法の下にそれらの改善を断行し、国民をして安んじて貯蓄し得る機関を拵《こしら》えてやるのは、必ずしも余一人のみの希望ではあるまい。（五九）

交際の心得

余はかつて「経済界の根本は交際にあり」と説いた経済書を読んだことを記憶しておる。交際とは真にかくのごとく広義のもので、単一なる社交上の要義だけに止まる者でなく、私交上はもちろんのこと、政治界、経済界、一つとして交際の必要を認めないものはない。すなわち、社会あれば必ずそれに交際が伴うておる。従って、交際が社会に必要視せらる範囲は無限に広いもので、これを一局部または、ある種類の人によって独占することのできぬ性質のものである。とにかく交際は、人として社会に生存して行く上において、欠くべからざる根本要素といわねばなるまい。交際のこともまた重いかな。

交際の上手下手

世間でよく、「かの人は交際が上手だから、世渡りがうまい」とか、「彼の人は交際が下手だから、人に善く思われない」とかいうて、人に対する交際の上手下手を批評する言葉を耳にするが、この上手とか下手とかいうのは、いったい何を標準として断定する区別であろうか。自分にはどうもその標準が解らない。仮にただ一つの感想から打算して、これを定めるとすれば、それはあまりに杜撰《ずさん》である。さもないとすれば、別に標準の立て所がないから、深く考えれば考えるほど定義が難しくなる。惟《おも》うに、普通世間で交際上手と目せらるるのは、他人と交わる場合に相手をして心地善く思わせる、なんらの悪感的分子なく愉快を感ぜしめるので、また交際下手とはまったくその反対に、人と差し向かいにおっても、黙々としてなんとなく砕けぬ態度に出で、人をして不愉快の念を抱かしめるようなのを指していうのであろう。果たして左様であるとすれば、外形にあらわれたる交際には、幾分か上手下手というものがあるように思われる。

誠に世間から交際上手と目せらるる人々の交際振りを見るに、巧妙に話柄を持ちかけ、如何なる沈黙家でも、自然に口を開かねばおられぬよう余儀なくさせるとか、あるいは尊卑長幼の別を一々区別して、それ相応な態度応接をなし、あるいは相手の性格により、またはその場合を観て真面目の話をしたり、砕けた話をしたり、時には諧謔《かいぎやく》百出人の頤《おとがい》を解かせるようなことをして、その席に列する者に自ら歓楽の境にあるの思いをなさしめ、いささかも不快を感ぜしめぬといった風のやり方である。こういうやり方も、交際の上には必要であるに相違なかろう。同じく自己の意志を表示するにも、穏やかに静かに、しかして円滑にこれを言うのと、烈《はげ》しく突飛に、しかして不躾《ぶしつけ》にこれを言うのとは、相手の感情に如何なる相違を起こさせるであろうか。石垣の磊々《らいらい》たるは漆喰《しっくい》の接《つ》ぎがあってこそ、優美にも堅牢《けんろう》にもなるではないか。意志はあたかも石塊のようなもの、漆喰のごとき交際法を竢《ま》って、初めて完全にこれを接続することができる。換言すれば、外形を巧みにして上手に人と交じわるということは、交際下手の人よりは大いに優るところがあるといわれるであろう。ゆえに、それらの仕方も交際場裏における一要具たるには相違ない。

真の交際法

けれども如何にそれらの方法が巧妙に行わるるとしても、余はいまだ、かくのごとき外形的交際法をもって飽き足るものとはしない。如何となれば、それが如何に円転滑脱人をして、いささかも不快を感ぜしめぬまでに行われても、要するにそれは一つの「法」とか「術」とか称する外形的のものたるに過ぎぬので、交際上、唯一の根本義とせねばならぬところの精神の方が閑却されておるから、かくのごとき手段方法の下に行わるる交際に対して、余は決して満足ができないのである。

余の思惟《しい》しつつある交際の要旨は、事に当たっては切実に考えること、人に対してはいささかも誠意を欠いてはならぬという点にある。すなわち精神をもっぱらにし、相手の貴《き》賤《せん》上下に拘らず、如何なる階級の人に向こうても真実に交わり、言々句々、一挙一動、すべて自己の衷心から出るというのが、真正の交際であろうと考える。世に至誠ほど根底の深い偉力あるものはない。この至誠を吐露し、偽らず飾らずわが衷情を表顕して人に対するならば、なんでことさら法や術を用いるの必要があろう。如何に無口なところ、いわゆる交際下手な人でも、至誠をもって交われば、心は必ず相手に通ぜぬということはない。巧妙に饒舌《しゃべ》っても、心に至誠を欠いての談話なら、相手をして軽薄と感ぜしむるほか、なんらの効果もないものである。ゆえに余は、交際の秘訣《ひけつ》は誰一片の至誠に帰着するものであると言いたい。もし人に対した時、偽らず、飾らざる自己の衷情を流露し、対座の瞬間において、まったく心を打ち込んでしまうことができるならば、それは百の交際術、千の社交法を用いたよりも、遥《はる》かに超絶した交際の結果を収得することができようと思う。

温公と孔子の交際論

古人も交際に関しては、種々なる説を立てておるが、なかんずく、かの司馬《しば》温公《おんこう》がこれに定義を下して、「妄語せざるより始まる」と道破したのが、もっとも要を得たものだと思う。簡単な言葉ではあるが、その中に真摯《しんし》の心が溢《あふ》れておる。何人に限らず人に接するにあたり、妄なる言葉を弄《ろう》せず、すべて至誠を吐露するにおいて、怪我のあるべきはずはない。また孔子の交際に関する見解ともいうべきものは載せて論語にある。かってその弟子顔淵《がんえん》、子路《しろ》の二人が孔子の座側に侍《はべ》り、互いにその志を言い合ったことがあるが、三人の考えが三様になっておるのは、各々その人物を窺《うかが》い知ることができて面白い。子路はまず「願わくは車馬《しやば》衣軽裘《いけいきゆう》、朋友《ほうゆう》とともにこれを敝《やぶ》って憾《うら》み無けん」というて、友達と交わるならば、大切なる車馬でも、立派なる衣服でも、これをともどもに破るになんの憾みかあらんという程度までに、睦《むつ》まじく親しくしたいとの志を述べた。ところが、顔回《がんかい》はさすが孔子の弟子中、第一であっただけに、さらに異なった方面から、「願わくは善に伐《き》るなく、労に施すなけん」というて、人に対してはどこまでも、自慢自尊の心を出したくないと述べた。しかるに孔子は、この二人の弟子の言葉を聞いたまま口を開かれなかったが、気早な子路は進んで孔子に断案を迫ったので、初めて口を切って「老者はこれを安んじ、朋友はこれを信じ、少者はこれを懐《なつ》けん」といわれた。この言葉の意味は、老人には安心させ、朋友には信用させ、幼少者には懐慕《かいぼ》させたいというので、孔子は孔子だけに如何《いか》にも大きいところをいったのである。さて、この三人の対話は、必ずしも交際の上についてのみいうたことではないが、これをもって交際に関する趣旨を側面から窺うことができる。すなわち人と交わるには子路の考えのごとく、互いに胸襟を開いてやるのも一つの方法であろう。さらに顔回の意見のごとく、自慢自尊の心を絶無にしてかかれば一層安全である。

孔子の訓《おし》うるところに至っては、まったく円熟したもので、相手相手を見分けて、各々その心に協《かな》うようにする。これでこそ真の交際も成立するというものである。

服膺すべき顔回の言

なかんずく余は顔淵のいうたところに、感ずる点が多いと思う。世にはまま人と交際する間にも自慢の心を起こし、自己の行った仕事なぞについて「己はああやった」とか、「ああいうやり方はちょっとできないものだ」なぞと臆面《おくめん》もなくいい放ち、列座の人をして少なからず、迷惑を感ぜしめることがある。よしそれほどまでに明け放しに口へは出さずとも、心の中で私《ひそ》かに自慢するものは少なくなかろうと思うが、それが甚だ善くないことだ。自己が如何に善事を行うたにせよ、また幾多の功労があったにせよ、相手がそれに及ばぬというて、その者を下目に見て、迷惑になるような自慢をするは友に交わる道でない。交際とそれらの自慢や高慢とはまったく関係もないもので、自慢自尊は人の感触を害するよりほか、なんの用にも足るものでなく、かえって交際上には互いの意志に障壁を築くの材となるに過ぎぬ。顔淵の「善に伐るなく、労に施すなけん」と云うた一語は、人と対する場合によくよく服膺《ふくよう》しておくべきものである。

要するに、交際の要素は至誠である。顔淵の言は至誠の化身である。孔子の訓は至誠の流露である。「至誠天に通ず」といい、「誠は天の道なり、これを誠にするは人の道なり」

ともいうてあるごとく、何事をなすにも誠を欠いては駄目である。こう観察し来たれば、交際の極意は如何にして誠を養うべきかという問題に転じてくる。誠の養成は教育に依《よ》るもよろしかろう、宗教に依るもよろしかろう、しかし自分は始終孔孟の道に依って己の道徳を修め、誠の道を磨いておる。これを哲学上より見るも、孔孟の教えほど「誠」ということについて説明したものは少なかろう。「大学の道は明徳を明らかにするにあり、民を新たにするにあり、至善に止まるにあり」といい、あるいは論語に「富と貴とはこれ人の欲するところなり、その道をもってせずして、これを得れば処らざるなり。貧と賤とはこれ人の悪《にく》むところなり、その道をもってせずしてこれを得るも去らざるなり」と教えてあるがごときは、如何にも見事な教訓ではあるまいか。余は宗教心に乏しく、洋学に浅いから他を斥《しりぞ》ける訳にゆかぬけれども、ソクラテース（ソクラテス）のごときすら、かかる点については充分の説明は無いかとも思う。しかし、今日は一般に智識の進歩するほどに、道徳心の向上が伴わぬから、人々はただ口先で誤魔化して、心の誠実を欠くように見えるのは、誠に嘆ずべき現象である。これらは社会的制裁に訴えて、それらの弊習を正すよりほかはない。至誠に依頼しなければ到底世に処することはできないもの、虚偽は世に存在を許されぬものであるというように、世人がこれを厳しく制裁したら、自然に習い性となり、何時かは人々が真に誠を会得するの時機がくるであろう。望むべきは社会的制裁の力である。

精神以外の交際法

今、試みに交際学とでも称する一科目を設けて、社交に関する綱目を科学的に研究したならば、恐らく容易に尽きることではあるまい。けれども余はそんな研究をした訳でもなく、また交際に関する学問をした訳でもないから、ここに幾多の細節枝葉に亘《わた》ったことまでを述べることはできぬ。しかし如何に精神を専一にして、誠実に依らねばならぬとはいえ、少なくとも交際上必要とするところの形式だけは、一通り取る方が得策であろうと思う。何人といえども、意志を表示する場合には形式によらねば、ある程度までは自己の心を相手に判断させることができない。しかして、その形式を種々様々に研究したものが、やがて「交際術」というようなものになるであろうが「術」といえば、なんとなく語弊はあるけれども、もしその形式が心のままを形に表したものとしたなら、一向差し支えはないはずである。

例えば集会の場合などに、なるべく談話を切らぬように何か話柄を考え、人に不満を懐《いだ》かせぬよう、種々なる方面に苦心することが必要で、何時も同じような話ばかりしておれば、相手を厭《あ》かせてしまう。というて相手を厭かせぬように、力《つと》めるには、自分に何もかも知っておらねばならぬ。また、会合にも各種各様の別があって、国家的会合もあれば、社会的会合、家族的会合なぞもある。これらはその場合場合に応じて、性質を異にするものであるから、これらの席に列《つら》なる時は、必ずまず自己の心の置き所を考え、応接、態度、話柄等、その場合に応ずるようにしなければならぬ。社会的の会合に家族的会合の心持ちでおったり、国家的会合に私情を棄てなかったりして、公私を混交するは思わざるの甚だしきものである。その極端なるものに至っては、左様いうやり方を磊落《らいらく》で面白いとか、不羈《ふき》な点が偉いとかいうて称揚するものもあるが、自分はそれらの人のやり方には、どこまでも与《くみ》することができぬのである。

形式でも、中心から出た形式なら、人をして悪感を催さしめぬ程度において必要はある。こうなると交際術、必ずしも棄てたものではないが、さてそのほどを失わぬことが、なかなか困難であろう。余とてもその細節について一々説明はなしかぬるところで、今かっきりこうこうと言うことはできないが、要するに、分に応じ、時に応じて、そのほどを超えぬように心掛けるならば、けだし大過なきことを得るであろうと思う。（六〇）

人格の修養

人格の如何は人間にとって、もっとも大切なことであって、個人個人に人格が完成されておるのは、やがて社会の完成を意味することになるから、人として社会に処するには、それが完成に努力するは当然の責任といってよかろう。しかして何人も口にこそ容易に人格の修養を云々《うんぬん》するけれども、具体的にその方法を明示するは、きわめて難しいことである。けれどもこれを順序立てて言えば、論語に「君子は本を務む、本立って道生ず。孝弟はそれ仁をなすの本か」、まずこの辺を土台としてかからねばなるまい。すなわち仁をなすの源は孝弟にある。この淵源《えんげん》たる孝弟の道を行えば、次第に仁にも近づき本立って、そこに道が生じてくるというのであるから、すべからくその本を務めるがよい。本立って道生ずれば人格の修養はすなわち、ここに完成さるべきものと思う。

人格は人毎に相違するものである

しかしながら、一概に人格というても、多くの人がみな銘々幾分かずつの差異を持っておるものであろうと思う。例えば青年の人格、中年の人格、老人の人格、婦人の人格、男子の人格というように、同じ人格という言葉の中にも幾多の相違がある。西洋人なぞを外観から評すれば、老人でも青年と同じように投球もやればフートボール（フットボール）もやるという風で、運動といい、日常の動作といい、青年老年の区別がさまで無いように見えるけれども、あれでも心持ちには相当な差異があるであろう。近く自分なぞの身の上から考えて観るに、今日も青年時代もさして変わっておらぬような気ではおるけれども、それでも人格において非常の相違がある。一度志を立てて遣《や》り遂げようと決心した以上は、たとえ千百人これを妨げるものがあっても、それに引けを取らぬという意気は、要するに青年時代の人格のしからしむるところである。しかるに老人となれば、周囲の事情や一身の境遇なぞに掣肘《せいちゅう》されて、左様まで一本気にはやり抜けぬ点ができ、何事も慎重に沈着にやるような風が生じてくるものだ。これやがて、老人の人格のしからしむるところである。かくのごとく青年には、青年相当の人格があり、老人には老人相当の人格があるのであるが、もし人格の重んずべき意味を取り違えて、青年でありながら老人のような態度をするものがあるとすれば、それは甚だ感心のできない青年であると言うことを憚《はばか》らぬのである。また老人の方から言っても、取る年も顧みずして漫《みだ》りに蛮勇《ばんゆう》を事とするか、またはこれに反して、自分は壮年時代において国家社会に尽くすべきを尽くしたから、老後の今日はもはや世捨て人と同様にしておってよいというような考えを持つ者があるとすれば、それもやはり老人の人格をまっとうしたものということはできないと思う。人相応に理解力もあり、記憶力もあり、言語といい、思慮といい、充分社会の人として立つに差し支えない以上は、たとえ老人とはいえこの世の中を空々に徒費《とひ》するは人たるの本分に悖《もと》るものである。されば言語にまれ、行動にまれ、老後といえども国家社会のために尽くさんとの心掛けを持つのが、これすなわち老人の人格の完成であろうと思う。

とにかく、人格と一口に総称しても、上述のごとくそれには幾多の差異のあるものであるから、その修養方法を説かんとするには、一々それ相応の説を立てるが本来であるけれども、左様いうことを研究する人は自ら別にあろうと思うから、余はここには、ただ一般的人格修養に関する注意を述ぶるに止めておく。

人格修養の工夫

さて、人に賢不肖あることは別問題として、心の置き方、身の処し方については、少年、青年、大人、老人によってそれぞれ差異があるであろう。しかして、この間にもまた、時々刻々それが違い行くのである。例えば書生時代と、それより一転して官吏になり商売人になった時とは、すでに相違した心身の処し方がある。その他時代によって違い、居所に依って違うてくるから、これをある意味から観察すれば、人間の身心は一時も静止状態にある時はないとも言えるようである。かかる遷転限りなき身心に対し、人格は如何《いか》にして修養され得べきか。いささか困難のように思われる。ところが孔子は『中庸』に、「君子は時に中す」と説き、君子の行うところは、その時々事毎に節度にあたっておるものだとの意を叙べてある。また同じ『中庸』の中に、「富貴に素《そ》しては富貴を行い、貧賤《ひんせん》に素しては貧賤を行い、夷狄《いてき》に素しては夷狄を行い、患難《かんなん》に素しては患難を行う。君子入るとして自得せざる無きなり」とあって、君子は己のあるところの地位によってなすべきところをなし、その地位境遇に動かされずして自得するものだとの意を教えてある。すべて人は事を処し物に接するにあたって、喜怒哀楽愛悪欲の七情が動くものであるが、それもあるいは怒りに過ぎたり、あるいは愛に溺《おぼ》れたり、あるいは欲を深くしたりしては、とかく七情の動きが平衡を欠きやすいけれども、上に掲げた中庸の教旨に適《かな》ったところを行い得る人、七情の動き方に平静を保ち得らるる人が、すなわち立派の人格を備えた人であるといい得るであろう。しからば人格を修養するには、それらの点に深く心を用い、瞬時も懈《け》怠《たい》せぬことが肝腎《かんじん》である。とかく人は、事に接触した際に発動力の出るものであるが、その際七情の動き方が平衡を得て、発動力がよろしきに適い整うことを得るならば、幵は明らかに人格の完成である。如何に利をもって誘われても動かず、道理に従うて勇往邁進《まいしん》する、いわゆる威武も屈する能《あた》わず、富貴も蕩《とう》する能わざるほどの人になって、初めて立派な人格が養われたということができるのである。

静坐黙視の必要なし

さて人格の修養なぞといえば、何か事新し気に甚だ仰山《ぎょうさん》に聞こえるけれども、静かに考えて観れば何もそれほどのことではない。人格は人の行住坐臥《ぎょうじゅうざが》において、影の形に添うがごとく付随しておるものだから、これを修養するからというても、静坐《せいざ》黙視して、かの禅学家が座禅を組むに等しいような方法を取るのは、恐らく間違いであろうと思う。日常心をここに用い、修養の心掛けを怠らぬようにしておれば、時々に、事毎に自然的の修養ができてゆくものである。ただし「万物静かに観ればみな自得」という古語もあるから、常に活動的生涯におる人は、時に静坐して自己本然に帰り、沈思黙想することも必要でないとはいえぬかも知れぬ。ゆえに余はある場合において、静坐黙想が必要であるとは考えるが、人格の修養をするからというて、ことさらに座禅的のことをする必要はないと思う。左様な態《わざ》とらしい振舞をせずとも、人生日々の生存において、その守るべき道理に対し、どこまでもそれを踏み誤らぬように心掛くるならば、それがもっとも簡易平穏なる人格の修養法である。すでに前にも述べたごとく、在官の人、在野の人、政治家、軍人、学者、実業家、乃至《ないし》老幼男女というように、各々その性質資格を異にしておる。従ってその修養の方法も人に応じ、時に際して、それぞれ工夫を積まなければならぬのであるから、一斉等一の方法を取ることは、ほとんど望むべからざるところであろうと考える。

朝暮の心掛け一つにある

動もすれば今の人は、人格の修養なぞは相当の時間をつくって、ことさらに取り掛からなければならぬように思っておる者もあるらしいが、それはとんでもなき謬見《びゅうけん》である。いわゆる「富貴に素しては富貴を行い、貧賤に素しては貧賤を行う」というように、その場合場合に応じて相当な修養はできるものである。もし時間が無くてできぬというほどのことなら、関係の広い人や激務に従事しておる者は、終生人格の修養をすることができない仕儀にならねばならぬ訳だが、事実は決してそんなものではない。それが証拠には多忙な人でも、人格の高い人は幾らもあるではないか。

それに関してここに適切な一例があるが、かの風流韻事のごときもやはり、左様であると思う。元禄の昔、大高源吾《おおたかげんご》が大石良雄《おおいしよしお》に俳諧《はいかい》の稽古《けいこ》を勧められた。しかるに大高は、忠義一徹の気短な武士であったから、大石の勧めでも容易にそれに応じなかった。ところが大石は源吾の頑固一徹を、少しく柔らげてやりたいとの所存であったから、しきりに勧めて俳句を作らせた。「鶯《うぐいす》を聞く耳を別にして武士哉《かな》」とは、源吾が最初の発句であった。しかるに大石は、この句を評して「如何にも志は面白いが、風流と平生とを別物にしてしまったのが悪い。風流と忠義とは並び行うことができるものである」との意を諭し、「武夫《もののふ》の鶯聞いて立ちにけり」と修正して、それが初めて俳句になったが、爾来《じらい》、源吾は大いに感ずるところがあったものと見え、「飛び込んで手にも止まらぬ霰《あられ》かな」などという名吟を遺《のこ》すほどの俳人として名家の列に入るようになった。同時に武士としても、またその誠忠をまっとうして、後世の亀鑑《きかん》となったことは世人の知る通りである。人格修養もやはりそれと同じこと、一方に日常の用務を持ちながら、一方にその修養は如何ようにでもできるものである。

ここに一つ注意しておきたいことは、人格修養の標準とすべき書物についてである。余はそれに関する唯一の経典として論語を推す。論語は老幼男女貴賤貧富の別なく、何人にもよく適切に教えを立ててあるから、人格修養の資料としては、恐らくこの上もないものであろうと信ずる。しばしば言うことではあるが、余が過去の生涯のすべては論語に依って訓育されてきた。論語はひとり人格修養の資となるのみならず、人間行為の完全なる標準であるから、この書に依って人格の修養をなすと同時に、人間として踏むべき道の一切をも知ってもらいたい。（六一）

精神修養と陽明学

余は深奥なる学問の素養がある訳でないから、もとより倫理学上の学派や学説を、かれこれ批判するほどの能力もないし、また深く西洋の学問に造詣《ぞうけい》したのでもないから、広く世界にその範を求めて、とやかくと論ずることはできない。しかしながら、青年のころより好んで支那古聖賢の書物を読み、ことに孔子の教えを尊奉し、もし日常生活において何事か処し難いことでもあれば、論語を指導者として一切の審判をこの書に仰ぐことにしてきた。

学者の罪なり

余が論語を道徳上の典型としておることは、口癖のごとくなんにでも引き合いに出して言うところであるが、とにかく論語二十篇は、人道の要旨を網羅した金科玉条で、世に処し身を修め事を処するの法は、ことごとくその中に尽くされておる。孔子の教えはどこまでも実行を重んじたもので、かの老荘《ろうそう》等、他学派の人々の説のごとき高遠迂闊《うかつ》なところがない。何人にも解り、何人にもただちに実行され得る、真に実践的の教えである。しかるに後世の学者は、孔子をもって神か仏かのごとく考えて、その説いた教えに対して種々に難しい説を付け加え、注釈に注釈を重ねて、遂に難解のものであるかのようにしてしまった。もし彼らが孔子の説いたところのままをもって、ただちにこれを世に行わんとしたならば、むしろその効果は多かったであろうに、学者がその間に介在して苦心に苦心を積んだ結果、かえって面倒なものにしてしまい、聖人は全然人間界のものでなく、仙人か仏菩薩《ぼさつ》のようなものであるとの観念を世人に抱かせて、普通の人間にはとても及びもつかぬ別種なものに拵《こしら》え上げてしまったのは、実にいらざるお世話と言わねばならぬ。さて、その結果は、学問と実行というものとは、別々に分離してきたのであるが、かの朱子学のごときは、ことさらこの弊害に陥っておる。

知行合一説

しかるに朱子の後に現れた王陽明《おうようめい》は、その「知行合一説」において、学問と実行との分離せることの弊を矯正せんと試みたのであるから、余はその説がなかなか面白いものだと思う。ゆえに余は精神修養の資料として、陽明学を推薦しておきたい。いったい宋朝の学者には、朱子を始め張横渠《ちょうおうきょ》、程伊川《ていいせん》、程明道《ていめいどう》などの人々が「虚霊不昧《ふまい》」とか、「寂然不動」などと説いたものがあって、それがため学問はかえって高尚幽玄なものとなり終わり、実際界とは非常に遠ざかってしまった。従ってその学を奉ずる人々は、自ら一室に静坐しながら香でも焚《た》いて読書三昧《ざんまい》に入らねば、真の学問をするものとはいわれないような傾向になって行った。しかし余の考うるところをもってすれば、学問というとも何も、必ず左様まで態とらしくしなければならぬものではあるまいと思う。例えば日常のこととても、考えようではすべて学問ではなかろうか。一つの事務を執るのも、来客に接して談話するのも、何から何まで観じ来れば、一種の学問であると自分は解釈する。何故なれば、来客に対して談話をする際でも、自分が忠実に事を談ずるに、先方がその説に不同意があるとすれば、同じくまた忠実に反対説を述べるというようにして、互いに信実を主として交わるならば、いわゆる「朋友《ほうゆう》に交わるに信をもってす」るという経語に称うことになるから、これ実に生きた学問というとも、あえて過言ではなかろうと思う。何事に対しても、かくのごとく観察すれば、世の森羅万象一として学問ならざるはなしで、延《ひ》いては学問すなわち事業、事業すなわち学問ということになり、事業を離れて学問を求むることもできなければ、学問を離れて事業を求むることもできないという点に落ちてゆく。王陽明の「知行合一」説はこの点において、もっとも価値あるもので、学問と実際とを接近せしむるところは、かの朱子学一派の輩《やから》をして顔色無からしめておる。しかして、精神修養の一助として陽明学を推す所以《ゆえん》もまた、じつにここに存しておるのである。

良知良能論

しかるに、陽明学に反対意見を抱ける者は、陽明所説の「良知良能」について駁論《ばくろん》して、「陽明学は良知良能を主とし、あまりに直覚的であるから、ややもすれば智識を恃《たの》みて経験を軽んずるの傾向を生じはしまいか」という。これは如何《いか》にももっとものようには聞こえるけれども、しかし王陽明が如何に「良知良能」を主張したからとて、人はすべて生まれたそのままでよいとは説くまい。人間の生霊というものは、種々雑多の境遇を経たり、色々様々な事情に遭うたりするに依《よ》って、いやが上にもますます光輝を発するものであるから、それに対して、智識や経験の必要であることは言を俟《ま》たぬのである。ゆえに王陽明も必ず、それらの事を軽視するはずはないことと思う。ただし境遇や事情のために、自己の良知良能に変化を与えらるるようなことがあってはならぬので、それはどこまでも良知良能たる、明鏡の曇らぬようにしておくということが緊要である。

自分はもとより学者でないから、陽明学を説明するにその系統を明らかにして秩序的に説くことはできないので、これだけでは、あるいは読者に解らずじまいにならぬとも限らぬが、とにかく余は以上の理由で陽明学を好むのである。世に余と感を同じゅうするの士があるならば、希《ねが》わくは、専門家の研究に成ったところの陽明学について研究を重ねて戴《いただ》きたい。（六二）

常識の修養法

現代に必要なる常識

常識が普通、人間の性格において欠くべからざる要素であること、また処世上如何なる程度まで必要であるかについては、今さら喋々《ちょうちょう》を要せざるところである。今日のごとく社会が発達して、何事も一定の秩序をもって進む世の中にては、ことに常識の発達した人が必要になってきた。実際仕事をする上においても、よしその人に充分な学識はあるにもせよ、一面常識において欠くるところありとすれば、その学識はどうも十部が十部役に立たない。折角の学問も、さまで効能をなさぬように思われる。しかし常識の権衡を得ない人が、特殊の場合において、まま大豪傑となり、非凡人となって嶄然《ざんぜん》頭角を現さぬでもないが、それらの人の人格を公平に判断すれば、たとえそれが豪傑であり非凡人であるとするも、畢竟《ひっきょう》それは性格において偏頗《へんぱ》な人といわねばならぬ。ゆえに、もし左様いう人が時勢に適合し風雲に乗じて起《た》つ時は、まま意想外の大事業をなさぬとも限らぬけれど、さも無い場合には空しく失意の中に、この世を終わらなければならないから、それらの人はかえって、国家にも郷党にも家庭にも厄介者となる虞《おそれ》があろうと思われる。すなわち自ら率先して国家を統べ、社会を御するの地位に立ち得らるるならば、わが意の嚮《む》かうに任せて事を行い得るから、没常識がかえって偉大な事業を生まぬとも限らないが、もし周囲が秩序井然一糸の乱れをも許さないようなところにおらねばならぬならば、その拘束に堪えかね悶々《もんもん》として、なす無き生涯を送らねばならぬであろう。それらの例は、昔のいわゆる英雄豪傑にたくさんある。もっとも性格が遍重だからとて、必ずしも事業をなさぬと断言はできないから、余はそれらの人の在世を嫌う者ではないが、今日のごとき秩序ある社会においては、一般世人が遍重でなく、すべてが一様に調和し平等に発達することを希望するゆえ、むしろ常識的人物の輩出を渇仰《かつごう》する次第である。

常識とはなんぞ

およそ人として世に処するに際し、常識はいずれの地位にも必要で、またいずれの場合にも欠けてはならぬことである。しからば常識とは如何なるものであろうか。余は次のごとく解釈する。すなわち事に当たりて奇矯に馳《は》せず、頑固に陥らず、是非善悪を見分け、利害得失を選別し、言語挙動すべて中庸に適《かな》う者がそれである。これを学理的に解釈すれば、「智」「情」「意」の三者が各々権衡を保ち、平等に発達したものが完全の常識だろうと考える。さらに換言すれば普通一般の人情に通じ、よく通俗の事理を解し、適宜の処置を取り得る能力がそれである。人間の心を解剖して「智」「情」「意」の三つに分解したものは、心理学者の唱道に基づくところであるが、何人といえども、この三者の調和を不必要と認める者は無かろうと思う。「智慧」と「情愛」と「意志」との三者があってこそ人間社会の活動もでき、物に接触してよく効能をも現してゆけるものである。ゆえに、常識の根本原則たる「智」「情」「意」の三者について、少しく述べてみようと思う。

智

さて「智」は人にとって如何なる働きをするものであろうか。人として智慧が充分に進んでおらねば、物を識別する能力に不足を来すのであるが、この物の善悪是非の識別ができぬ人や、利害得失の鑑定に欠けた人であるとすれば、その人に如何ほど学識があっても、善いことを善いと認めたり、利あることを利ありと見分けをして、それにつくわけにゆかぬから、左様いう人の学問は宝の持ち腐れに終わってしまう。ここを思えば智慧が如何に人生に大切であるかが知らるるであろう。ところが、かの宋の大儒程朱《ていしゅ》のごときは、痛くこの智を嫌った。それは智の弊として、ややともすれば術数に陥り、欺瞞《ぎまん》詐偽《さぎ》の生ずる場合がある。また功利を主とすれば智慧の働きが多くなり、仁義道徳の方面には遠くなるとの理由でこれを疎外した。それがために折角多方面に活用せしむべき学問が死物になり、ただ己一身をさえ修めて悪事がなければよいということになってしまった。これは大なる誤思謬見《びゆうけん》で、仮に一身だけ悪事がないからよいと、手を束ねておる人のみとなったら、どんなものであろうか。左様いう人は世に処し社会に立ってなんらの貢献するところもない。

それでは人生の目的が、那辺《なへん》に存するかを知るに苦しまねばならぬ。とはいえ、もとより悪行があってはもちろん不可《なら》ぬけれども、人はすべて悪事に陥らずに、多くの世務を果たすようでなければ、真の人間とはいわれぬのである。もし智の働きに強い検束《けんそく》を加えたら、その結果は如何であろう。悪事を働かぬことにはなりもしようが、人心が次第に消極的に傾き、真に善事のためにも活動する者が少なくなってしまわねばよいがと、甚だ心配に堪えぬ訳である。朱子はいわゆる「虚霊不昧」とか、「寂然不動」とかいうような説を主張して仁義忠孝を説き、智は詐術に奔《はし》るものであるというて、絶対にこれを嫌ったから、それがために孔孟の教えは偏狭に陥り、儒教の大精神を世人に誤解されるようになった点が少なくないと思う。智は実に人心にとって欠くべからざる大切の一条件である。ゆえに余は、智は決して軽視すべからざるものとしておる。

情

智の尊ぶべきものなることは、実に前述のごとくであるが、しかし智ばかりで活動ができるかというに、決して左様いうものでない。そこに「情」というものを巧みに案排《あんばい》しなければ、智の能力をして充分に発揮せしむることができないのである。例を挙げて説明すれば、徒《いたずら》に智ばかり勝って情愛の薄い人間はどんなものであろうか。自己の利益を図らんとするためには、他人を突き飛ばしても蹴《け》り倒しても、一向頓着《とんちゃく》しない。由来智慧が充分に働く人物は、何事に対しても一見してその原因結果の理を明らかに知ることができ、事物の見透かしが付くのであるが、かかる人物にして、もし情愛が無かったら溜《た》まったものでない。その見透かした終局までの事理を害用し、自己本位をもってどこまでもやり通す。この場合、他人の迷惑や難儀なぞが如何にできようと、なんとも思わぬほど極端になってしまう。そこの不権衡を調和してゆくものが、すなわち情である。情は一つの緩和剤で、何事もこの一味の調合に依って平均を保ち、人生のことにすべて円満なる解決を告げてゆけるものである。仮に人間界から情の分子を除却したら、どんなものであろうか。何もかも極端から極端に走り、遂には如何ともすべからざる結果に逢着《ほうちゃく》しなければなるまい。このゆえに人間にとっては「情」は欠くべからざる一機能である。しかしながら、情の欠点はもっとも感動の早いものであるから、悪くすると動きやすいようになる。人の喜怒哀楽愛悪欲の七情によりて生ずる事柄は変化の強いもので、心の他の部面においてこれを制裁するものが無ければ、感情に走り過ぐるの弊が起こる。これにおいてか初めて「意志」なるものの必要が生じてくるのである。

意志

動きやすい情を控制するものは、強固なる意志よりほかにはない。しかり矣、意は精神作用中の本源である。強固なる意志があれば、人生においてはもっとも強味ある者となれる。けれども徒に意志ばかり強くて、これに他の情も智も伴わなければ、ただただ頑固者とか、強情者とかいう人物となり、不理窟《りくつ》に自信ばかり強くて、自己の主張が間違っておってもそれを矯正しようとはせず、どこまでも我を押し通すようになる。もちろん、こういう風の人もある意味から見れば、尊ぶべき点が無いでもないが、それでは一般社会に処すべき資格において欠けておる。いわば精神的な偏頗で完全の人間とはいわれない。意志の強固なるが上に、聡明《そうめい》なる智慧を加味し、これを調節するに情愛をもってし、この三者を適度に調合したものを大きく発達せしめて行ったのが、初めて完全なる常識となるのである。現代の人はよく口癖のように、意志を強く持てというが、意志ばかり強くてもやはり困り者で、俗にいう「猪武者《いのししむしゃ》」のようなものになっては、如何《いか》に意志が強くても社会にあまり有用の人物とはいえない。智と情とに対しよく権衡を保ってゆけるだけの意志が、もっとも必要なる意志である。

常識の大小

以上述べたところに依《よ》って智情意の三者が、如何に常識修養の上に必要であるかが了解されたであろう。しかし常識にも大と小とがある。智情意の三者が充分なる調和を保ちて、円満に極度に発達した者が大なる常識で、これまでには及ばずとも、前の三者が相当に発達しておる者が小なる常識である。しかして、大なる常識を養い得たる者は聖人の域に達し、たとえ小なる常識でもこれを修養した者は、完人として世に処することができる。かつて井上哲次郎《いのうえてつじろう》博士が、孔子祭の席上演説に、孔子は常識の如何にも完全に発達した人で、智情意の三者が適度に発達されたものであるとの意味を、詳細に説明せられたことがあるが、自分はこの説がすこぶる意を得たものとして、今もなお記憶に新たなるところである。要するに常識に対しては、智情意の三者が必須条件である。事物に接触してこれを識別理会するところの智能と、人と応対するに当たって敦厚《とんこう》なる情愛と、しかして何事の障害に遭遇するとも、不屈不撓《ふとう》よくこれを貫き得るの意志と、この三者が完全に整うてこそ、常識的人物といい得るのだ。ゆえに現代社会に必要を認められつつある、この常識の修養を志さんとする者は、智情意の三者に留意し、これが偏頗にならぬよう心掛けることが、もっとも肝要である。さすれば、人々の心掛け如何によっては、大なる常識をも養い得らるるであろうし、さなくとも小なる常識は必ず修められて、役に立つ人として社会に立つことができよう。

偉き人とまったき人

史乗なぞに見ゆるところの英雄豪傑には、とかくこの三者の権衡を失した者が多いようである。意志が非常に強かったけれども、智識が足りなかったとか、意思と智慧は揃うておったが、情愛に乏しかったとかいうがごとき性格は、彼らの間に幾らもあった。かくのごときものは如何に英雄でも豪傑でも、常識的の人とはいわれない。なるほど、一面から見れば非常に偉い点がある、超凡的なところがある、普通一般人の企及すべからざるものがあるには相違ないが、偉い人とまっとい人とは大いに違う。偉い人は人間の具有すべき一切の性格にたとえ欠陥があるとしても、その欠陥を補うてあまりあるだけ他に超絶した点を有する人で、かれこれ完全なるものに比すれば、いわば変態である。それに反してまったき人は智情意の三者が円満に具足した者、すなわち常識の人である。余はもちろん、偉い人の輩出を希望するのであるけれども、社会の多数人に対する希望としては、むしろまったき人の世に隈《くま》なく充《み》たんことを欲する。つまり、常識の人の多からんことを要望する次第である。偉い人の要途は無限とはいえぬが、まったき人なら幾らでも必要な世の中である。社会の諸設備が今日のごとく整頓《せいとん》し発達しておる際には、常識に富んだ人がたくさんにおって働けば、それでなんらの欠乏も不足もない訳で、偉い人の必要はある特殊の場合を除いては、これを認むることができない。

平凡の常識が生む結果は偉大なり

およそ人の青年期ほど思想が一定せず、奇を好んで突飛な行動に出でんとする時代は無かろう。それも年を経るに従い、次第に着実になってゆくものだが、青年時代には多くの人の心は浮動しておる。しかるに常識という者は、その性質がきわめて平凡なものであるから、奇矯を好み突飛を好む青年時代に、この平凡な常識を修養せよというは、彼らの精神と相反するところがあるであろう。偉い人となれといわるれば、進んでこれに賛成するが、まったき人となれといわるれば、その多くはこれを苦痛に感ずるのが、彼らの通有性である。しかしながら、政治の理想的に行わるるも、国民の常識に俟《ま》ち、産業の発達進歩も実業家の常識に負うところが多いとすれば、いやでも常識の修養に熱中しなければならぬではないか。況《いわ》んや社会の実際に徴するに、政治界でも実業界でも、深奥なる学識というよりは、むしろ健全なる常識ある人に依って支配されおるを見れば、常識の偉大なることはいうまでもないことである。（六三）

習慣性について

習慣の力

吾人《ごじん》の日常生活において、習慣は大切なものの一つであろう。「習慣は第二の天性なり」と古人の唱えたるは、けだし至言たるを失わない。ゆえに吾人は日常生活において注意を怠らず、相ともに良習慣をつけることに努め、悪習慣をばでき得る限り除くように心掛けたいものである。しかしながら、習慣として一つの事が固有性になるまでには相当の日子を費やすもので、一日にして成る訳のものではない。また、一日にしてこれを養成することもできない。ダルウェンの進化論に拠《よ》って見れば、鮃《ひらめ》の目が一方にばかり付くのは、次第に形が変わったので、また鯨の手足が鰭《ひれ》となったのも、必要に迫られての変化であるという。これらはただちに習慣とはいい難いかも知れぬが、近い例を挙ぐれば、日本人のごとく座する習慣の国民は、身体が長大にならぬという。何故かというに、度々座るために脚部の発育が充分でないからだとのことである。これらに徴しても、習慣は如何なる結果を齎《もたら》すものであるかということが知れ、それとともに、習慣の忽《ゆるが》せにすべからざることが明らかになるであろう。

由来習慣とは、人の平生における所作が重なり重なって、一つの固有性となるものであるから、それが自ら心にも働きにも影響を及ぼし、悪いことの習慣を多く持つ人は悪人となり、良いことの習慣を多くつけておる人は善人となるといったように、遂にはその人の人格にも関係してくるものである。ゆえに何人も平素心して良習慣を養うことは、人として世に処する上に大切なことであろう。

習慣は感染性を帯ぶ

また、習慣はただ一人の身体にのみ付随しておるものでなく、他人に感染するもので、ややもすれば人は他人の習慣を摸倣《もほう》したがる。この他に広まらんとする力は、単に善事の習慣ばかりでなく、悪事の習慣も同様であるから、大いに警戒を要する次第である。言語動作のごときは、甲の習慣が乙に伝わり、乙の習慣が丙に伝わるような例は珍しくない。著しい例証を挙ぐれば、近来新聞紙上に折々新文字が見える。一日甲の新聞にその文字が登載されたかと思うと、それがたちまち乙丙丁の新聞に伝載され、遂には社会一般の言語として誰も怪しまぬことになる。かのハイカラとか、「成金」とかいう言葉はすなわち、その一例である。婦女子の言葉なぞもやはり左様で、近ごろの女学生がしきりに「よくってよ」とか「そうだわ」とかいう類《たぐい》の言語を用いるのも、ある種の習慣が伝播《でんぱ》したものといって差し支えない。また、昔日は無かった「実業」という文字のごときも、今日はもはや習慣となり、実業といえば直に商工業の事を思わせるようになってきた。彼の「壮士」という文字なども、字面から見れば壮年の人でなければならぬはずであるのに、今日では老人を指しても壮士といい、誰一人それを怪しむものなきに至っておる。もって習慣が、如何《いか》に感染性と伝播力とを持っておるかを察知するに足るであろう。しかして、この事実より推測する時は、一人の習慣は終《つい》に天下の習慣となりかねまじき勢いであるから、習慣に対しては深い注意を払うとともに、また自重してもらわねばならぬのである。

大切なる少年時代

ことに習慣は少年時代が大切であろうと思う。記憶の方からいうても、少年時代の若い頭に記憶したことは、老後に至っても多く頭の中に明確に存しておる。余のごときも如何なる時のことをよく記憶しておるかといえば、やはり少年時代のことで、経書でも歴史でも、少年の時に読んだことを、もっともよく覚えておる。昨今幾ら読んでも、その方は読む先からみな忘れてしまう。左様いう訳であるから、習慣も少年時代がもっとも大切で、一度習慣となったなら、それは固有性となって終生変わることがない。のみならず、幼少のころから青年期を通じては、非常に習慣の付きやすい時である。それゆえこの期を外さず良習慣をつけ、それをして固性とするようにしたいものである。余は青年時代に家出して天下を流浪し、比較的放縦な生活をしたことが習慣となって、後年まで悪習慣が直らなくて困ったが、日々悪い習慣を直したいとの一念から、大部分はこれを矯正することができたつもりである。悪いと知りつつ改められぬのは、つまり克己心の足らぬのである。余の経験に依《よ》れば、習慣は老人になってもやはり重んぜねばならぬと考える。それは青年時代の悪習慣も、老後の今日に至って努力すれば改められるものであるから、今日のごとく日に新たなる世に処しては、なおさら、この心を持って自重してゆかねばならぬのである。

習慣を敬え

とかく、習慣は不用意の間にでき上がるのであるから、大事に際してはそれを改めることができるのである。例えば、朝寝をする習慣の人が、常時は如何しても早起きができないけれども、戦争とか火事とかいう場合に際しては、如何に寝坊でも必ず早起きができるということから観ても左様思われる。しからば何故に左様なるかというに、習慣は些細《ささい》のこととして軽蔑《けいべつ》しやすいもので、日常それがわがままに伴うておるからである。こうした風に習慣を馬鹿にしてかかるので、それがため遂に一身を誤るに到らぬとも限らない。それもその人一人ならいまだしもであるが、前にも述べた通り、延《ひ》いては家庭もしくは社会にまで害悪を及ぼすことになるから甚だ困る。ゆえに男女となく老若となく、心に留めて良習慣を養うようにすれば、大にしては国家社会のためとなり、小にしては家庭の平和円満を来し、さらに自己一身が立身出世の素因ともなる。豈《あに》勉励せずして可ならんやである。（六四）

大事と小事

大事小事の価値

およそ人の禍《わざわい》は多くは得意時代に萌《きざ》すもので、得意の時は誰しも調子に乗るという傾向があるから、禍害はこの欠陥に喰《く》い入るのである。されば人が世に処するには、この点に注意し、得意時代だからとて気をゆるさず、失意の時だからとて落胆せず、常操をもって道理を踏み通すように心掛けて出ることが肝要である。それとともに考えねばならぬことは、大事と小事とについてである。失意時代なら小事もなお、よく心するものであるが、多くの人の得意時代における思慮は、まったくそれと反し「なにこれしきのこと」といったように小事に対しては、ことに軽侮《けいぶ》的の態度をとりがちである。しかしながら、得意時代と失意時代とに拘《かかわ》らず、常に大事と小事とについての心掛けを緻密《ちみつ》にせぬと、思わざる過失に陥りやすいことを忘れてはならぬ。

誰でも大事を目前に控えた場合には、これを如何にして処置すべきかと、精神を注いで周密に思案するけれども、小事に対するとこれに反し、頭から馬鹿にして不注意の中にこれをやり過ごしてしまうのが世間の常態である。ただし箸《はし》の上げ下ろしにも心を労するほど、小事に拘泥するは、限りある精神を徒労するというもので、何もそれほど心を用うる必要の無いこともある。また大事だからとて、さまで心配せずとも済まされる事もある。ゆえに事の大小というたとて、表面から観察してただちに決する訳にはゆかぬ。小事かえって大事となり、大事案外小事となる場合もあるから、大小に拘らず、その性質をよく考慮して、しかるのちに相当の処置に出るように心掛くるがよいのである。

大事の場合

しからば、大事に処するには如何にすればよいかというに、まず事に当たってよくこれを処理することができようか、ということを考えてみなければならぬ。けれども、それとて人々の思慮によるので、ある人は自己の損得は第二に置き、もっぱらその事について最善の方法を考える。またある人は自己の得失を先にして考える。あるいは何物をも犠牲として、その事の成就を一念に思う者もあれば、これと反対に自家を主とし、社会のごときはむしろ眼中に置かぬ打算もあろう。けだし人は、銘々その面貌《めんぼう》の変わっておるごとく、心も異なっておるものであるから、一様にいうわけにはゆかぬが、もし余にどう考えるかと問わるれば、次のごとく答える。すなわち、事柄に対し如何にせば道理に協《かな》うかをまず考え、しかしてその道理に協ったやり方をすれば、国家社会の利益となるかを考え、さらに、かくすれば自己のためにもなるかと考える。左様考えてみた時、もしそれが自己のためにはならぬが、道理にも協い、国家社会をも裨益《ひえき》するということなら、余は断然自己を棄てて道理のあるところに従うつもりである。

かくのごとく事に対して、是非得失、道理、不道理を考査探究して、しかるのちに手を下すのが事を処理するにおいて、よろしきを得た方法であろうと思う。しかし考えるという点から見れば、いずれにしても精細に思慮しなくてはならぬ。一見してこれは道理に協うから従うがよいとか、これは公益に悖《もと》るから棄てるがよい、とかいうがごとき早や飲み込みはいけない。道理に合いそうに見えることでも、非道理の点はなかろうかと、右からも左からも考えるがよい。また公益に相反するように見えても、のちのちには、やはり世のためになるものではなかろうかと、穿《うが》ち入って考えなくてはならぬ。一言にして是非曲直、道理非道理と速断しても、適切でなければ折角の苦心もなんにもならぬ結果となる。

小事の場合

小事の方になると、悪くすると熟慮せずに決定してしまうことがある。それが甚だよろしくない。小事というくらいであるから、目前に表われたところだけでは、きわめて些細のことに見えるので、誰もこれを馬鹿にして念を入れることを忘れるものであるが、この馬鹿にしてかかる小事も、積んでは大事となることを忘れてはならぬ。また、小事にもその場限りで済むものもあるが、時としては小事が大事の端緒となり、一些事と思ったことが後日大問題を惹《ひ》き起こするに至ることがある。あるいは些細のことから次第に悪事に進みて、遂には悪人となるようなこともある。それと反対に小事から進んで、次第に善に向かいつつゆくこともある。始めは些細の事業であると思ったことが、一歩一歩に進んで大弊害を醸すに至ることもあれば、それがため一身一家の幸福となるに至ることもある。これらはすべて小が積んで大となるのである。人の不親切とかわがままとかいうことも、小が積んで次第に大となるもので、積もり積もれば政治家は政治界に悪影響を及ぼし、実業家は事業上に不成績を来し、教育家はその子弟を誤らせるようになる。されば小事必ずしも小でない。かく観じ来れば、世の中に大事とか小事とかいうものは無い道理。大事小事の別を立ててとやかくというのは、畢竟《ひつきよう》君子の道であるまいと、余は判断するのである。ゆえに大事たると小事たるとの別なく、およそ事に当たっては同一の態度、同一の思慮をもってこれを処理するようにしたいものである。

境遇より達観せよ

大事小事に添えて一言しておきたいことは、人は調子に乗るはよくないということである。「名を成すは毎に窮苦の日にあり、事を敗るは多く因す得意の時」と古人もいうておるが、この言葉は真理である。困難に処する時は丁度大事に当たったと、同一の覚悟をもってこれに臨むから、名を成すは多く左様いう場合に多い。世に成功者と目せらるる人には、必ず「あの困難をよくやり遂げた」「あの苦痛をよくやり抜いたものだ」というようなことがある。これすなわち、心を締めてかかったという証拠である。しかるに失敗は多く、得意の日にその兆《きざ》しをなしておる。人は得意時代に処しては、あたかも、かの小事の前に臨んだ時のごとく、天下何事か成らざらんやの概をもって、如何なることをも頭から飲んでかかるので、ややもすれば目算が外れてとんでもなき失敗に落ちてしまう。それは小事から大事を醸すと同一義である。だから人は得意時代にも調子に乗るということなく、大事小事に対して同一の思慮分別をもってこれに臨むがよい。水戸黄門光圀《みつくに》公の壁書中に「小なる事は分別せよ、大なることに驚くべからず」とあるは、真に知言というべきである。（六五）

意志の鍛錬

意志鍛錬の用意

事物に屈託の生ずる場合、希望の達せられざる場合に際し、人はよく耐忍奮励しなければならぬという。この耐忍という言葉は心にも、働きの上にも、乃至《ないし》力にも応用のできるもので、事実耐忍を心として一切の場合に臨むならば、万々間違いの起こることは無い。しかして、この耐忍を心に置き、平素それを充分に活用する者が、すなわち意志の強固の人、また意志を堅固に持つ所以《ゆえん》であろうと思う。しかしながら、意志の鍛錬はそれのみで竭《つ》くるものに非《あら》ず。ある場合には新知識を吸収して、次第に向上を試むるのも、確かに鍛錬の一方法たるに相違ない。してみれば、日常身辺に蝟集《いしゅう》する出来事は、一つとして鍛錬の材たらざるものはないが、要はそれを有意味に観るか、空々に観過ごするか、この二者によって別るることとなる。ゆえに意志鍛錬を思うの人は、日々に刻々に一些事《さじ》といえども、無視することはできぬ。一些事一小節も、これを用うることの如何によって善悪の差を生ずるのである。

平素の心掛け

総じて世の中のことは、心のままにならぬが多い。ひとり形に表れておる事物の上ばかりでなく、心に属することもまま左様なことがある。例えば、一度こうと心の中に堅く決心したことでも、何かふとした事から俄《にわ》かに変ずる。人から勧められて遂にその気になるといったようなこともあるが、それが必ずしも悪意の誘惑でないまでも、心の遷転から起こることで、かくのごときは意志の弱いのであるといわねばなるまい。自ら決心して動かぬと覚悟していながら、人の言葉によりて変ずるがごときは、もとより意志の鍛錬ができておるものではない。とかく平生の心掛けが大切である。平素その意中に「こうせよ」とか、「こうせねばならぬ」とか、事物に対する心掛けが的確に決まっておるならば、如何に他人が巧妙に言葉を繰っても、うかとそれに乗せられるようなことはない訳だ。ゆえに何人も問題の起こらぬ時において、その心掛けを錬っておき、しかして事に会し、物に触れた時、それを順序よく進ませるが、すなわち意志の鍛錬である。

しかるに、ややもすれば人は変態を生じやすいもので、常時は「かくすべし」「かくあるべし」と堅く決心しておった者も、急転して知らず知らずに自ら自己の本心を誘惑し、平素の心事とまったく別所にこれを誘うような結果を齎《もたら》すがごときは、常時における精神修養に欠くるところあり、意志の鍛錬が足らぬより生ずることである。かくのごときは、随分修養も積み鍛錬を経た者でも、惑わされることのないと言われぬものだから、況《いわ》んや社会的経験の少ない青年時代などには、いやが上にも注意を怠ってはならぬ。もし平生自己の主義主張としておったことが、事に当たって変化せねばならぬようなことがあるならば、よろしく再三再四熟慮するがよい。事を急激に決せず、慎重の態度をもってよく思い深く考えるならば、自ら心眼の開くるものありて、遂には自己本心の住家に立ち帰ることができる。この自省、熟考を怠るのは、意志の鍛錬にとって、もっとも大敵であることを忘れてはならぬ。

余が既往談

以上は、自己が意志の鍛錬に関する理論でもあり、またしかじか感じたところでもあるが、序をもって余が実験談をここに付加しておきたい。余は明治六年思うところありて、官を辞して以来、商工業というものが自己の天職である、もし如何《いか》ような変転が起こってきても、政治界には断じて再び携わらぬと決心した。元来政治と実業とは、互いに交渉錯《さく》綜《そう》せるものであるから、達識非凡の人物であったらこの二途に立って、その中間を巧妙に歩めば、すこぶる面白いのであるが、余のごとき凡人が左様の仕方に出るときは、あるいはその歩を誤って、失敗に終わることが無いとも限らない。ゆえに余は、初めから自己の力量の及ばざるところとして政治界を断念し、もっぱら実業界に身を投じようと覚悟した訳であった。しかして当時余が、この決心を断行するにあたっても、自己の考案に娖つところの多かったのはもちろんのことで、時には知己朋友《ほうゆう》よりの助言勧告も、ある程度まではこれを斥《しりぞ》け、断々乎《だんだんこ》として一意実業界に向かって猛進を企てた。しかるに、最初の決心がそれほど雄々しいものであったにも拘《かかわ》らず、さて実地に進行してみると、なかなか思惑通りにはゆかないもので、爾来《じらい》四十余年間、しばしば初一念を動かされようとしては、危うく踏み止まり、漸《よう》くにして今日あるを得た訳である。今から回顧すれば、最初の決心当時に想像したよりも、この間の苦心と変化とは遥《はる》かに多かったと思われる。

もし余の意志が薄弱であって、それら幾多の変化や誘惑に遭遇した場合にうかうかと一歩を踏み愆《あやま》ったならば、今日あるいは取り返しのつかぬ結果に到着していたかも知れぬ。例えば、過去四十年間に起こった小変動の中、その東すべきを西するようなことがあったならば、事件の大小は別として、初一念はここに挫《ざ》折《せつ》されることになる。仮に一つでも挫折されて方向が錯綜することになれば、もはや自己の決心は傷つけられたことになるので、それから先は五十歩百歩、もう何をしても構うものかという気になるのが人情だから、止めどころが無くなってしまう。かの大堤も蟻穴より崩るるの喩《たと》えのごとく、左様なっては右に行くものも中途から引き返して左へ行くようなことになり、遂には一生を破壊し了《おわ》らねばならぬ。しかるに余は、幸いにも左様の場合に処する毎に熟慮考察し、危うく心が動きかけたことがあっても中途から取り返して本心に立ち戻ったので、四十余年間まず無事に過ごしてくることを得た。これによってこれを観るに、意志の鍛錬の難しきことは今さら驚嘆のほかはないが、しかし、それらの経験から修得した教訓の価値も、また決して少ないものではないと思う。しかして、得たところの教訓を約言すれば、大略次のごときものがある。すなわち一些事の微に至るまでも、これを閑却するはよろしくない。自己の意志に反することなら事の細大を問うまでもなく、断然これを跳ねつけてしまわねばいかぬ。最初は些細のことと侮《あなど》ってやったことが、遂にはそれが原因となって総崩れとなるような結果を生み出すものであるから、何事に対しても、よくよく考えてやらねばならぬ。

常識に問え

およそ事物に対し、「かくせよ」「かくするな」というがごとき正邪曲直の明瞭《めいりょう》なるものは、ただちに常識的判断を下し得るが、場合に依《よ》ってはそれもできかねることがある。例えば、道理を楯《たて》にして詞《ことば》巧みに勧められでもすると、思わず知らず、平生自己の主義主張とするところよりも、反対の方向に踏み入らざるを得ないようになってゆくものである。かくのごときは、無意識の中に自己の本心を滅却されてしまうこととなるのであるが、左様の場合に際会しても、頭脳を冷静にしてどこまでも自己を忘れぬように注意することが、意志の鍛錬の最大要務である。もし左様いう場合に遭遇したなら、先方の言葉に対し、常識に訴えて自問自答をしてみるがよい。その結果、先方の言葉に従えば一時は利益に向かい得られるが、後日に不利益が起こってくるとか、あるいはこの事柄に対してこう処断すれば、目前は不利でも将来のためになるとか、明瞭に意識されるものである。もし目前の出来事に対し、かくのごとき自省ができたらば、自己の本心に立ち帰るはすこぶる容易なことで、従って正につき邪に遠ざかることができる。余はかくのごとき手段方法がすなわち、意志の鍛錬であると思うのである。

一口に意志の鍛錬とはいうものの、それにも善悪の二者がある。例えば石川五右衛門《いしかわごえもん》のごときは、悪い意志の鍛錬を経たもので、悪事にかけてはすこぶる意志の強固な男であったといって差し支えない。けれども意志の鍛錬が人生に必要だからとて、何も悪い意志を鍛錬する必要はないので、自分もまたそれについて説を立てる訳ではないが、心の常識的判断を誤った鍛錬の仕方をやれば、悪くすると石川五右衛門を出さぬとも限らない。それゆえ、意志鍛錬の目標はまず常識に問うて、しかるのち事を行うということが肝要である。こうして鍛錬した心をもって、事に臨み人に接するならば、処世上過誤なきものといってよろしかろうと思う。

習慣性を養成せよ

かく論じ来たれば、意志の鍛錬には常識が必要であるということになってくるが、常識の養成については別に詳説してあるから、ここには省くとしても、やはりその根本は考弟忠信の思想に拠《よ》らなければならぬ。忠と孝とこの二者より組み立てたる意志をもって、何事も順序よく進ませるようにし、また何事に依らず、沈思黙考して断決するならば、意志の鍛錬において間然するところは無いと信ずる。しかしながら事件は、沈思黙考の余地ある場合にのみ起こるものでない。唐突に湧き起こしたり、さなくとも人と接した場合なぞに、その場でなんとか応答の辞を吐かねばならぬことが幾らもある。左様いう機会にはあまり熟慮しておる時間が無いから、即座に機宜を得た答えをしなければならぬが、平素鍛錬を怠った者には、その場に適当なる決定をすることが、ちょっとでき難い。従って勢い本心に反した結末を見なければならぬようなことになる。ゆえに何事も平素において、よく鍛錬に鍛錬を重ねておかなくてはならぬ。常に心掛けをそこに置き、意をもっぱらにして事に当たるならば、遂には意志の強固なことがその人の習慣性となりて、何事に対しても動ずるの色無きを得るに至るであろう。これ実に、余が意志鍛錬の工夫である。（六六）

克己心養成法

「己に克《か》って礼に復《かえ》るを仁《じん》となす、一日己に克ち礼に復れば天下仁に帰す、仁をなす己によりて人によらんや」と論語にあって、克己はすなわち仁をなすの原動力、仁は自己がなさんと欲するより行い得るものにて、決して他人によるものでないとの意を述べ、明確に

「克己」の二字に解説を与えてある。論語以外にも克己について、説いたものは、たくさんあるであろうが、余がこの意義を知ったのは、主として論語のこの章に拠ってであった。

「己」とはなんぞや

さて「克己心」とはなんであるか。言うまでもなく「己に克つの心」という意義に相違ないが、その「己」とは如何なるものであろうか。この解説が明確に立てば、従って「克己心」の意義もまた釈然たるに至るであろうから、余はまずこれについて考索してみたいと思う。四書の朱子の註《ちゅう》に「己」の意味を説いたのがある。それに拠ってみると、己とは自他の差別、すなわち他人と自分ということではなく、物我の己である。由来、人の性には本然の性と気質の性とがあるもので、本然の性は人に対して万事善意に解釈する方だが、気質の性は人をすべて悪意に見る方であると述べてある。朱子のこの説は、張子が気には清濁の二者あるものだとて、本然の性、気質の性の論を立てたのを祖述したのである。およそ人は居常物に対して平和静寧を保つものであるが、そこに何か異なった事件が勃発《ぼっぱつ》するときは、七情が波のごとく動いてくる。これすなわち本然の性を失った者といってよろしかろう。「己」とは丁度この場合の自己を指していったもので、利他とか、利己とかいう時の「己」ではない。もし「己」が左様いう意味のものでなく、自己を標的として他に対する場合の「己」なら、「己」は君子にもあり、聖人にもあるはずである。ゆえに「己」

とは朱子のいわゆる物我の己であって、自他の己ではないと解釈するがよかろうと考える。

克己と意志の力

「己」は物我の己であるとすれば、克己心とはすなわち物我の己に勝つ心である。物我の己を制して常に本然の性に、立ち還《かえ》らしむるのである。してみると、克己にもっとも必要なるものは強固なる意志の力で、この力を善用すれば常に克己はできるわけである。しかしながら、ここに注意しておかねばならぬことは、人の性として多くの場合、非を知りてこれを改めるものではあるが、ある場合には、意志の強過ぎるために非も過もそのままに押し通すことがある。例えばこれは非行である、これは過ちであると知っても、意地張りづくで理を非で通し、過ちを知りながらやり抜くようなのがそれであるが、如何に意志の力が必要であるとはいえ、左様いう意志はかえって害になるのである。非であるなら速やかに善に改め、過ちと認めたなら即座にこれを正して、本然の性に引き直す意志の力であってこそ、初めて克己心にとって大切なものとなるのである。

一言にしていえば、克己もさまで至難ではないように思われるけれども、人はともすれば朱子のいわゆる気質の性に勝たれやすいもので、得手勝手とか、手前味噌《みそ》、自分免許、自惚《うぬぼれ》高慢、自負わがままなぞと、種々の悪癖がそこに妨害を試みる。ゆえに行きがかり上、己の非を知りながら、強い意志の下に自己の仕打ちがよくなかったと、明確に是非の判断を下すことは難しいものである。孔子が、克己の窮極は仁に帰するものであると説いたのは、克己の容易になし難い所以《ゆえん》を知るに足るもので、その如何に高遠なるものであるかが解るであろう。かの福地桜痴氏が、孔子はこの問答において大乗教を説いたと喝破《かっぱ》したのも、いささか形容詞に過ぎたるの嫌いはあるが、論語に表れたる仁の一字の解釈がすこぶる高尚であるからこそ、かくのごとき説も自然できたものと思う。とにかく克己に対する意志の力は、両々相離るべからざる関係を持つところのものである。

克己の必要

克己は実に上述のごとく、行いやすからざるものであるにも拘《かかわ》らず、事実は日常何人にもあり得べき事柄で、同時にまた必要なものである。早い話が、日常の出来事でも、酒を飲まぬ習慣を養いたいとか、煙草を禁じたいとか、朝寝を直すとか、その他幾多の性癖を矯《た》めるには、是非とも克己の力に仰がなければならぬ。ゆえに、克己は何人にも平素無ければならぬこと、守らねばならぬこととなっておる。孔子が「己に克って礼に復るを仁となす」といわれてある言葉に対し、恐らく何人も異論を挟む者はないであろう。ただし、ここに礼というのは、今日のいわゆる「礼儀作法」というように狭められた意味のものではない。礼記に拠ってみれば、心より出る方のことは別として、外形に表るる仕方はみな、この礼の中に入れてある。ゆえに心の善からぬ発動を押さえ、過ちに克ち、礼儀に基づいて動作を完全にするならば、天下は期せずして仁に帰するに相違ない。ここにおいてか初めて克己心の完成となり、かつその必要なる所以が具体的となるのである。

克己心養成法

しからば克己心は如何《いか》にして養うべきか。言うまでもなく、これは日常の注意に俟《ま》つよりほかはない。すなわち平素悪は必ず改め、善は必ず行うの心掛けが必要である。人の七情は、物に応じ人に接して時々働くものである。喜ばしいとか、腹が立つとか、悲しいとか、楽しいとか、それらの心の動きは、すべて七情の動きであると古人は説いておるが、余はこの七情の動き方が、一々道理に協《かな》い、節に中《あた》るようになるのが克己心の修養されたものであると思う。しかし、これがなかなかの難事で、口にこそ左様はいうものの、実際に処しては容易にできるものでない。従ってこれを行わんとするには、常に何か心の標準となるものが無くてはならぬ。例えば聖書とか、仏典とか、あるいは儒教とかいうものに依《よ》り、キリストの道をもってわが心の規矩《きく》とする、釈迦の説を引いて自己の準縄《じゅんじょう》にする、乃至《ないし》孔孟の訓言に依って行為の標的を定めるというようにすることが必要である。かくすれば、ただちに地人の物を欲しがるは悪い、己に諂《へつら》う者を愛するはよくないなど、一切のことに対し誤らざる批判を下すことができる。従って、その批判に基づいて七情を働かせるならば、ここに過誤なき行動を得るに至るであろう。かくのごとくして人々みなその節度を得るならば、自ら社会も発達し、国家も進運に向かうことは疑うべからざる必然の結果であると思う。

余の経験

さらに約言すれば、克己心を養成するにあたってその根元となるものは、七情がその節に中るという一事に帰着する。七情が節に中れば、善悪正邪の別は自ら判然する。しかして、その七情が節度を得るの工夫としては、常に自ら守るところの模範が無ければならぬ。従って、耶蘇教や仏教乃至儒教が世に行わるる所以であるが、余のごときは常に何事も論語に依って、その判断を俟つのである。すなわち怒る時、楽しい時、人と交わる時、倦怠《けんたい》の心を起こした時、心に邪念の生じた時、何時もただちに心の標準たる論語の訓言を思い、しかして、それらに適応する章句を考えて、心神をあるいはこれに決行し、あるいはこれを拘束する。しかもこの方法が非常に偉力あるもので、余をして今日あらしめた所以は、けだし論語に訓育された点が多きにおるのである。

論語の教義が一々節度を得ておるものであるということは、今さら余がここに喋々《ちょうちょう》するまでも無いことで、誰人でも論語の各章を読むものの、必ず思い当たるところであろうと思う。このゆえに、自分は論語をもって心の標準としてきた訳であるが、しかし余は何人にも必ず論語をもって、これが標準を定めよと勧める者ではない。ある人はバイブルを好むであろう、またある人は仏典を信ずるであろう、それらの標準とするものについての、とかくは言わぬが、ただ心の標準となるべきあるものを定め、それに拠《よ》って行為の向かうところを決定することが、克己心を養う上に偉大の効果あるものであるというだけは、断言することができる。要するに、人が世に処するにあたっては、必ず事々物々に応じて必ず七情の動くものであるが、これがその節に中るようにすることを心掛けるがよい。ややもすれば、人の心にはわが意が伴うて、節に中るべきはずのことを中らぬように外らせるが、その中らぬのを中らせるようにすることが克己心であるから、この細微の心的作用を謬《あやま》らぬようにしたいものである。「人心それ危うく、道心それ微なり」と書経にもあるごとく、今や道徳的観念は日に日に頽廃《たいはい》し、世道人心は靡然《びぜん》として、私利私欲《しよく》にのみ盲従せんとする傾向が見える。しかして、かくのごとき病弊の救療剤としては、克己心の力に俟つよりほかないと思うから、世の志ある士は、よろしく国家の進運、社会の発達のために克己心養成に力を注がれたいものである。（六七）

元気振興の急務

元気地を払うて去る

このごろ、社会の上下一般に元気が銷沈《しょうちん》して、諸般の発達すべき事柄が著しく停滞してきたようである。これは要するに、社会がやや秩序的になったとともに、人々が何事にも慎重の態度をとるようになってきたから、その余弊としてかくのごとき現象を見るに至ったことであろう。しかしながら、余が甚だ腑《ふ》に落ちかぬることは、元来意気の旺盛《おうせい》なるべき壮年の人が、ややもすれ因循姑息《いんじゅんこそく》に流れ、ただ従事することに過失のないように、その日その日を無事に過ごされさえすれば、それでよいという傾向のあるのは、国家社会にとって、もっとも痛嘆すべき現象ではあるまいか。もとより沈着も必要である。慎重の態度もとらなければならぬ。多くの場合に軽佻浮華《けいちょうふか》なる態度、飛突奇抜《とっぴきばつ》なる行動は避けなければならぬが、現在わが国の情態では、いまださまで沈着や慎重を尊ぶべき時代ではない。わが国の有様はこれまでやり来たった仕事を大切に守って、間違いなくやって出るというよりも、さらに大いに計画もし、発展もして、盛んに世界列強と競争しなければならぬのである。今や列国の状勢に徴するに、彼らが日進月歩の有様であるにも拘らず、わが国はおくれて開国しただけに、万般の事物が一歩後におる。そのおくれておるわが国が先進国に劣らぬだけの競争をするには、彼らよりも一倍の元気、十倍の奮励が無くては叶《かな》わぬはずである。それであるにも拘らず、一般世人の元気は日に銷磨《しょうま》し、これを二、三十年前に比すれば人心が甚だしく退嬰的《たいえいてき》になっておるのは、国運の発展上悲しまねばならぬ有様ではないか。

この秋にあたって実業家はもちろん、その他一般国民は大いに元気振興に力を用い、もって国運の発展に資せなければならぬのであるが、近来の傾向はかえってこれに反し、ややもすれば政府万能主義を叫び、何事も政府に依頼せんとするの風がある。また政府にも各種の事業を官営となさんとするの傾きが見えるのは、如何なる理由であろう。政府が好んでこれをなさんとするのか、そもそもまた一般の趨勢《すうせい》がこれを余儀なくせしむるのか、とにかく政府万能という調子が各方面に現れておることは、争うべからざる事実であろうと思う。しかのみならず、政府は日に月に繁多の法律命令を発布し、一も法律二も命令と、なんでも世の中をきわめて窮屈のものにしておる。従ってこれを行う役人も、ひたすら法律の規定、法規の命ずるところに反かなければ能事終われりとなし、さらに自己の常識による本能をもって、事を処するというがごとき活動力が乏しい。こんな風に何事もやってゆくのであるから、個人の元気は次第に薄らぎ、難事はすべてこれを避け、政府の官吏もまた法律の規定に拘泥し、自己の責任をもって百事を断行することなぞは、ほとんど無いという風になり、遂に世を挙げて元気地を払うて去ってしまうことになる。かくのごとき傾向が今後もし、なお継続するとしたら、如何にして事業を発達せしめ、国運の開展を企つべきか。真に憂慮すべきは国民の元気銷磨の一事である。

元気旺盛なりし維新前後

今より四、五十年前、すなわち維新前後における人々の活動に比するに、その元気において実に天地の差がある。維新当時の人々の元気旺盛なりしは、真に目覚むるばかりで、かの薩長の両藩を連合して維新の大業をなした元老諸氏のごときは、今人の夢想だも及ばぬ勇気を持っておったのであった。元来三百年という久しい歴史ある徳川幕府を、一朝にして倒さんとするの意気は、壮烈といわんよりも、むしろ無謀に近いものであった。しかしながら猛然として起《た》ち、敢然としてこれを決行した。到底今人のもって摸《も》する能《あた》わざるものである。現時、日本帝国が世界列強国と相伍《そうご》して下らざるに至ったほどの発達も、けだしこの元気が無かったなら、恐らく覚束《おぼつか》ないものであったであろう。例えば余のごときも左様であるが、今日こそ第一銀行に自由勤務で、他の人々に比すれば精勤とは言えぬけれども、昔からこうでは無かったのである。もとより、維新の革命に尽瘁《じんすい》せられし先輩諸氏の辛苦などには企及すべくもあらざれど、自分が初めて第一銀行を創立したころは、自ら小使にもなれば書記にもなり、また頭取の役も勤める、身一つをもって万般の事に当たったものであった。だから時には二晩や三晩徹夜するくらいに多忙のこともあったが、それでも自分はさまで疲労も覚えなかった。ことに余は、その当時の自分にとっては、もっとも前途有望と言われし官途を辞し、海のものか山のものか分からぬ実業界に入ったのは、ある意味から見れば酔興《すいきょう》としか見えぬくらいで、無謀もまた甚だしいことであった。今日でこそ銀行といえば、何人もよくこれを了解しておるけれども、そのころの社会では、いまだ銀行とはなんであるか、その性質さえも判然しておらぬほどであったから、余が第一銀行創立の計画を立て、三井小野両組を説いて二百五十万円の資本を集めたことは容易ならざる苦心で、ほとんど筆紙に尽くし能わざるものであった。しかして、当時余がそれらの苦心を忍び、万艱《ばんかん》を耕してこれが計画を断行したのは、一に国家産業の発展を念としたからではあったが、むしろ大胆の一語がよくこれを評してあまりあることで、その中には随分突飛なことも、また危険千万のこともたくさんにあった。それにも拘《かかわ》らずこれをやり上げたのは、ただ一片の精神によったことと、自ら信じて疑わぬのである。

要するに、維新以来の事業は何人に限らず、何事に依らず、みな非常なる元気をもって計画されたもので、もちろん、多数の中には失敗したものもあったには相違ないが、その成功したものの一因は、やはり元気と精力であったと思われる。当時一般社会の人々の頭脳中には、「わが国は欧米諸国に比して大いにおくれておる。一日も早く、彼らに追い付かねばならぬ。如何《いか》なる困難を排しても、彼らと対等の地位に進まねばならぬ」ということが深く刻まれておった。従ってその行動には活気旺溢《かっきおういつ》し、その計画は進取的であったが、果然この進取的が今日の発達を助けたのである。

無気力なる青年を誡む

余は今日の壮年青年に、かくのごとき元気を持ってもらいたいと切に希望するものである。早熟早老は決して青年の学ぶべきものではない。願わくは維新当時における先輩の気象を継承し、もって国運発展の急務に資せられたいものである。かく言う余はすでに老人である。普通ならば猛進する青年に対して、「もう少し沈着にせよ」と説かねばならぬくらい地におる者である。のみならず青年側からいうても、老人が懸念するほどに元気を持っておらねばならぬはずであるのに、今の青年はかえって余ら老人から「もっと元気を持て」と反対な警告を与えねばならぬようになっておる。若く老人が見てさえも、満足のできないほどに現代青年が無気力であるのだから、余は反対に老人側から見たる青年が、むしろ危険と思われるくらいに活動的なることを希望して止まぬのである。

もっとも、危険と思われるくらいというても、余はあえて乱暴なる行為や、投機的事業をやれと勧めるものではない。堅実なる事業についてどこまでも大胆に、剛健にやれというのである。かくのごとき点には、とかく保守的に流れやすい老人をして、あまりに進取的なる剛胆のやり方に危険を感ぜしむるまでやって、差し支えないと勧めるものである。例えば、一度見込みある事業としてそれに着手したら、百折屈せず万折撓《たわ》まず、その目的を達しなければ止まぬだけの、決心をもってやるようにしたいものである。前にも述べた通り、今日の時代はただ従来の事業を謹直に継承してゆけばよいという場合ではない。換言すれば、日本の現状は守成の時代でなく、いまだ創設の時代である。すなわち万難を排し艱苦《かんく》に堪え、諸般の事業を創設発展せしめなければならぬ時である。それにも拘らず人心は日に萎靡《いび》し、国家の元素たるべき青年の元気は日に衰退してゆく。この間にたまたま危険と思われるくらいのことをなすものがあっても、それらの多くはむしろ悪事をなす方で、道徳上はた法律上の罪人となるに過ぎない。余がいわゆる危険と思わるるまでの活動をなすもの、すなわち真の元気あるものは、遺憾ながら甚だ乏しいのである。現今の趨勢に鑑《かんが》みてかくのごときものが果たして青年の本領であろうか。

憂国の士は猛省せよ

今日をもってこれを維新当時に比較すれば、社会百般の事物は著しき進歩を遂げ、学問は大いに発達しておる。この間に介在して、旺盛なる元気を持して事に当たろうとすれば、昔の人より遥《はる》かに勝れたことが出来得らるるはずである。かくのごとく四囲が進歩発達を遂げておるにも拘らず、これを運用する人の気力はかえって退歩して、今人はただ古人の足跡を踏襲することに意を用うるばかりで、進んで古人を凌駕《りょうが》し新開拓をしようとするようなものは、ほとんど無くなってしまった。ただし、この現象には多少教育普及の力も与かっておることであろうと思う。というのは、今日の教育方法は、各人を一様一整頓《せいとん》に進ませるという機械的のやり方であるから、その中に非常な劣等者の出ない代わりに、また非常に卓絶したものも無い。同一能力の人間を作りたいという方針の結果として、多少人物を小さくしたという傾きがあろうと思う。この議論は、余がしばしば繰り返したところのものであるが、何しろ左様いう教育の結果、昔は多数の愚者の間に一人の優れたものがあれば、その人は卓然として群を抜いたのであったが、今日はかえって多数がその一人に接近し来たり、各人一様に智の程度が進むようになったから、一人の偉さがさほど目立たなくなったという点もある。しかしながら全般からこれを観察するも、元気の薄らいだことは争われぬ事実である。もし果たして、今後かくのごとき現象が長く継続するとすれば、そは容易ならざる一大事で、わが国運の発展はここに停止するものと思わねばならぬ。ゆえに余は、まず今後の社会を組織せんとする青年に向こうて奮励を求むると同時に、彼らの先輩たる壮年者もまた大いに自ら元気を振興し、もって青年の元気を鼓舞するよう努力することが、刻下の急務であろうと思う。余は切に、天下のこの感を同じゅうするものの勇往邁進《まいしん》を促す次第である。（六八）

勇気の養い方

ここに余は勇気鼓舞の方法を説かんとするにあたりて、まず勇気とは何者であるかを研究し、おもむろに必要論より鼓舞策に説き及ぼすことにしようと思う。

儒学の教うる勇気

さて勇気とは果たして如何なるものであろうか。「中庸」に「学を好むは知に近し、力《つと》め行うは仁に近し、恥を知るは勇に近し。この三者を知れば、すなわちもって身を修むるところを知る。もって身を修むるところを知れば、すなわちもって人を治むるところを知る。もって人を治むるところを知れば、すなわちもって天下国家を治むるところを知る」とあって、「勇」もその理を推し広めてゆけば、「知」「仁」とともに天下国家を治むるの素因となると説いてあるが、こう見れば「勇」の範囲もなかなか広大なものとなっておる。また「論語」には、「義を見て為《せ》ざるは勇無きなり」とか、「仁者は憂えず、知者は惑わず、勇者は懼《おそ》れず」というて、これを君子の行う三つの道としてあり、さらに「仁者は必ず勇あり」とも述べて、「勇」はほぼ「仁」と同様の値あるものとしてある。あるいは「由や勇を好む我に過ぎたり」と、子路が勇気のあり過ぐることを戒められた言葉なぞのあるところより察すれば、そのありあまってはいかぬという点が、仁なぞとは大いに趣を異にしておることが知れる。それからまた、同じ『論語』中に、孔子が「われいまだ剛者を見ず」といわれた時に、ある人がそれに答えて申棖《とう》という男は剛者であろうといった。しかるに孔子は「棖や慾《よく》なり、焉《いずく》んぞ剛を得ん」というて、慾念あるものは剛者たり得ぬとの意を述べられておるが、勇はこういう場合には、また異なった意義に見ることができる。かくのごとく勇気の解釈は多様であって、どこまでを勇というのか、その限界を立てることは、なかなか難しい。そこで上掲の諸項を折衷してみると、理非の如何に関せず、わが心に思ったところをどこまでも通してやることが勇であるか、あるいは意見を述べる時でも事物に当たった際でも、こうすれば道理に当たるということなら、奮然としてその目的を達するというのが勇であるかというに、如何にも終局は左様言えそうである。

勇気とその弊害

しかしここまで論及するのは、あるいは勇に対して、やや過ぎたる解釈であるかも知れぬと思う。ただ勇気というのなら、きわめて軽い「いさむ」の意味に見て、成否は暫《しばら》く措《お》き、そのこれと認めたことなら、たとえ中途で錯《まちが》ったと気づいても、これを断乎《だんこ》として終局まで敢行するというのが、勇であるとみてよいようにもみえる。とにかく、角勇の真意義とその領域とを画然と決めることは、すこぶる困難である。孔子が勇を愛せられたということは、論語中の毎章を通じて、これを想見するに苦しまぬところであるが、しかし仁義なぞとは少しく違い、善と見れば進んでなすに躊躇《ちゅうちょ》せぬ気合いを勇と名づけたことであろうと思う。すなわち、これなりと認むるところに向こうては、必ずしもその成敗得失を考えておる暇なく、猛然としてこれを決行するが勇である。ゆえにある場合には、己の力に支えきれぬこと、例えば他人から攻撃される時のごとき、全然自己を忘れ、力をきわめてこれに抵抗するなぞも、やはり勇の範囲であろう。しかしながら、自己の腕力を恃《たの》みていわれなく人を打つとか、または何事も喧嘩《けんか》仕掛けにやるとかいうことは真の勇気ではなく、いわゆる匹夫《ひっぷ》の勇ということになってしまう。

とかく勇には弊害の伴うもので、悪くするとこの匹夫の勇という方になる。されば孔子も「暴虎《ぼうこ》憑河《ひょうが》、死して悔《くい》無き者はわれは与《くみ》せざるなり、必ずや事に臨みて懼《おそ》れ、謀《はかりごと》を好みて成さん者なり」と子路の蛮勇を戒められておる。その他、「勇にして礼無ければすなわち乱す」とか、「勇を好んで学を好まずんばその蔽《へい》や乱、剛《ごう》を好んで学を好まずんばその蔽や狂」とか、あるいは「君子勇あって義なくんば乱をなす」とかいうて、勇には「礼」「学」「義」なぞがこれに伴わなければ、その結果は何時も悪いものになると教えてある。ゆえに、勇気には常にこれを摂制するものが付随しておることが、肝要であることを忘れてはならぬ。

孟子の勇気説

孟子は勇気について色々様々に説をなしておる。なかんずく、かの浩然《こうぜん》の気を論ずるにあたって、まず心の不動を説いておるが、その中に勇を養うことについて、説をなしてあるもののごときは、勇に対してもっとも要を得た解釈であろうと思う。いわく「北宮黝《ほくきゅうゆう》の勇を養うや、膚撓《はだえたわ》まず、目《め》逃《まじ》ろがず、一毫《いちごう》を以《もっ》て人に挫《はずかし》めらるることを思うこと、之を市朝に撻《むちう》たるるが若《ごと》し。褐寛博《かつかんぱく》にも受けず、また万乗の君にも受けず。万乗の君を刺すを視ること褐夫《かっぷ》を刺すが若く諸侯を厳《はばか》る無し。悪声至れば必ず之を反《かえ》す。孟施舎《もうししゃ》の勇を養う所は、曰《いわ》く勝たざるを視るも猶《なお》勝つがごとし。敵を量《はか》りて而《しか》して後に進み、勝つことを慮《おもんぱか》りて、而して後に会するは、是《こ》れ三軍を畏《おそ》るるものなり。舍豈能《あによ》く勝つことを為《な》さんや、能く懼《おそ》るること無き而已《のみ》。孟施舎は曾子《そうし》に似たり、北宮黝は子夏《しか》に似たり。夫《か》の二子の勇は未《いま》だ其《そ》の孰《いずれ》か賢なるを知らず。然《しか》れども孟施舎も守《まもり》は約なり。昔、曾子、子襄《しじょう》に謂《い》いて曰く、子勇を好むか、吾嘗《かつ》て大勇を夫子《ふうし》に聞けり、自ら反《かえり》みて縮《なお》からずんば褐寛博と雖《いえど》も、吾惴《おそ》れざらんや、自ら反みて縮くば千万人と雖も、吾往かんと。孟施舎の守気は、又曾子の守の約なるに如《し》かざるなり」と。ちょっと長い文ではあるが、熟読すればなかなか味深き言である。この中の眼目とすべき点は、「自ら反りみて縮からずんば云々《うんぬん》」の一節にあることもちろんであるが、勇を養わんとするほどの人の心掛けとしては、かくありたいものである。すなわち自己に顧みて直くなければ一賤人《せんにん》にも憚《はばか》り、もし直ければ王公をも相手とせんというがごとき意気は、まさに勇の真諦《しんてい》に達せるものであろう。かの徒に、剣を按《あん》じて、彼なんぞわれに衝《つ》くらんやなぞと傲語《ごうご》するものは、言うまでもなく匹夫の勇に過ぎぬのである。孔子の勇を尊んだ所以《ゆえん》も、要するに前者にあることであろうと思う。されば真の勇気と匹夫の勇とを混同せぬよう、注意しなくてはならぬ。

勇気は処世上必要なり

さて勇気は人の世に処する上において、欠くべからざる一要素である。如何《いか》に人に智能の卓越したものがあっても、これを実地の問題に当てはめ、その智能を働かせる時に、側面から勇気の助勢が無ければ、多くは成就せぬものである。人が物事を知るという機能は、ただただ知りさえすればそれでよいか、これを知って行いに表すにあたり、もし心に意識しつつあることをまったく行い能《あた》わざるは、これ勇気の欠乏に起因するものであるといってよい。ゆえに世に立つ者は、常に勇気の必要に迫られつつあるので、なかんずく事業界に携わる者において、特にその必要が甚だ多い。されば人として勇気に欠くる者は、処世上の飢者と等しいものである。しかして、この勇気の必要なる場合について考うるに、それには静止的の場合と急激的の場合の二者があると思う。例えば、事業を起こす場合に必要とする勇気のごときは、沈思熟慮の結果からくるところの勇気で、すなわち静止的のものであるが、時にはそれと反対に急激の場合に勇気の必要を感ずることがある。かの「義を見て為《せ》ざるは勇無きなり」という言葉に応用さるる勇気のごときは、大抵急激に決断するの勇気を必要とする場合が多かろうと思う。一例を挙ぐれば、子供が危うく汽車に礫《ひ》かれんとするのを助けるというようなのは、単に惻隠《そくいん》の心だけではでき難いところで、その場合に臨み、惻隠の情に伴う勇気が無くては、そこへ飛び込んで助けるまでの行為はできないのである。こういう急変の場合に際すれば、沈思黙考してしかるのちに勇気を出すようなことでは間に合わない。孔子のいわゆる「仁者は必ず勇あり」で、勇ある仁者で無ければなし遂げ能わざるところである。とにかく人は、特に男子と生まれたる以上は、充分なる勇気を持ちたいもので、その中でも壮年時代には、一層勇気の漲《みなぎ》りおらんことが望ましいのである。ただし前にも述べた通り、勇気にはままそれに伴う弊害があるから、特に青年時代のごときは、その弊に陥らぬように注意しなくてはならぬ。青年時代に勇気あるものは、とかく客気《かっき》に駆られて暴行をやりたがるものであるが、勇を好んでその弊や乱というようになるならば、むしろ勇気はその人にとって害をなすこととなるのであるから、この点は深く慎まなくてはならぬことである。

勇気は如何にして養うべきか

次に本問題たる勇気の養い方について、少しく研究してみたい。いったい勇気はこれを先天的に享《う》けておる人もあるが、修養に依《よ》ってある程度まで得ることができる。しかしてその方法も形式的のものと、精神的のものとの二者に分かるるのである。形式的と仮に名づけたのは、主として肉体の方からこれを養うのである。その最良手段としては、柔道とか撃剣とかいう修行法が昔から存在しておって、勇気を養い胆力を鍛えるには、是非ともこれに拠《よ》らなければならぬくらいになっておる。元来、真に勇気ある人の外形的の資格としては、身体が飽くまで強壮に、しかして敏捷《びんしょう》の者でなくてはならぬと思う。身体柔弱の人では平生、その勇気を持続するに困難である。強壮なる身体を持った上に武芸の修業をしておくのが最上の策である。また一つの方法として、下腹部に力を込めることを平生心掛けるのも悪くない。それは何故かというに、人は頭の方へ重《おも》に気を奪われておると、何事にも動きやすいものであるが、それと反対に腹の方に力を注いでじっくりと考えれば、心もゆったりと落ち着いておられるから、勇気を養う上には少なからぬ効力のあるものである。古来の武術家の性格に徴するに、その態度は軽躁《けいそう》でないのに、挙動はすこぶる敏捷《びんしょう》である。態度の軽躁ならぬは心を丹田《たんでん》に据えておるからのこと、挙動の敏捷なのは平素の備えに欠くるところが無いためである。かかる点から論じても、下腹部に力を込めておることは、確かに効力ある一つの手段であろうと思う。とにかく、それらの修業を積むにしても、まず第一の要素は身体の強健にあるから、この根底から築いてかかることが肝要であろう。元来柔道は柔に受けて剛を制するところから、柔道と名づけたものであろうが、これとても如何に柔に受けるとしてからが、肺病患者ではどうすることもできぬ。ゆえに勇気を養わんとする人の外形的要件としては、よろしく体力を強健にし、しかるのち漸次に柔道なれ、撃剣なれ稽古《けいこ》することとしたがよろしかろう。

精神的修養法

外形的に修業を積むと同時に、内面的すなわち精神の方からも修養を重ねてゆくことは、勇気を養う者にとって閑却すべからざる方法である。精神的修養には如何なることがよろしいかというに、真の勇気を養うべき書物を読むとか、あるいはそれに関する説話を聞くとかがそれである。しかし書物もその選択を厳重にしなければ、かえって弊害を生ずるが、真正の意味における武勇伝なぞを読むが、一般にはもっともよろしいように思う。例えば、楠正成が湊川《みなとがわ》で敗戦すると知りつつも、進んで戦って潔く討死したとか、その子正行《まさつら》が父の遺訓を守って南朝のために誠忠を致したとか、または榊原康政《さかきばらやすまさ》が五百の小兵をもって長久手《ながくて》に秀吉の大軍を阻み、小勢なれども整いたる軍容に秀吉の胆をして寒からしめたとかいう、これらの伝記伝説は、いずれも真に心を養う用具になるのである。すべてかくのごとく沈勇とか、義勇とかに関した説話の書物ならなんでもよいが、同じ武勇伝中にも蛮勇、暴勇の方の側に属するものがあるから、よく前者と後者とを混同せぬよう、この選定に充分注意することを希望しておく。

最後に一言付加したいことは、折角苦心して養った勇気でも、その用途を誤って暴戻《ぼうれい》なことに、これを用いるようなことがあっては、なんにもならぬということである。世俗の諺《ことわざ》に「小人玉を抱いて罪あり」とか、「小児に利器を与えたようなものだ」とかいうことがあるが、一方、仁、義、智というような心の修養がこれに伴うておらぬと、玉や利器がかえって害をなすことになってしまわぬとも限らない。されば勇を養わんとする人は、平素この点にも注意を怠らず、飽くまでも勇気を有用に使ってもらいたいのである。（六九）

健康維持策

健康と精神との関係

自分は平生無病息災という体質でもないが、しかし古来稀《まれ》なりという七十歳を超しても、昔とあまり変わったことなく事務を執っておるから、健康という問題に向かって、多少の所見が無いでもない。もちろん自分は医師でないから、学術的健康法について喙《くちばし》を容《い》れることはできぬ。当節流行の複式呼吸がいいのか、サンドウの鉄亜鈴《アレイ》がいいのか、それとも冷水摩擦がいいのか、それらのことは自分にはほとんど解らぬが、しかしこれら学術的の方法以外に、精神上から割り出した健康法があるように思われる。

いったい人は気で持つ者で、気すなわち精神の作用如何《いかん》により身体はある程度まで左右されるものである。かの小心翼々《しょうしんよくよく》の人が何か難問題に逢着《ほうちゃく》した場合、夜分も眠れないとか、あるいは食慾《しょくよく》が減退したとかいって、ほとんど半病人のようになる者もあるが、これはすなわち身体が精神のために衰弱した好適例である。かくのごとく精神の力というものは実に恐ろしいもので、「病は気から起こる」という世の諺には真理があると思う。人は常に精神さえ確乎《かっこ》としておれば、身体もこれにつれて自然に壮健になるようである。自分も従来この点に大いに注意して、なるべく精神を沮喪《そそう》せしめないように、また何時までも気を若く持つように努めてきた。

江村専斎の養生説について

かつて『先哲叢談《せんてつそうだん》』の中に江村専斎《えむらせんさい》という長寿者のことの出ておるのを読んだことがある。この人は大坂落城時分から徳川三代将軍の治世まで生存し、百五、六歳の長寿を保って末年まで気は確かであったというが、ある時人から養生の事を問われたのに答えて、「養生に三寡《さんか》あり、色を寡《すくな》くし、食を寡くし、思慮を寡くす」ということを述べておる。しかし自分の考えでは、これだけの答えでは、いまだいい方が足りないように思う。何故なれば、およそ人間と生まれて肉体的に、はた精神的に愉快と感ずることを行うのが、衛生に害ありとはいわれまいではないか。もっとも、女色なり飲食なり節度を得ざれば身体に害あることはもちろんで、各人各自の体質に応じてその度合を量ることがきわめて肝要である。ひとり女色と飲食とに限らず、その度を過ごしてよいことは何一つある訳のものでない。

けれども第三の「思慮を寡くす」という一項については大いに研究に値するものがある。もし江村専斎の、いわゆる思慮の二文字が、字面にあらわれた通りに考案分別を意味するものとすれば、自分はこの説には全然反対しなければならぬ。人は高年になってからはただぼんやりしておれば、身体の保養になるように思われるかも知らぬが、もしも老人になってから思慮分別をまったく捨ててしまうと、壮健になるどころか反対に虚弱になってしまう。現今は大いに改良されたが、維新以前の社会には、いまだ相当に活動のできる春秋と健康とを有《も》っていながら、家督をその子に譲って楽隠居の身となり、悠々閑日月を楽しむという風が一般に行われておったものであった。こんな具合にしておれば、江村専斎のいわゆる思慮は寡かったに相違ないが、しからばそれらの人々が、果たして健康を保ち長寿を得たかというに、事実はまったく反対で、左様いう楽隠居の境遇におった者に、かえって死んだ人が多い。その身がもっぱら社会に立って活動しておったころには身体も強健、元気も旺盛《おうせい》であった者が、その子に世を譲ると同時にがっかり弱ってしまったという実例は、今日でも田舎にはたくさんにある。思慮を寡くすることが健康法に協《かな》ったもので無いということは、この例に徴しても判ることであろう。

健康の大敵

しかし江村のいわゆる思慮は、左様いう意味のものでなく、単に神経的の下らぬ心配、いわゆる愚痴婆心のごときものを意味するとすれば、余もまたなんら言うところはない。こういう下らぬ心配は、健康を維持する上に著しい障害をなすものであるから、でき得る限りこれを除かなければならぬのである。しからば如何にしてこれを除くべきかというに、学問を立脚地とした精神修養の力に竢《ま》つより外は無かろうと思う。元来、人生は不足がちなのが常で、満足というものは、むしろあり得べからざるものであると言ってよい。ここの道理を篤と考えて、不足や不自由を世の常事と悟ってしまえば、別に苦情も起きなければ下らぬ心配もない。すべてこういう風に精神の修養を積んで行きさえすれば、万事万端それで埒《らち》が明く。古人のいわゆる「夫《か》の天命を楽しみてまた何をか疑わん」という境地がすなわちそれで、こうなってしまえば一つも心を煩わされる物はなくなるのである。

ゆえに下らぬ心配はせぬ方がよいが、しかし真面目の思慮分別なら、たくさんに心を用いた方が健康のためには、むしろ薬である。前にも述べた通り思慮分別を捨ててしまえば、かえって身体も精神も著しく衰えるものであるから、なんでも楽隠居的な考えを起こさず、死ぬまで活動を廃《や》めないという覚悟が肝要である。昔日と違って今は老人とて、なかなか静止してはいないような傾向があって、現に余のごときもすでに四十歳になる子息を有っておるが、互いに別居して仕事も別にし、父子ともに負けず劣らず行っておる。ひとり自分ばかりではなく、こういう風にやっておる例は世間に幾らもある。とにかく何時までも気を若く持って、引っ込み思案をしないということが、健康には何よりの良薬であるように思われる。

余の実験

思慮分別を盛んに使った方がいいというは既設の通りであるが、それにもまた程度のあることは言うまでもない。徒に喜怒哀楽の情を恣《ほしいまま》にして、下らぬ事にまで一々神経を痛めるというようなのは、真の思慮分別でなく、百害あるも一利なき愚劣な仕方である。とはいえ、人はもともと感情の動物であるから、まったく七情を冷灰のごとくにして、いわゆる「枯木寒厳三冬にも暖気無し」というような境涯に安住する訳にはゆかぬ。多少心を動かされるのは当然で、動かされぬのがむしろ不思議といわなければならぬ。しかし、その動かされるにも程合いのあることで、その程合い如何によって人物に修養のあり無しが岐《わか》るる次第である。しかして、その程度を節する工夫は、すなわち学問に竢たなければならぬので、平生学問によりて精神を鍛錬しておくことの必要はここにあると考える。

余が壮年時代は元気もなかなか旺盛なものであった。忘れもしないが、三十一歳の時大蔵省に職を奉じておったころには、三日三晩一睡もせずに仕事をし続けたことなぞもあった。その時は井上侯監督の下に大蔵省の事務章程を作るのであったと記憶するが、何しろ各局とも何十条とある条文を、三日間にやり上げなければならぬ。しかも性急な井上侯の命令であるから、三日間の中、もし半日でもおくれようものなら、それこそ目から火の出るほど小言を言われねばならぬので、なんでも期日内に仕上げてしまうという意気込みで仕事に着手した。ところが、余とともにその仕事に取り掛かった連中は、二晩目には一人残らず兜《かぶと》を脱いでしまったが、自分ばかりは到頭押し通して、三日三晩まんじりともせず働き続けたが、その翌日になっても各別疲労を感じなかった。今は寄る年波で、とてもその時代の真似はできないが、しかし一晩くらいの徹夜はまだ平気なものである。若い人達が睡眠不足なぞというのが、かえって不思議に思われるくらいである。

余は医術を信ず

近年は余も時々病魔に襲われるところをみると、身体は確かに衰えてきたことと想像されるが、それでも病気というものを一向苦にしない。世俗にもいう通り「命と病とは別物だ」という意気組で、何でも彼でも精神的に、いわゆる気が勝っておるが、それとても余は、近来心霊万能論者の説くところのごとく、全然医療を信じないというがごとき愚は学ばない。精神の力すなわち気が健康を保持する上に欠くべからざる要素であるとともに、病体を健康体に復帰せしむるには、やはり今日のごとく進歩した医術に依頼しなければならぬと思うておる。それゆえ病気の時は、医師に対してはきわめて従順で、医師の言葉の通りになっておるつもりである。かく医療を信ずるということも、健康を保持する上においては、また欠くべからざる要件で、かの極端に心霊万能を主張し、日進の医術を価値もないもののように排し去る人々のごときは、やや常識外れの沙汰《さた》ではあるまいか。健康維持策として平素は精神の補助が必要であるとともに、病時医療の必要なることも忘れてはならぬことである。（七〇）

処世

服従と反抗

一言にして服従といい反抗といえば、前者は善意に解釈され、後者は悪意に見做《みな》さるるようであるが、服従必ずしも善意ならず、反抗必ずしも悪意ならざる場合がある。故に余はここに服従と反抗の二者について、少しく説をなしてみようと思う。

さて服従とは如何《いか》なることか、これを解釈すればなかなか広い意味のものとなる。すなわち人に使われる者が、主人もしくは目上の人の言に服すること、子弟たるものが父母または教師の訓育に従うこと、家族が家長の命令に従いまたは家法を守ること、大にしては国民が国憲を重んじ国法に従うことなども、この意味に含まれるものであろうと思う。してみれば、人には必ず服従が無くてはならぬものである。しかしながらこの服従も、是非の分別なく一も二もなく人の説に同意したり、または阿諛《あゆ》諂諞《てんぺん》のごときは、あまり珍重すべきものとは思われぬ。それと反対の反抗という言葉は、聞くさえなんとなく悪感にうたるるようであるが、これとても、またある場合には必要のことがある。例えば、一家の従僕としてその主家の無道家法の不公平に対し、正当なる道理によりて反抗をしたために、禍《わざわい》を覆して福となし、悪を改めて善となすことができたとすれば、反抗決して悪事ではない。ゆえに服従必ずしも可ならず、反抗時にとっては欠くべからざる要具となる。

服従の意義

およそ服従といえることは、大にしては人民が国法に従い、小にしては従僕が主人に対して従順なる、すべてこの中に含有される訳で、もし一朝それらの常道を失うたならば、国家には法が行われず、社会には主従長幼の序を紊《みだ》し、家庭には円満平和を欠くに至るであろう。されば服従すべき位置におる人は、必ずこの道を守るが自己の義務であると心得るがよい。

ただし服従に対しても、その長上の命令が善なるや、悪なるやについては常に考慮せねばならぬ。しかしてこれがまた、すこぶる難しいものである。総じて長上の定める掟《おきて》が適当完全であればよいけれども、人間万事一々良規を定めることは到底不可能であるから、ややもすれば杓子《しゃくし》定規でゆかねばならぬこともある。例えば長上が、暑い時に蒲団《ふとん》、寒い時に団扇《うちわ》を持って来いと命令せぬとも限らぬ。また庭の真ん中へ井戸を掘れといわれても、旦那《だんな》の言葉なら背く訳にゆかない。水戸《みと》の義公《ぎこう》は「主と親とは無理なるものと知れ」といわれたるごとく、服従すべき側の者から考えると、とかく長上は無理をいうように思われる。しかしてかくのごときは、道理より推せば間違いであるかも知れぬが、国法を定め家憲を立てる上には、絶対的の服従もこれを認めてかからねばならぬ場合があるから、義公のごとき賢者でもなおかつ、かかる言葉を遺《のこ》されたものであろう。

反抗の意義

さて服従が前説のごとく必要であるならば、反抗はそれだけ不必要のものでなければならぬということになるが、しかし如何なる場合に処しても、長上に服従するは、その長上を深く敬愛するためであるとすれば、もしその指揮命令が道理に適せずして、長上に不為なりと思惟《しい》する場合には、反抗の必要もそこに生じてくる訳である。況《いわ》んやその反抗は家にとりて災害を去り、国にとりて擾乱《じょうらん》を防遏《ぼうあつ》することたるにおいては、反抗もまた大いに有益なものといわなければならぬ。しからば、反抗を必要とするは如何なる場合かというに、それはちょっと明示に苦しむことではあるが、先決問題として、まず法と情との二者の区別からして懸らねばならぬ。法の上から論ずる時は、長上の命令は絶対的に服従しなければならぬが、情の方からいう時は、たとえ長上の命令でも、道理に背きたることとならば、これに反抗しなければならぬこともある。しかしながら長上に対して反抗が行わるるとするのは、それこそ事態における変である。この変が常になし得るものとせば、その窮極は主従上下の差別もなくなる道理だが、左様いう結論となる反抗は決してよろしくない。ゆえに反抗には法と情との合理的の差別が大切で、この差別を誤るときは反抗の価値を失するのである。

例をもってすれば、かの赤穂《あこう》四十七士は今日、忠臣義烈の亀鑑《きかん》と賞《たた》えられておるが、その行動を解剖してみれば、情においては反抗して吉良義央《きらよしなか》を殺したが、法には乖《そむ》いた行為である。これより以前、もし幕府が両成敗をしたなら、あんな結果には陥らなかったであろうが、浅野長矩《あさのながのり》が殿中における抜刀の違法を責めて、事ここに至らしめた義央の罪をば問わなかったので、忠臣たるものは君のためにこの恥辱を忍ぶことができぬとして、遂に法を犯して復讐《ふくしゅう》した。つまり、義士らは情のために法を犯して反抗を試みたけれども、二百年後の今日に至るまで、忠臣義士といわれておるのは、反抗が合理的であったからである。ゆえに一方が悪いときは反抗の価値が絶無ならざるのみならず、非常に悪い場合には、反抗がかえって大なる必要を感ずるに至るものである。

桜田義挙に対する判断

さらに一例をもってすれば、万延《まんえん》元年三月大老井伊直弼《いいなおすけ》が桜田門外で水戸浪士のために斬殺《ざんさつ》されたことのごときもそれである。この事件はもとより、赤穂義士の虚とは違うが、反抗の極みここに到ったという点は相一致しておる。しかして、彼らを賊とするか義士とするかは議論の岐《わか》るるところで、井伊大老の処置が残賊であるとすれば、彼らは義士であるが、もし井伊大老は、正当の仕方であるとすれば賊の名を蒙《こうむ》らねばならぬ。元来彼らの論ずるところに依《よ》れば、幕府が外国に対するは一国の大事である。将軍の職にある者が天子の命令を奉じて、その事を決するのが当然の仕方であるのに、これを聞こうともせずして外国に返答したのは、井伊の仕方が悪いのであるといった。しかるに井伊大老は、幕府の政治に対しては一々朝廷の命を奉ずるに及ばずとの趣意で、遂に外国と仮条約を締結した。この専断の処置を見るや、当時の有志家は口をきわめて、その横暴を論じて世上がなかなかに喧《やかま》しかったので、井伊大老は俄《にわ》かに近衛《このえ》、鷹司《たかつかさ》等の公卿《くぎょう》を罰し、天下の識者浪士等を捕縛し、橋本《はしもと》左内《さない》、頼《らい》三樹《みき》三郎《さぶろう》、吉田松陰《よしだしょういん》、梅田《うめだ》源次郎《げんじろう》その他数名の志士を一網に打ち尽くしたから、慷慨《こうがい》家はいよいよ井伊大老の暴戻を憤った。しかして、この上になお一議論の起こったのは、幕府へ攘夷《じょうい》の賜勅《しちょく》があったと同時に、水戸藩へも勅諚《ちょくじょう》を下されたのに、幕府は水戸藩にこの勅諚を返上致せと命じたが、水戸藩はこの命令に従わなかった。しかるに井伊大老は、かえってその命令に反抗する者を捕縛して罰したから、水戸藩士は承知せず、法にては幕府に服従しなければならぬが、情において反抗を余儀なくされて、遂に十八名の決死隊が申し合わせ、上巳《じょうし》の登城を機会とし、白昼桜田門外において井伊大老を斃《たお》すに至った。しかして、この十八名はその際に討死し、またはその後に至りて戮《りく》せられたけれども、当時の賊徒かえって明治の今日は志士と目せられ、招魂社《しょうこんしゃ》に合祀《ごうし》されたり、あるいは贈位された者が多い。のみならずこの一挙は、後人が桜田義挙《ぎきょ》と称し、最近において鏡川岩崎英重《きょうせんいわさきひでしげ》氏は『桜田義挙録』なる一書を著して、彼らの義挙を永遠に伝えんと企てた。福本日南《ふくもとにちなん》氏のごときは、この書に序して、服従はある場合にはできぬものだという意味に論じておる。

反抗の極致

前に述べた二件は反抗の極端なるものなれば、普通の例とすべきにはあらざれども、総じて服従は道理正しきをこれとするがゆえに、長上に対すればなるべく服従して間違いなきものであるが、しかしこの間にも是非善悪を判別する必要がある。しかして、その結果は長上の命に無道のことあれば、反抗の必要も認めてくることになる。けれども反抗には、もっとももって注意を要するものにて、苟《いやしく》もその長上をして怒らしめず、また争論に及ばぬ範囲において、これを改善せしめるようにせねばならぬ。すなわち反抗するとも反抗の模様を表面に露《あらわ》さずして、円滑に改善せしめたいものである。もしそれを表面に露さずして、事実に行い得らるるということき方法があるならば、それこそ反抗の極致といってよろしかろう。しかしながら、それには平素の赤心と誠意とが必要である。事が起こった時、俄かに左様しようと思うても、平生の心掛けがよくなければ、その功を奏することは難しい。それに反して平常赤心あり誠意ありて事に当たっておるならば、いざという場合にそれが非常な力となって自分を助けてくれるものである。もし果たしてかくのごとき方法の下に成し得るならば、必ず反抗を行い得るに至るであろう。大舜《たいしゅん》は善己に同じきときは己を捨てて人に従うたという。反抗の場合とても、どこまでも我意を貫こうとすれば執拗《しつよう》となる。ゆえに日常のことは無我の間に長者の言を聞き、もしその中に後来大事に至るようなことがあったら、それのみに対して反抗するがよい。つまり、反抗は已《や》むことを得ずしてこれをするものでなければならぬことと思う。自ら進んで平地に波瀾《はらん》を起こすがごときこと、または訐《あば》いて直となすがごときは、君子人の決して与《くみ》せざるところである。（七一）

独立自営

福沢先生の独立自尊を駁す

惟《おも》うに、独立自営という言葉には二様の意義があろう。その一つは社会を相手にして考えた場合と、他の一つは自己のみを主として考えた場合とである。如何《いか》なる場合においても、依頼心を出すことは善くない。何事にも独立的精神、自営自治の心を持たなくてはならぬのは、もちろんである。けれども第一の場合のごとく、社会国家というものを向こうに置いて、極端なる独立自営の心を持ってゆくのは如何いうものであろうか。かかる場合から推究すると、かの福沢諭吉《ふくざわゆきち》先生の唱えられた独立自尊というがごときは、あるいはあまり主観的に過ぎておりはせぬかと思う。余は前説「人生観」中にも論じたごとく、人はこの世に処するにあたり、すべてその心を客観的に持たなくてはならぬ。主観的にのみこの世の中を見るならば、その人一人のためにはなるかも知れぬが、遂に国家社会というものを如何ともすることができなくなる。ただし人は老若男女の別なく、すべて君子賢人ばかりであるとすれば、この主観的主義も弊はないであろうが、もし世人が聖賢でなくて、自己以外を顧みるの必要はないという結論に帰着するならば、いわゆる奪わずんば飽かずというまでになってしまうであろう。人心が果たして左様なったとすれば、その極端なる結果は恩人も忘れ、知人も捨て、愛する者をも去って恬然《てんぜん》たるに至り、遂には反抗侮辱、罵言《ばげん》、嫉妬《しっと》というような、あらゆる醜悪なる行為は遺憾なく羅列されるであろうと思う。ゆえに余は、人生に処するの道は単一なる「自我」とか「己」とかばかりではいかぬ、これを客観的に見ることの安全なるを思う者である。すなわち、自己はできる限りその智能を磨き、世に立って人の世話にならぬはもちろん、国家社会のために尽くすことを主としなくてはならぬものだと思う。孔子は「身体髪膚《はっぷ》これを父母に受く、あえて毀傷《きしょう》せざるは孝の始めなり。身を立て道を行い、名を後世に揚げ、もって父母を顕《あらわ》すは孝の終わりなり」と訓《おし》えられておるが、これも子細に考察すれば、名を後世に揚ぐるはひとり一身のためのみならず、必ず国家社会のためになるので、やはり客観的人生観を意味したものといってよかろう。

客観的独立自営に賛す

余は客観的に人生観を立つるものである。ゆえに、独立自営ということも主観的には見たくない。すなわち社会に対して自己を見る場合は、どこまでも社会と自己との調和を考えなくてはならぬ。国家社会は如何なろうとも自分さえ利益すればよいとか、自己に有利なる方法のためには、他人に如何なる損害を与えようとも顧みぬとかいうがごときは、余の断じて与せざるところである。しかしながら、自己の精神、あるいは社会から全然引き放したる自己に対しては、飽くまで独立自営の心を養わなくてはならぬ。西哲の金言中に、「人は自己の額の汗によりて生活するものなり」「天は自ら助くるものを助く」などあるのは、きわめて短語ではあるが、個中の消息を言い尽くしたものだと思う。

すべて人たる者が各自に働いて生活を立てるならば、その人一人の幸福たるのみならず、社会もまた甚だ平和にして幸福なるものとなるであろう。自ら努力黽勉《びんべん》する者に対しては、天も必ず幸福を与えるとはこの意味を道《い》うたもので、たとえ天が幸福を与えずとも、かかる種類の人は自ら幸福を招致するのである。ゆえに人は独立的精神を持ち、一切の依頼心を放擲《ほうてき》し、自営して出るの覚悟を懐くことは、自己一人にとっては欠くべからざる要件である。けれどもこの心掛けは、ちょっと誤解されやすい。独立自営の意味を、「他人の世話にならずに、自分のことは一切自分一人でやって出よ」というだけのことに解釈すれば難はないが、ややもすればそれを曲解して、独立自営とは「我あるのみ」とか「天上天下唯我独尊」とかいうように考え惑うものである。どうも日本人の間には、こういう思想がありがちのように思われる。西洋の学説にも数百年前には、左様いう個人思想があったとのことで、ことに英国のごときこの個人主義が強く流行した。爾後《じご》、漸次にその学説が日本にも伝来したらしい。けれどもかくのごときは、たとえ先進国たる西洋の学説でも、これに倣うことは面白くない。東洋人たるわれわれは、やはり孔子の「己立たんと欲して人を立て、己達せんと欲して人を達す」との旨意に従う方が穏当なる行為であろうと思う。況《いわ》んや西洋の学説も現時は、これと同一傾向を帯びておるというに至っては、なおさら道理はここに存在することを知るに難しからぬではないか。

自己本位を排す

独立自営に関する説は、西洋においてすら今日では、もはや「われあるのみ」という解釈ではなくなっておる。すなわち、人たる者は弱い心を出してはいかぬ。飽くまで他人の世話にならずに独立独行せよという意味で、社会には自己一人あればよいという主義とは、大いに相違しておる。換言すれば、一身を修むる上には大いに心掛けなければならぬという訓誡《くんかい》であるが、社会に立つ上に用いてはならぬことである。さらに言い換うれば、自己本位を排しての独立自営的精神、それが何人にも歓迎さるるところの行いであるのだ。

しかるにここに注目すべきことは、ややもすれば自己本位とか個人主義でやった方が、国家社会は敏速なる進歩を見ることができると論ずる者がある。意味如何というに、個人主義なら個人と個人との競争が起こる、競争には進歩が伴うものである。自己本位とてもやはり、その通りであるというのであるが、これは一方の長所ばかり見て、短所を忘れた議論だから、余は左様いう説に左袒《さたん》することはできない。社会というものがあり、国家というものが成立しておればこそ、富貴栄達も望まれるのであるけれども、もしこれが全く自己本位のみであるならば、社会の秩序、国家の安寧は擾乱《じょうらん》されて、人は相撃ち相争わねばならぬこととなる。ゆえに社会に交わり、国家に尽くす上には、是非とも自己本位を排し、独立自営を棄てなければならぬと思う。

独立自営の意義

さて熟々独立自営の意義について考慮するに、何事も自己のことは自己一身に考え、これを処理して出るのが独立で、また自己の定めたる方針に依って、生活を続けてゆくのが自営であろうと思う。しかるに、これを今日の家族制度から論ずれば、この思想は絶対的に家庭なぞに行うことは、できないように思われる。如何となればその家族中、子供らが各自に独立自営の観念を抱き、親の世話にはならぬ、自分の事は自分に処してゆくという風になるならば、一家の中で家長の命令が利かなくなる。家長の命令の行われぬ時は、すなわち家族制度破壊の時ではないか。この意味から推考するに、日本の風習としては、その子供が学校を出るころまでは、家長が万事指図をするのが当然だと思う。その指図というても、学才と資力との乃至《ないし》境遇とによって、相違あることはもちろんであるが、現代の有様では学校を出た後に、初めて世に立つ考えを起こすのが普通である。まずそれまでは、家長の指図は免れぬところであろう。日本人の独立自治は、それから後のことでよい。惟うに、西洋でも子供時代はやはり日本と同一であろうが、日本人は妻子を持つようになってからも親と同棲《どうせい》する風習があるから、悪くすると世に立つべき事になっても、なお依頼心が失せきらぬようなこともある。それは、西洋人とまったく反対の現象である。ゆえに日本人は、ことに一人前として世に処する時代に到達したら、親や近親の保護の有無に拘《かかわ》らず、独立自営の観念を抱くことに心掛くることが肝要である。

由来東洋の習慣として、王者が国を治めるごとく、家長はその一族を治めておる。ここは自治独立的精神の旺盛《おうせい》なる西洋人に比して大いに相違ある点で、この因習の久しき遂に東洋人をして、他に依頼するの観念を多からしむるに至ったと思う。かの福沢先生が独立自尊の説を唱えて以来、独立心とか自営心とかいうものが、日本人の口の端に上ることが多くなったが、慧眼《けいがん》なる福沢先生が早くよりこの思想を日本へ輸入して、旧来の悪習慣を矯《た》めんとしたのは、けだし時にとっての好手段であったに相違ない。ただし、その手段は善かったに相違ないけれども、福沢先生の説にはいまだ飽き足らざる者があった。先生の説はかの西洋の自由思想、個人主義を日本へ伝えたものであったから、東洋旧来の陋習《ろうしゅう》を革新するためには効果があったには相違ないけれども、その余弊無きをも保せぬと思う。しかし今日行わるる独立自営の思想は、その時代のものより大いに進歩しておるから、前段縷説《るせつ》せるがごとき邪路に入ることなしに、その欠陥は明らかに改め得らるることと思う。

独立自営に関する旧来の見解

独立自営の精神が自己一人にとって必要なることは、上述せるところによって充分に了解されたことと思う。もし民は聖主賢君の治に依頼して、自ら奮励することを忘れ、子弟は家長の誘導教育に一任して自己の本分を尽くすことを閑却に付するならば、自然と各自智を磨く必要も無くなり、その働きを減ずるようになる。それでは人たるの本分に反く。ゆえに、子弟はある年齢時期に達するまで親の補助を受けても、それから先はどこまでも自己を立て通す心掛け、すなわち独立自営の精神を懐かねばならぬ。かの他人の力に縋《すが》るがごときは、自己を失うの甚だしきものであるから、人は如何にもして他人の厄介にならぬだけの感念を持たねばならぬ。

論語を通覧するに、東洋の習慣に独立自営というがごときことの薄かったためか、的確にそれに対する教訓はほとんどないが、人に依頼してその助力を得ることは悪いものとの意味は述べてある。「君子は言に訥《とつ》にして行いに敏ならんことを欲す」などとあって、自己の事を行うには、飽くまで勉強しなくてはならぬとの意味を訓えたことは、他にもその例がたくさんにある。けれども「独立自営」という意味を主として説いたものは一つもない。大学なぞも治める者の方のことばかり丁寧に述べてあって、被治者の方のことをいうて無いのは、やはり東洋人の依頼心の依《よ》って来たった所以《ゆえん》を窺《うかが》うの資料とも言ってよかろうか。

しかし旧来の教訓中に、そのことがあるにせよ無いにせよ、今日の時代から見れば、己一身にとっての独立自営は大いに必要である。自己に弱い心を出し、他人に依頼せんとする心を矯めるためには、もっとも都合よき教訓であると思う。二十世紀の東洋人は、よろしくこの新意義の教訓をその道徳中に加え、もってその行いのまったからんことを期せられたい。（七二）

悲観と楽観

極端なる二個の思潮

日本も維新以降、万般の事物に長足の進歩を示し、この四十年間ばかりに文明の程度は他の先進国に一歩も譲らぬまでになったのは、世界各国に比して類例なき発達といわなければならぬ。しかるに、かくのごとく世の中が進歩し、人智が発達して行きつつあるにも拘らず、そこには人情として色々なる思想も起こり、物事に対するに形の一方に偏して考える者と、実の一方に偏して考える者との二つを生ずるに至った。余はこの二者の偏見が、すなわち悲観と楽観との依って岐《わか》るるところであろうと思う。例えば、形に偏して考える楽観論者は、教育が進歩したといっては、なんでも教育でなければならぬようにいい、豆腐屋、魚屋、人力車夫の輩《やから》に至るまで新聞や雑誌が読めるというのは、一に教育普及の恩恵に拠《よ》るものであるというて喜ぶ。そうかと思うと、また実にのみ偏して考える悲観論者は、教育の盛んになることが社会を賊《そこな》うかのようにいいなし、教育発達の結果、あまり秀才でもない者までがわいわい騒ぎ立て、自家の本業たる農業を抛《なげう》って学問に向かうので、幸いに学校だけは卒業ができても、早速これという職業にもありつかれず、なすこともなく日を送っておる。つまり学問を修めたために、かえって用途の無い人となってしまう訳で、そんな者が世の中に段々増加すれば、遂に一村一町を亡ぼし、延《ひ》いては国家の大事に到らぬとも限らぬというて、教育の隆盛を忌むべき事柄のようにして、かれこれと論ずる。これらの議論を聞くと二者いずれも一通りの道理を含蓄しておるように受け取られ、果たして、いずれに与《くみ》すべきかに迷わざるを得ない。

悲観楽観の実例

さらに経済に関する一例を挙ぐれば、楽観論者は近来の現象をもって国家の慶事となし、それについて都合よき説を立て、近ごろは非常に金融が緩慢になったが、昔は利子が一割とか、小額の貸借は二割という法外のものもあって、それに金の融通も現今のごとく手軽にはゆかなかった。しかるに、今日では文明の度が進んだお蔭《かげ》に、財政経済の事も遺憾なく攻究されて、銀行のごとき金融機関ができたために、利率も大いに下がった。そして公債などは年四分という、きわめて安い利率で、海外においてすらこれが借り換えをすることを得るようになった。いったい金利は英国が一番安いが、これは文明の程度が高いからで、文明の程度の高いところは、それだけ諸種の設備や機関が整うておるから、従って金融の道も完備し、利率も安くなって行くのである。とこういう議論を立て、現今の経済状態が金融の緩慢で利率の安くなったのは、畢竟《ひっきょう》、それだけわが国の文明が進歩してきたのだ、金融機関が発達してきたのであるといって、一概に楽観しておる。

しかるに悲観者側の言を聞けば、日露戦後人気の昂騰《こうとう》に乗じて諸種の会社事業の創立を見たが、越えて四十年には、早くもそれらの諸事業に続々として倒るるものができた。爾《じ》来《らい》事業界は意気銷沈《しょうちん》して、また手の伸ばし得るもの無きに到ったが、この秋にあたって、しかも当局者は政府万能主義を振り回し、鉄道を国有とし、煙草、塩等の専売を敢行したので、経済界の仕事には、ほとんどこれと競争する者が無いほどになった。しかのみならず、政府は続々国債を募集し、戦後における財政の整理にこれを用いておる。思うに、政府の負債を償還するばかりが、当局者の取るべき道でもあるまい。国民が負担に苦しみつつある非常特別税のごときは、減じ得らるる限り減じてやり、民間事業もできるだけは勃《ぼっ》興《こう》させ、発達するように心配してやるのが本分ではないか。否、義務ではないか。ところが前述のごとき遣《や》り方であってみれば、現今金融の緩慢であるのも、利率の安いのも、金融機関が真に進歩発達を遂げたためではなく、まったくは金のいどころが一方に偏しておるために、一般の事業が萎靡《いび》して振るわぬようになり、手が出せぬようになったから、それで割合に遊金《ゆうきん》が多く、従って利率も安くなったのである。それゆえ日本の経済界のことを英国なぞに比較して論ずることは間違いである。と、こういうのが悲観論者の説である。しかして、この両者の説もまた一応もっとも千万で、理窟《りくつ》はいずれにもあるらしく見えるが、結局二者ともに偏見たるを失わないと思う。

何がゆえに達観せざる

要するに、余はいずれにも全然これに同意することができない。何故ならば、すでに言ったように悲観、楽観の二者いずれも見方が一方に偏し、両極端に走っておるからである。一方に偏したのは、すなわち正鵠《せいこく》を得たものでなく、また、いわゆる達観の境地に達したものともいわれない。およそ何事に依らず、達観したならば悲観も楽観も起こるべき道理はないはずである。さらば達観とは何を指していうか。余は中庸を得た観察がすなわち、それであろうと思う。偏せず、党せざるところに真理が含まれておるのであるから、その言行が正鵠を得るならば、そは中庸を得た人、達観した人と称することができよう。しかしながら、この中庸ということが、なかなか得られ難いものである。朱子は「偏せざるこれを中といい、易《かわ》らざるこれを庸という。中は天下の正道、庸は天下の定理」と説いたが、中庸の本旨はそれに相違ない。また子思は「中庸」に「喜怒哀楽のいまだ発せざるこれを中といい、発してみな節に中《あた》るこれを和という。中は天下の大本なり。和は天下の達道なり」というて中の字に解釈を与えておるが、中和を得ることができれば、世の中のことは必ず円滑にやれる訳である。さらに孔子は「君子は中庸す、小人は中庸に反す」と述べて、中庸は君子の道であると教えた。とにかく、何に依らず偏するということはいけない。悲観、楽観を超脱したところに自ら行くべき道はあるはずである。ゆえに余は、常に一方に偏せず極端に走らず、よくその中間を取って案排してゆくようにしたいと思うから、かつて悲観も楽観もしたことがない。悲観も楽観も無いといえば、誠に人生が無味乾燥であるらしく聞こえるが、決して左様いう訳ではなく、中庸を得たるところに一道の行路を求めるほど愉快のことは無い。近ごろの人はややもすれば、たちまちにして悲観し、また、たちまちにして楽観する。今は悲観楽観という言葉さえ一種の流行語となっておるくらいであるが、これは如何にも精神的修養の疎かにされておることを表面に告白するようなもので、甚だ感服のできぬ現象ではあるまいか。少々の齟齬《そご》撞着《どうちゃく》に依って悲観したり、僅少《きんしょう》の得意会心に依って楽観したりしておっては、日常生活が恐らくうるさいものになってしまうであろう。余は他人があまり悲観したり楽観したりするのを見る毎に、「何故あの人は達観して、より以上安心の生涯に入ることをせぬだろうか」と、むしろそれが不思議に思われるくらいだ。すなわち余の立場は、悲観も楽観もせぬところにあるのである。（七三）

逆境処世法

順逆は人自ら造る境遇なり

世人は順境逆境ということを通り言葉のごとくいうが、もし世が順調にゆき、政治が正しく行われ、何事も平穏無事ならば、順境とか逆境とかいう場合は稀《まれ》であらねばならぬ。時には運不運によって順境にも立ち、逆境にも陥る人が無いとは言われぬけれど、多くはその人の勉強が足らず、智慧《ちえ》が足らぬところから逆境を招致し、それと反対の智慧もあり、事物に考慮が深く、場合に適応した行り方《やりかた》をする人が順境に立つは自然の理である。してみれば、特別に順境とか逆境とかいうものが、この世の中に存在しておるのではなく、むしろ人の賢不肖才不能によって、ことさらに順境の二境が造り出されると見て差し支えない。しかり矣、余は実に爾《し》か信ずるものであって、順境といい逆境というとも、すべて人々の心掛けによって造りなされるものであるとして見れば、天のなせることのごとく、これを称して順境である、逆境であるとはいえぬはずである。ゆえに一言にして順境というとも、その順境となり逆境となった所以を究め、この者はこれこれの理由で逆境におるが、かの人は云々《うんぬん》の原因で順境におるという場合を克《よ》く判断せぬと、これに処するの道如何をも、根底から論ぜられぬ訳である。

順境をつくる人、逆境をつくる人

しからば人は如何にして、順逆の二境を造るであろうか。余は今二つの例を引いて、これが説明を試みようと思う。

ここに二人があるとして、その一人は地位もなければ富もなく、もとよりこれを引き立てる先輩もない。すなわち、世に立って栄達すべき素因というものが、きわめて薄弱であるが、纔《わず》かに世の中に立つに足るだけ、一通りの学問はして世に出たとする。しかるにその人に非凡の能力があって、身体が健康で如何にも勉強家で行いがみな節に中り、何事をやらせても先輩をして安心させるだけに仕上げるのみならず、かえってその長上の意想外に出るほどにやるなら、必ず多数人はこの人の行うところを賞賛するに相違ない。しかしてその人は官にあると、野にあるとを問わず、必ず言行われ、業成り、終《つい》には富貴栄達を得らるるようになる。しかるに、この人の身分地位を側面から見ておる世人は、一も二も無く彼を順境の人と思うであろうが、実は順境でも逆境でもなく、その人自らの力で左様いう境遇を造り出したに過ぎぬのである。

さらに他の一人は、性来懶惰《らんだ》で、学校時代には落第ばかりしておったのを、ようようお情けで卒業したが、さてこの上は、今まで学んだところの学問で世に立たねばならぬ。けれども性質が愚鈍でかつ不勉強であるから、職を得ても上役から命ぜらるるところの事が、何もかも思うようにできない。心中には不平が起こって仕事に忠実を欠く、上役に受けが悪く遂に免職される。家に帰れば父母兄弟には疎んぜらるる、家庭に信用が無いくらいなら郷里にも不信用となる。こうなれば不平はますます嵩《たか》まり、自暴自棄に陥る、そこにつけこんで悪友が誘惑すると、思わず邪路に踏み入り、勢い正道をもって世に立てぬこととなるから、やむをえず窮途に彷徨《ほうこう》しなければならぬ。しかるに世人はこれを見て逆境の人といい、またそれが如何《いか》にも逆境であるらしく見えるのであるが、実は左様でなくて、みな自らが招いたところの境遇であるのだ。韓退之《かんたいし》がその子を励ました「符《ふ》書を城南に読む」の詩中に、「木の規矩《きく》に就《つ》きて、梓匠輪輿《ししょうりんよ》に在《あ》り。人の能《よ》く人たるは、腹に詩書《ししょ》有るに由《よ》りてなり。詩書は勤むれば乃《すなわ》ち有り、勤めざれば腹は空虚。学《がく》の力を知らんと欲せば、賢愚《けんぐ》同一の初め、其《そ》の学ぶ能《あた》わざるに由りて、入《い》る所遂《つい》に閭《りょ》を異《こと》にす。両家各々《りょうかおのおの》子を生めり。提孩《ていがい》にして巧《こう》は相如《あいし》けり。少しく長《ちょう》じて聚《あつ》まって嬉戯《きぎ》す、同隊の魚《うお》に殊《こと》ならず。年十二三に至りて、頭角稍相疎《とうかくややあいそ》なり。二十にして漸《ようや》く乖張《かいちょう》し、清溝汙渠《せいこうおきょ》に映《えい》ず。三十にして骨《こつ》骼《かく》成る、乃《すなわ》ち一《いつ》は龍一《りょういつ》は豬《ちょ》。飛黄《ひこう》は騰踏《とうとう》し去る、蟾蜍《せんじょ》を顧《かえり》みること能わず。一は馬前《ばぜん》の卒《そつ》と為《な》りて、背を鞭《むちう》たれて虫蛆《ちゅうそ》を生ず。一は公と相と為りて、潭々《たんたん》たり府中の君。之《これ》に問う何に因《よ》ってか爾《しか》ると。学ぶと学ばざるかと」という句があるが、こは主として学問を勉強することについていうたものであるとはいえ、またもって順逆二境の、よって別るる所以《ゆえん》を知るに足るであろう。要するに悪者は教うるとも仕方なく、善者は教えずとも自ら仕方を知っておって、自然とその運命を造り出すものである。ゆえに厳正の意味より論ずれば、この世の中には順境も逆境も無いということになる。

順逆両境は人為的なり

もしその人に優れた智能があり、これに加うるに欠くるところなき勉強をしてゆけば、決して逆境におるはずはない。逆境が無ければ順境という言葉も消滅する。自ら進んで逆境という結果を造る人があるから、それに対して順境なぞという言葉も起こってくるのである。例えば身体の尫弱《おうじゃく》の人が、気候を罪して、寒いから風邪を引いたとか、陽気に中って腹痛がするとかいうて、自分の体質の悪いことはさらに口にしない。これも風邪や腹痛という結果の来る前に、身体さえ強壮にしておいたならば、何もそれらの気候のために、病魔に襲わるることは無いであろうに、平素の注意を怠るがために、自ら病気を招くのである。しかるに病気になったからというて、それを自分の責とはせず、かえって気候を怨《うら》むに至っては、自ら造った逆境の罪を天に帰すると同一論法である。孟子が梁《りょう》の恵王《けいおう》に「王歳を罪すること無くんば、ここに天下の民至らん」というたのも、やはり同じ意味で、政治の悪いことをいわず、歳の悪いことにその罪を帰せしめんとした誤りである。もし民の帰服せんことを欲するならば、歳の豊凶はあえて与《あず》かるところに非《あら》ず、もっぱら治者の徳の如何を主とせなければならぬ。しかるに民が服せぬからというて、罪を凶歳に帰して自己の徳の足らざるを忘れておるのは、あたかも自ら逆境を造りながら、その罪を天に問わんとすると同一義である。とにかく世人の多くは、わが智能や勤勉を外にして逆境が来たかのごとくいうの弊があるが、そは愚もまた甚だしいもので、余は相当なる智能に加うるに勉強をもってすれば、世人のいわゆる逆境なぞは、決して来たらぬものであると信ずるのである。

真意義の逆境

以上述べたところよりすれば、余は逆境は無いものであると絶対に言いきりたいのであるが、左様まで極端に言いきれない場合が一つある。それは智能才幹何一つの欠点なく、勤勉精励人の師表と仰ぐに足るだけの人物でも、政治界実業界に順当に志の行われてゆく者と、その反対に何事も意と反して蹉跌《さてつ》する者とがある。しかして後者のごとき者に対して、余は真意義の逆境なる言葉を用いたいのである。これを前に論じたような種類の逆境、すなわち世人は目して逆境というけれども、実はその人自らが造り成した境遇と、今余が論ずるごとき人物行動に欠点なくとも、社会の風潮、周囲の境遇に依《よ》って自然と逆境に立たねばならなくさせられたのとに比較すれば、その差は如何であろうか。前者のごときはそんな境遇に陥らぬようにしようとすれば、その人の心掛け一つでどうにでもなる性質のものだが、後者はそれと同一に視る訳にはゆかない。たとえ自分は如何ように思えばとて、社会の風潮、周囲の事情がこれを逆の方面に運んでゆくからには、ある意味において人間力の及ばぬ点がある。すなわち、天命に依ってしかる所以であると、覚悟しなければならぬ。かくのごとき場合に処した人にして、初めて逆境に処するの心得が必要である。ゆえに余は、この意義において逆境処世法を説かんとするのである。

余も逆境に処してきた一人である

これに先だちて、真の逆境とは如何なる場合をいうか、実例に徴して一応の説明を試みたいと思う。およそ世の中は、順調を保って平穏無事にゆくのが、普通であるべきはずではあるが、水に波動のあるごとく、空中に風の起こるがごとく、平静なる国家社会すらも時として革命とか、変乱とかいうことが起こってこないとも断言されない。しかして、これを平穏無事な時に比すれば明らかに逆であるが、人もかくのごとき変乱の時代に生まれ合い、心ならずもその渦中に巻き込まれるは不幸の者で、こういうのが真に逆境に立つというのではあるまいか。果たしてしからば、余もまた逆境に処してきた一人である。余は維新前後、世の中がもっとも騒々しかった時代に生まれ合い、様々の変化に遭遇して今日に及んだ。顧みるに、維新の際におけるがごとき世の変化に際しては、如何に智能ある者でも、また勉強家でも、意外な逆境に立ったり、あるいは順境に向こうたりしないとは言われない。現に余は最初尊王討幕、攘夷《じょうい》鎖港《さこう》を論じて東西に奔走しておったものであったが、のちには一橋家の家来となり、幕府の臣下となり、それより民部公子に随行して仏国に渡航したのであるが、帰朝してみれば幕府は亡びて、世は王政に変わっておった。この間の変化のごとき、あるいは自分に智能の足らぬことはあったであろうが、勉強の点については自己の力一杯にやったつもりで、不足はなかったと思う。しかしながら社会の遷転、政体の革新に遇うてはこれを如何ともする能《あた》わず、余は実に逆境の人となってしまったのである。そのころ逆境におって、もっとも困難したことは、今もなお記憶しておる。当時困難した者は余一人だけでなく、相当の人才中に余と境遇を同じゅうした者はたくさんあったに相違ないが、かくのごときは、畢竟《ひっきょう》大変化に際して免れ難い結果であろう。ただし、こんな大波瀾《はらん》は少ないとしても、時代の推移につれて常に人生に小波瀾あることはやむをえない。従ってその渦中に投ぜられて逆境に立つ人も、常にあることであろうから、社会に逆境は絶対に無いと言いきることはできないのである。ただ順逆の差別を立つる人は、よろしくそのよって来る所以を講究し、それが人為的逆境であるか、ただしは自然的逆境であるかを区別し、しかるのち、これに応ずるの策を立てねばならぬ。

逆境に処する心得

さて逆境に立った場合は、如何にその間に処すべきか。神ならぬ身の余は、別にそれに対する特別の秘訣《ひけつ》を持つものではない。また恐らく、社会にも左様いう秘訣を知った人は無かろうと思う。しかしながら、余が逆境に立った時自ら実験したところ、及び道理上から考えてみるに、もし何人でも自然的逆境に立った場合には、第一にその場合を自己の本分であると覚悟するが、唯一の策であろうと思う。足るを知りて分を守り、これは如何に焦慮すればとて天命であるから仕方がないとあきらめるならば、如何に処し難き逆境におっても、心は平らかなることを得るに相違ない。しかるに、もしこの場合をすべて人為的に解釈し、人間の力で如何にかなるものであると考えるならば、徒《いたずら》に苦労の種を増すばかりか、労して功のない結果となり、遂には逆境に疲れさせられて、後日の策を講ずることすらもできなくなってしまうであろう。ゆえに自然的の逆境に処するにあたっては、まず天命に安んじ、おもむろに来るべき運命を待ちつつ、撓《たわ》まず屈せず勉強するがよい。

それに反して、人為的逆境に陥った場合は如何にすべきかというに、人為的から逆境を招くのは多く他働的でなく、自働的であることは、彼の二学生の例に依って釈然たるところであるから、なんでも自分に省みて悪い点を改めるよりほかはない。前にも述べた通り、世の中のことは多く自働的のもので、自分からこうしたい、ああしたいと奮励さえすれば、大概はその意のままになるものである。しかるに多くの人は、自ら幸福なる運命を招こうとはせず、かえって手前の方からほとんど故意に佞《ねじ》けた人となって、逆境を招くようなことをなしてしまう。それでは順境に立ちたい、幸福な生涯が送りたいとて、それを得られるはずが無いではないか。ゆえに己より生じて、遂に逆境に立たねばならぬ運命を、余儀なくされたという場合なら、まず自分についてその悪い点を直す、また天命と自覚したら、その事を処して完全の道理を尽くすというよりほか、逆境に対する道はあるまいと思う。

(七四)

傭者被傭者の心得

傭者被傭者の二種類

人を使う者と人に使わるる者との関係は、古風に解釈すれば君臣主従というようであるが、近く行わるるところに依れば傭者《ようしゃ》被傭者というものになり、使う者も使わるる者も人間平等にして、無階級というがごときものとなってきた。従って主従の関係も昔日よりは薄くなり、頼んだ人、頼まれた人というくらいの間柄としか見えなくなった。

しかしながら、今日といえども工場とか会社とかにおける上役下役の関係と、家庭における主従の関係とは、同じく使う人、使わるる人という間柄でも、その間に差異あるものと自分は思う。例を挙げて言えば、一工場、一商会を創立する時に、雑事、労役等のために雇い入れる人と、一家庭における奴婢隷僕《ぬひれいぼく》の類とは自ら差別が無くてはならぬ。この差はすなわち、前者は俸給によってこれを使用するから、傭者被傭者の関係のみであるが、後者は一家族同様に愛情を主として使わなくてはならぬと思う。

日本と米国の家庭比較論

いうまでも無く、日本の国体は家庭を主とせねばならぬ。詩経に「寡妻《かさい》に刑《おさま》り、兄弟に至り、以て家邦《かほう》を御《おさ》む」とあるも、要は家庭が国家の元素であるとの意を述べたものである。すなわち家庭の集合が一郷となり、一郡となり、一国となるのであるから、その淵源《えんげん》に遡《さかのぼ》りて、主人妻子従僕に依って形成されたる一家庭なる小政府を完全にしなければ、従って理想的の国家を建設することもできぬ。ゆえに家庭はもっとも国家にとって大切の要素であるから、一家の主人たるものは、その家族従僕の別なく、善い愛情、善い教訓、善い習慣をもってこれを導かねばならぬと思う。

これを欧米の習俗に徴するに、本国におけるがごとき家庭的習慣は、甚だ乏しいようであるが、日本流の家族制度に比較してみて、どういうものであろうか。彼とてもそれ相応に善いところもあるかも知れぬが、党同伐異ということはよくないけれども、あまり感心の出来ぬ風ではあるまいか。ことに米国流でゆけば、富める人でも人を使うことはあまりせぬ。時としてたくさんの金を投じて、人を使うことは無いでもないが、東洋流のごとく一人のために多人数が働くことはない。日本の家庭と欧米の家庭とは、この度合がまったく違っておる。けれども主従という点から論ずれば、日本のごとき家族制度の国では、主従の関係は現在の状態に存続したいというのが穏当であろう。

主人たる者の心得

　ここに至ると論は一になる。すなわち傭者が被傭者に対するには、広く愛し、よく恕《じょ》するという一事に帰着することと思う。しかし如何《いか》に愛情が主となるとはいえ、一家庭でも十人の人を使う家もあれば、数十人の多人数を使う家もあるから、単に愛情にばかり一任しておく訳にゆかない。多人数を制裁するには、そこになんらかの取り決めが無くて叶《かな》わぬことになる。例えばそれぞれの掛かりを決めて指図をさせる。勘定方、応接掛などもあれば、あるいは土蔵の什器《じゅうき》を看守する者、勝手元の物品を取り扱う者もあるというように、仕事の上に各々受け持ちを定めて、秩序あり系統あるくらいのことが無くてはならぬ。しかして、この間に充分の愛情を持ち、道理に背かざる程度にその人を使い、永く勤続させるように仕向けることが、主人たる者の心掛けであろう。あるいは使用人に対し、出て行けがしに使えるだけ使うというのも、一説であるかも知れぬが、とにかく永遠の利害を考えれば、やはり、愛情を主として同一人を永住させる方が、道理に協《かな》った仕方であろう。けれども左様なると、そこにまた一得一失の議論が起こる。それは人も老境に入れば、智力も体力も衰弱するものだから、老朽者は勤務に堪えられなくなるであろう。それでも、やはり使うてやるかということである。しかしそれは程度のあることで、たとえ人に使われる者だからとて、兄弟もあれば親族もあるから、老衰して事に堪えぬようになれば、必ずそれらの者が引き取ることになる。それゆえ如何に永く人を使うても、その家が姨捨山《おばすてやま》的になるほどの心配は無かろうから、そこまで追窮する必要はあるまいと思う。

傭人に対する余の抱負

余が人を使うについての主義は、なるべく忠実なもの、才智は劣っておっても誠意ある者、僕訥《ぼくとつ》でも智行に愆《あやま》られぬ者を選ぶをもって家訓としてある。使用人が忠実にして学問あり才智あるものを望むは、余一人のみではあるまいが、左様まで完全な人物は得やすくない。智ある者は忠実に欠けるとか、誠意あるものは才智に乏しいとか、とかく一方に偏するものであるが、同じく欠点ある人物なら、余はやはり少しく智に欠くるところはあっても、忠実な者を選ぶのである。論語に「孝弟はそれ仁をなすの本か」「弟子入ってはすなわち孝、出でてはすなわち弟、謹んでしかして信、ひろく衆を愛して仁に親づき行い余力あれば、すなわちもって文を学ぶ」などとあるのは、才智よりも孝弟の道を重んじなければならぬことを教えたものである。しかして、これはまた何人も望まねばならぬところの道である。

ただし忠実が善いからというても、無闇と忠実ばかりを推奨すれば、人間にもっとも必要なる智の働きを欠くようになるから、智もまた決して疎《おろそ》かにしてはならない。つまり、忠実なる上になお、智能を磨かせることに心を用いさせねばならぬ。しかし主人たる者の側から言えば、智は少なくとも、心正しい者を使うならば、自ら一家の中は敦厚《とんこう》の風を生ずるに至るであろう。

使用人も子供のころから傭《やと》った者とか、あるいは妙齢の婦女子であるとかいえば、相当の口を求めて婚嫁《こんか》をさせてやるというように、それぞれの世話が生ずるものである。そこは主婦たる者が相応に気をつけて、女子に対しては適当な嫁入り先まで見つけてやるくらいに、親切に愛情をもって世話してやるならば、一家の空気は期せずして靄然《あいぜん》たることを得るであろう。それらのものが協力一致し、主人をして内顧の憂いなきようにさせるならば、外に働く主人は安心して、国家社会のために充分尽瘁《じんすい》することができるに相違ない。ただし、国家社会に尽瘁するとはいえ、己一家の全部を忘れて、ただただ国家社会のためにばかり働くことは、誰しもでき難いところで、それにも程度というものがあるが、例えば、ある事業に従事しておるものが、内顧の憂なく時間を充分に忠勤することのできるのは、間接に国家のために尽くす道といえようと思う。しかし時間一杯にある職業に従事する人でも、余力あらば、国家社会の事に力を尽くすことを忘れてはならぬ。左様いう心掛けある人が次第に位地が進めば、一事業に時間限りに働かなくともよくなる。自分のごときは現に、第一銀行に職を奉ずるものであるが、今日では朝から夕まで銀行に詰め切りにしなくともよい身分になっておるから、余力を用いて養育院のためにも働き、済生会のためにも働く。なお、その余暇には他人から申し込まれたことでも、できるだけは弁じてやるようにしておるから、昨今では自己の用事のために日々費やす時間よりは、むしろ他人の用向きのために過ごす時間の方が遥《はる》かに多くなっておる。つまり、これらのことに任ずるのも、要は幾分なりとも多く国家社会のために尽瘁したいとの婆心に過ぎぬからである。これは主として自分のことを述べたのであるが、とにかく主人がもし、左様いう心掛けをもって外に働くならば、召し使わるる者も、やはりその心をもって主人に仕え、主人をして常に安心して外に働き得らるるように仕向けることになる。左様すれば、ひとり主人に忠実なる奴婢たるのみならず、間接には国家社会のために努力する奴婢といい得ることと思う。

人に使わるる者の心得

次に、人に使われる人としては、如何なる心を持つべきかというに、余はこの方についての経験が薄いから、充分にこれを説明することは困難である。けれども孝弟忠信の道を守るは人間の常道であるから、この道に違背せぬようにしなくてはなるまい。水戸の義公の教訓中に「主と親とは無理なるものと知れ」との一句がある。思うにこれとても、主人と親とは無理なことをなしても構わぬというのではなく、人に仕える者の心としてはこのくらい極端な考えを持っておれということを訓《おし》えたもので、他人に使われるものが、もしそれだけにあきらめを付けておったら、必ず使用人としては完全に近い者たることを失わぬであろう。古語に「良禽《りようきん》はその木を択《えら》ぶ」ということがあるから、一度仕えた主人でも、心に適せぬ時は去ることもある。従僕者の側からいえば、この点も一つは心に置かねばならぬ。しかし人に使われるには、忠実勤勉を主眼としてかからねば、主人に喜ばれることにはならぬ。

一言にして被傭者《ひようしや》といえばそれまでであるが、仔細《しさい》に区別して考うれば、老人もあれば青年もある。男もあれば女もあるから、一々それらについてその心掛けを細説することはでき難いが、およそ人に使われる側の人の心としては、主人をしてなるべく永く使いたいと思わせるように、仕向けるのが何より大切である。青年なぞは、ともすれば用事が多いと不平を唱えるものであるが、一家の中で一番にたくさんの用事を言い付けらるるものが、結局一番仕合せを得るものであるとの、心掛けを持たなくてはならぬ。使う者に愛情の心あると同時に、使わるる者にも忠実の心あることが必要である。この心をもって使わるる者の心とするならば、けだし過失なきに庶幾《ちか》かろうと思う。

事業上の傭者と被傭者

前にも言うたごとく、家庭における従僕と、事業上における被傭者とには差別がある。家庭における従僕は、今日でもなお主従の関係中にあるけれども、事業上における被傭者は、ややそれとは趣を異にするところのものがある。昔日といえども、傭者被傭者の関係は主従とは異なっておったけれども、いまだ今日ほどに著しい区別が立ってはいなかった。現に余が家においても、家庭における使用人と、兜町の事務所における使用人とは自ら差別が立っておって、非常に繁忙の場合は、時として相互共通に働いてもらうこともあるが、概してその関係は相違しておる。兜町の方と住宅の方とでは、一年間を通じて数回しか面を合わせぬ人もおるくらいである。余の現在においてすら、すでにかくのごとくであるから、もしも余の力が一層強く、一人で商店、工場乃至《ないし》牧場等をも経営するほどであったならば、家庭の方とは全然差別される訳になる。しかしてこの場合は、余は純然たる傭者で、先方はまた純然たる被傭者である。

さて、傭者被傭者の関係は前述のごとく、給料をもってこれを使用するがゆえに、家庭における使用人のごとき愛情は全然いらぬかというに、余は必ずしもそれではいくまいと思う。たとえ給料で勤務するにもせよ、できるものなら飽くまで広く愛し、篤く労《いたわ》り、多人数をわが親戚《しんせき》か子弟かのごとく遇して、その人々の能不能によりてこれを使用し、帰するところは道理に基づきて、正心誠意その事業に従事させる。しかして、彼らの力一杯を働くように心掛けさせることが肝要である。かくてその人々をして変化の心を起こさしめず、その地位に安んじて勉めさせることができるならば、傭者被傭者の間柄は真に理想的のものとなるではないか。

最後の手段は王道あるのみ

しかし、小家庭の数人を使用する場合なら、随分この心が届かぬとも限らぬけれど、大商店大工場のごとき数百人、数千人を使用する場所になると、なかなか左様思う通りにゆくものでない。なかんずく、もっとも困難なるは、紡績工場、織布工場、機械製作工場、鉱山業等のごとき多人数を使用するところでは、前論のみでは押し通せぬもので、両者に衝突を生じ、その大なるものにありては、最近英国における同盟罷工《どうめいひこう》のごとき、終《つい》には軍隊の出動を仰がねばならぬような結果に立ち至るのである。事態が左様なって行けば、もはや社会政策として論ずべきものとなってしまう。しかし、それとても素因は傭者被傭者の関係にあることであるから、この根本さえ円滑にゆかせることができれば、従って社会政策もうまくゆく訳である。

要するに多人数を統御するには、法制の力に依《よ》ることも必要であろうが、さりとて万事を法に一任するにおいては、傭者被傭者間の関係を、ますます疎隔せしむるばかりであるから、ここは慎重の考慮を要すべき点である。惟《おも》うに余はこの場合、百の社会政策、千の法制よりも、「王道」をもってこれを防ぐが唯一の手段であると思う。王道とはひとり王者の行うところの道なるのみならず、賢明なる上役、慈愛深い主人等において直に行わるべき道である。例えば、その部下使用人を愛するの情を持ちて行ってこれをよろしく、仁《じん》恕《じょ》し忠義の心をもって事を処するは、すなわち王道の実践である。王道はただ傭者間に存するばかりで無く、また被傭者間にも存在するものである。自己はさほど働かぬのにたくさんの給金を要望するとか、友達に働かせて自分は遊んでおるとかいうのは王道でない。自己の責任を明らかにし、俸給と仕事と互いに調和を得るように力《つと》めるのが被傭者間における王道の実践である。

近時、欧米などに行わるる労働問題のごときは、主として傭者被傭者の関係にほかならぬが、その淵源《えんげん》に遡《さかのぼ》れば両者の間に王道が欠けておるからのことである。しかしてこれを治めるには、その根本に立ち帰らなくてはならぬ。その根本とは、すなわち仁義忠孝の道、換言すれば王道を行わしめることである。もし王道にして行わるるならば、労働問題も同盟罷工もなんの恐るるところもないものとなるであろう。いにしえ孟子は唐虞《とうぐ》三代の治を指して王道と称《たた》えたが、余はひとり国を治める道ばかりにこれを用いずに、主従の関係にも傭者被傭者間にも適用したいと思う。ゆえに、あえて王道の説をなしてこの章を結ぶのである（七八）

過失の責め方

人を見て法を説け

すべて人間は聖人で無い限り、過失はありがちのものであるが、これを責めたり忠告したりすることは甚だ難しいことである。人間界は種々なる階級や縁故をもって形づくられておると同時に、その気風も千差万別であるから、誰にも彼にも同一態度、同一言語をもってこれを責めたり、忠告したりすることはできない。自分の周囲には同輩もあれば、目上の人もある。志を同じゅうする他人もあれば、志を異にする親戚もある。境遇を同じゅうする他人があるかと思えば、境遇を異にする親友もあるといったようであるから、いわゆる人を見て法を説かねばならぬ。これ実に譴責《けんせき》忠告の困難なる所以《ゆえん》で、父子のごとき親しい間柄でも、悪事非行を責むるのはあまり好ましいものではない。『孟子』に「父子善を責むるは恩を傷なうの大なるものなり」ということが見えておるが、果たして左様いう風はあるもので、たとえ父子の間でもかえって、恩を仇《あだ》に思われることがままあるくらいである。さればこの一事から推測しても、人を責むることの困難であるというは知らるるであろう。

しかしながら、自分の部下に使う者はもちろんのこと、たとえ身寄り親戚友人であろうとも、それらの人々の行為に誤った点があると認めたならば、それは自分の責任として、飽くまで忠告して、直してやるようにしなくてはならぬ。ことに目下の者の過失に対しては心を用い、極力これが改心に力を注いでやるようにすべきである。しかれどもその過失の責め方については、どこまでも慎重の態度に出で、相手の地位を異にし、境遇を異にし、年配を異にし、志を異にする程度に応じ、それぞれその手段を変えるの必要がある。あるいは温柔の態度をもって諷刺《ふうし》的にする場合もあるであろうし、あるいは正面から猛烈に攻撃する場合もあろう。けれども過失を過失と覚《さと》って改めさせる事が、過失を責むることの主眼であるから、如何《いか》なる方法に出でようとも、結局この目的に外れぬようにするのが、過失に対する巧妙なる譴責法である。

その罪を責めて人を悪まず

過失を責めるにあたり、まず第一に心すべきことは、その人に対して幾分なりとも憎悪の念を挟んでおってはならぬということである。もし左様いう心で人を責めては、折角の心尽くしもなんらの効果なきものとなるのみならず、かえって時に依ればとんでもなき禍根を残すことが出来せぬとも限らない。例えば、如何に千万言を費やし苦心して忠告しても、それがかえって先方の人の心に反感を起こさせるようなことになるとすれば、その結果は如何であろう。自分は親切の心で忠告してやっても、先方はかえって自分を怨《うら》み、友人などならそれが動機で、絶交もしかねぬこととなり、相手によっては自分に危害を加えるようになることが無いとも限らない。もしまた反感を起こさせることが無いとしても、その責め方、忠告の仕方如何に依っては、相手の人があべこべにその過失を弁護して、過失を過失と覚らずに終わるようなことが、無きにしも非《あら》ずだ。かくのごとくにして相手が過失と知りながら、それを改めることができなかったならば、如何に言葉巧みに忠告しても、それはなんの役にも立たぬことになる。

ゆえに、人を諫《いさ》めたり責めたりする場合における根本条件としては、いわゆる「罪を悪《にく》んで人を悪まず」という態度をもってしなくてはならぬ。相手に対する憎悪の念を一切捨てて、ただただその過失に向こうて極力改善を勧めるならば、多くの場合それに対して反感を起こさせるようなことは無かろう。よし、またそんなことがあるとしても「至誠天に通ず」で、真に赤心を注いでその過失を責むれば、自分の意思は必ず相手の人もこれを諒《りょう》とし、遂に過失を改めるようになるであろう。もし如何にしても先方が、これを改めぬというならば、それはいまだ自己の力の注ぎ方が足らぬのである。相手が極悪獰猛《どうもう》の性格を有せざる限り、自分が誠心を吐露してゆけば、必ず良心に訴えて反省するに相違ないと思う。人に忠告し譴責を加えんとする者は、すべからくこの覚悟をもってするがよい。

部下の過失を責むるとき

自分の部下に立つ者が過失をした時に、これを責めることはなんでも無いようであるけれども、実際はそれがなかなか面倒なものである。ゆえに他の場合よりも、ことさら注意してかからねばならぬ。もし部下のものが仕事を怠るとか、粗漏にするとか、あるいは甚だしく酒を飲むとか、女に溺《おぼ》るるとかいうことがあるとすれば、その場合は直接にその事を指し示して、これを責むるということもあるが、余が平生取りつつある手段としては、左様いう場合に際して、その事をただちに指示して責むるという遣《や》り方よりも、なるべくその者に対して間接に注意を与えてやるという方法である。例えば、過失で何か道具類でも破毀《はき》した者があるとすれば、余はその者に向かうて「お前は何々の道具を毀《こわ》したじゃないか」と真っ向からは責めない。その代わり余は、平素「すべての事に注意を怠るな。注意を怠ると事務を忘れたり、粗漏に流れたり、物を毀したりするようなことがある」とこう言って誡《いまし》めておく。それゆえ、いざ道具を破毀したという場合になって、余が直にその過失を責めなくとも、「自分が道具を毀したのは非常に悪かった。平素訓誡《くんかい》されておったところの注意を怠ったのである」というところに自ら気がついて、多くの者はいわるるまでもなく、その後は充分に注意を払うようになる。余がこの方法が、必ずしも過失を改めさせる最高手段であるとはいえまいが、自ら実験したところによれば、もっとも結果がよいようである。

しかしながら如何なる場合にも、かくのごとき訓戒がもっとも良好なる方法ではない。事と場合によっては、直接にその不心得を説き聞かせることが必要である。例えば、酒を飲む癖があるとか、心得違いでもあるとかいうような、際立って悪いことは、心をこめて教訓する方がよいように思う。同じ過失の中でも、悪い性質を帯びたものに対しては、猶予しておかれないから、左様いう時には事実を指摘して、その不心得を諭すのである。しかして、真に過失と目すべき仕事を怠るとか、物を粗略にするとか、出勤時間に遅刻するとかいうような場合には、そのことをそれと明らかに指示して言うよりは、平生心の持ち方について教訓を与えておいた方が、過失の責め方からいえば、一番効果があるように思われるのである。

友人同輩に忠告するとき

目下の者、部下の者に対しては、以上のごとき方法を取ることをもって、有利とするけれども、友人や同輩間に過失のあった場合には、如何にこれを忠告すべきか。自分の同輩である、友人であるという以上は、部下の者を戒めるがごとき態度はとれない訳で、自ら友人や同輩として、それぞれ特別の手段に出でなければならぬことである。余はもしそれらの人々の間に、大なる過失でもあるとすれば、あるいは声を涸《か》らして諫告《かんこく》をなし、忠告を試むということが無いでもないが、とかく個人の性格に立ち入っては、あまりに言えもしないし、また自ら進んで言いたくもないから、なるべくは慎重の態度をとっておる。しかし、相手の性質が磊落《らいらく》に天真爛漫《らんまん》であるならば、一層率直に「君は近ごろ身持ちが悪い様子だが、ちと謹んでは如何か」とか、「誰は酒を飲み過ぎて素行が修まらぬから、少し忠告したらよいだろう」とかいうくらいのことは言えないこともない。しかして、左様いうことを言うたからとて、相手の性質が前述のごときものであれば、別に怒って交際を断つというようなこともあるまい。けれども、自分はあまり左様いうことを人に言うのを好まないし、また人からいわれることも好まない。ゆえに強いて言うよりは、時に応じて幾分先方へ注意を与えてやるようにする。例えば、誰某はあまり偏狭で人を容れられぬ、これこれの欠点があるというような場合には、その人に向こうて直接に「君にはこういう悪い性格がある」と言わないで、「人としては、かくありたいものだ」という風に注意をしてやるのである。従って余は多くの場合、友人同輩に対しての忠告には、面と向かって直言するということはなるべく避けておる。こう言えば如何にも、不親切らしく聞こえるかも知れないが、非常に悪い過失を除くほかは、相手の解し得る程度において、諷刺するくらいに止めておく方がかえってよい。如何に親密な間柄の者でも、直言して忠告するということは、よほど考えものである。折角の自分の好意も、相手は好意としてこれを聞くというよりも、むしろ曲解してしまう場合が多い。好意をもってした結果が左様なっては、かえって好意が好意にならぬから、充分考えてせねばならぬと思うのである。

家族の過失に対する場合

次に、家庭において家族等に過失のあった際は、如何に責むるかというに、余は随分厳格に責める方である。ある場合においては、自分の命令に服従しない者に対しては、家法の定むるところに則《のっと》って、どこまでも承知しないということもある。家長たる者の権威として、そのくらいにしなければならぬ時もあるのであるが、しかし恩威並び行わるるということも、忘れぬつもりである。余は一家の家長であると自ら徒《いたずら》に高きにおり、無闇と権力ずくで遣り抜こうとするのは、恐らく家長として取るべき最良手段ではなかろう。一面には厳格であるとともに、他の一面においては溢《あふ》るるばかりの慈愛を持たなくてはならぬ。そして恩威並び行わるるというようにしなくては、如何に一家の家長でも家族はその命令に服するものでない。

ここに特に注意すべき事項は、家族の者の過失を責めるのと、罪人を裁判官が糺問《きゅうもん》するのとは、意味がまったく異なるということである。かの法律をもって国法に反するものを一々裁判するのと、慈愛をもって家族の過失を責めるのとは、いうまでもなく精神において、すでに相違しておる。裁判官が一も二も法に拠《よ》って事を行うは、ひとり罪人その者に対して裁断するばかりでなく、その裁判の結果が、国民全般に対して模範とならなくてはならない。しかるに、一家族や親戚《しんせき》に関した事の処理は、何も別に世の中の模範としなければならぬというまでに考えなくともよいので、単にその者の過失さえ改めさすれば、それで目的は達した訳である。ゆえに、この間に大いに手加減を要するので、家族に対して家長が罪人扱いをするようなことがあっては、折角の志も結果において、甚だ面白からざることになってしまわぬとも限らない。だから家族の過失に対しても、決して軽率にこれを断ずることはできないのである。

事業上に異見ある場合について

これは、やや過失とは性質を異にしておるけれども、ついでに述べておきたいことは、会社などの営業上において、意見の合致しない場合には、如何にすべきかということである。かかることは、一般社会には不必要かも知れぬけれども、事業界に立って事を行わんとする者は、時々逢着《ほうちゃく》しなければならぬところの問題である。

さて左様の場合に臨んだならば、果たして如何なる手段に出ずるが、もっとも適当にしてかつ要を得たものであろうか。もちろん、その事の軽重善悪によっては、あるいは職務を賭《と》してまでも、是非曲直を論じなければならぬ場合もあろうが、多くの場合はやはり、なるべく円滑にゆくようにするのが、もっとも得策であろうと思う。とかく事業という以上、多数の集合に依《よ》って成立するものが多いが、さて多人数というものは、なかなか面倒なもので、各々その顔貌《がんぼう》を異にするごとく、心も銘々違っておる。従って、多数の意見が全然自分の意見に合致するものではないのである。ゆえに、飽くまで多人数間に自己の意見を通そうとするのは、かえって無理な注文であろうと思う。だから、もし自己の意見を通さねばならぬ場合には、多少回りくどいかも知れぬが、やはり婉曲《えんきょく》に持ちかけるよりほか策は無かろう。余はかつて、東京瓦斯《ガス》会社において、その配当を減じ積立金を多くしなければならぬという説を立てたことがあった。しかしながら、多数株主はこの説を容れなかったが、自分もまた多人数を圧迫してまで、自己の意見を貫きたいとは思わなかった。

世の中にはよく元老株ということを笠《かさ》に着て、あまり深い関係を持ってもおらぬのに「俺が承知をしない」なぞと弱い者窘《たしな》めをして、どこまでも自己の意見を通そうとする者もあるが、自分は左様いうことは絶対に嫌いである。それゆえ、その前から二、三の人と提携して自己の意見に賛成を求め、しかるのちに、この事を行いたいと思っておったのであったが、それが行われなくなったのは如何《いか》にも残念であった。けれども余は、自己の意見が通らないからといって、この会社には一日もおられぬとまでに思い詰めたことはなく、むしろ一日も早く自分の意見に近づけたいと心配したに過ぎなかった。こう言えば如何にも自己の志を枉《ま》げておるようにも見えようけれど、余は左様いう場合に、人を圧迫してまでも自説を通そうとは思わない。少しは回り遠くも何時かは、自己の理想を実現させる時の来るようにと、平素からその心掛けを怠らぬようにしておるのである。

以上述べ来たれるところは、実に余が過失に対する責め方と、異見ある場合における身心の処し方とである。人として世に処する以上、誰しも過失なしとは言われず、異見を抱かぬとも限らない。左様いう場合に余は、上陳のごとき工夫によって、何時もこれを処理してきた。また処理せぬまでも余が理想としてきたところである。人の過失を責むるということは、くれぐれも面倒なものであるから、何人も深く心を用いてこれに衝《あた》られんことを希《ねが》うのである。（七九）

激務処理法

その時々に精神を傾注してかかる

平素余は、人に接し物に触れる毎に、精神を集注してその人と語り、その事を処するように修養してきた。例えば、如何なる人物に接する場合でも、相手の貴賤《きせん》上下に論なく自分の精神を打ち込んで談話をなし、また事を処する場合にも、その事が如何に大きかろうが小さかろうが、それには一切関せず、みな一様に心をこめてこれを処理するのである。もっとも、これは自分一人が実験してよいと認めたところであるけれども、誰人にも必ず良好であるや否やは、その人々の流儀によることで、誰人も余と同一の結果を得るであろうとはいえないかも知れぬ。けれども多数の人にとっては、必ず余と同一なる良好の成績を挙げることができるはずであると、自分は信じておる。如何となれば人に接し事を処した後、自ら省みて心中一点のやましいところも無く、精神上に愉快の感を残すほどであったならば、それはどちらから見ても悪いこととは言えない。余が人に接した後、快感を覚ゆることならば、他の人も余と同一の感を抱かれるに相違ないから、すなわち余が経験してよいと感じたことは、また他の人も必ずよいと感ずることと思うからである。

およそ何事に限らず、前のことを脳裏に考えながら次の事を処して行くのは、丁度人から話を聴きながら、目では書物を読んでおると同一なもので、方法としては如何にも一挙両得であるが、実質に至っては決してなんら得るところなきものである。ただし非凡な人物で、頭脳が二様三様に働くような者なら、あるいはできるかも知れぬが、社会の多数の人とともに自分もやはり、左様いう調法なことはできない。とはいえ、それにも程度のあることで、ちょっとしたことなら人と語りながら、または仕事をなしながらでも解る。例えば「誰さんがただ今参りました」とか、「何々をどこへ置きます」というくらいの事なら、何人も困難を感ずるところではあるまいが、複雑の話を聴きながら複雑の書物を読むというようなことは、とても自分なぞにはできない。これは前の事を考えながら後のことを聴いたり行うたりすれば、勢い満身の精神をその一事に注入することができなくなるから、従ってその談話にも仕事にも、欠点の生ずるは免れざる結果である。のみならず、人に接しながら書物を読む、物事を考えておるというようなことは、第一その人に対して礼を欠くばかりでなく、相手になった者の心中もすこぶる不愉快なものである。ゆえに人に接し事を処する場合は、必ずその精神を打ち込んで他になんらの思慮もなく、一途《いちず》にその事に当たるのが、もっとも策の得たるものであろうと考え、しかして左様に実行しつつあるのである。

利害相補う

以上の理由から自分は久しい間、左様いう心持ちで人にも接し事物をも処理しておる。しからば余が左様するところの根本精神は、如何なるものであるかというに、自分はただ自己の徳義心に訴え、しかしてこれは、人間として守るべき本分であるとの自覚から、その事の大小に拘《かかわ》らず、人物の上下を問わず、自分の向こうに立つ者に対しては、満身の誠意を注入してこれに接する訳である。余がこの精神を抱いて以来、随分久しい年月を閲《けみ》しておるから、自分ではもはや一個の主義のようになっておるつもりであるが、ひとり自分でばかり左様合点しておっただけでは効力が薄い。もしそれが多少なりとも世人に認められ、「渋沢はこれこれの主義である」と云われるようになっておるとすれば、余の本懐これに過ぐるものはないのである。しかしながら、ここに一つ困ったことは、自分は人と話す時、とかく諄々《くどくど》しくなりがちであるから、思わず知らず時間を余分に費やすようになる。それゆえ、八時と九時と十時とに約束した人があるとすれば、順繰りに遅れて、九時の人は九時半となり、十時の人は十一時になるといったようになってゆく。これは、自分の弊習で甚だ面白くないことと思っておるが、それも結局一長一短で、人に長く待たしたといって小言を言われても、いざ面晤《めんご》すれば、そこに一身の精神を集注させてしまうから、取り返しはつくことと思う。これを他の人の余事を考えながら話すのに比すれば専心的であるから、相手になる者も埋合わせができる訳ではないか。

余が実験

余も若い時代には、なかなか負けぬ気で色々やってみたもので、二つの仕事を一度にやり上げる習慣をつくりたいと考えたのであった。ところが、なかなかそんなことが甘くゆく訳のものではない。脳の支配を二つながら一度に完全にするというようなことは、常人の力ではできないことである。それについて余が失敗談を一つお話致そう。青年時代に余は読書しながら人の用談を聞くとか、手紙を書きながら他の用事を命ずるとかいうように、様々と練習を積んでみたが、それは容易に成功すべくも見えなかった。自分が大蔵省におった時のことであったが、一日故人の井上勝子《いのうえまさる》（子爵の略、勝は日本鉄道の父）と会見して、鉄道に関する予算案について評議した。その時自分は、別に大蔵省の章程を作らねばならぬ急な用事を持っておったので、例の手段をここに応用し、一方井上子と相談しながら、一方ではしきりと章程の草案を読んでおった。すると井上子は、余がこの態度に不快の感を抱いたものと見え「いったい君の読んでおるものはなんだ。鉄道に関する調査書ででもあるか」と突っ込んできた。しかるに余は正直に「これは大蔵省の章程だ」と答えたら、井上子大いに怒って「君は全体人を馬鹿にしておる。人と話しながら物を読むのは、第一失礼じゃないか。それはまあいいとしても、それでは私のいうことが君に解りはすまい」と誠に不機嫌であった。しかし、自分はなかなか負けぬ気だから「解らぬことはない、ちゃんと解っておる。お話になった問題はこれこれであろう、吾輩《わがはい》は近来眼と耳とは別々に働かせておるのだ」と言ったら、井上子も当惑して「大変なことをいうね」と終《つい》に笑って別れたことがあった。これは自分が負けぬ気で少しはやってみたものの、常にそんなことができるものでない。やはり如何なる仕事に当たっても、精神を吐露してやるに限ると悟ったから、その後は再び左様いう生意気なことは止めるようにしてしまった。

心気転換策

以上述べたところは、主として人に接し事を処する場合の心持ちであるが、今度は何か心配があって心を休めることのできない場合について、余が実験を述べよう。

何か気になること、心配なことなぞがあって、心神を休養させることのできない場合に、余は常に心気転換策を講じて精神を静めるようにする。これも人々に依《よ》ってその方法を異にするはもちろんのことで、あるいは長唄《ながうた》を唄うとか、一中《いっちゅう》（一中節《ぶし》）を語るとかいうようにして、俄《にわ》かに精神の置き所を転換させ、今まで考えておった事、気にしておった事とまったく別な方向に気を向かせるがよい。もっとも、余は樸訥《ぼくとつ》な人間でそんな風流を解しないから、自分にできる範囲のことで気を換えるようにしておる。例えば、庭園を逍遥《しょうよう》してそこで十分か二十分間を過ごす、この間にあっちこっちと回りつつ気をまったく庭園の事に注ぎ、この木の枝振りが悪くなったから切らせようとか、花壇の花にこんなものが欲しいとか、この道はこう曲がらせた方が面白いとかいうように、なんでも趣味の方にもっぱら心を入れてしまうのである。とかく人の心は移りやすいものであるから、左様しておる中に、花を見れば気が晴れもするし、樹木から道の配置を眺むれば、知らず知らず自然界に同化されて気がのんびりする。この間に自ら精神は休養されるのである。かくのごとき方法は、なお他に幾らもあるであろう。余はまた、その日の新聞を読んだり、新刊の雑誌など披《ひら》いて見ることもある。この方は庭園を散歩するに比すれば、幾分精神を使役するようではあるけれども、まったく方面違いのところに心をもってゆくから、ぼんやり考えておることなぞよりも、よほど利益である。なんにせよ自分はこんな工夫を凝らして、もっぱら精神の休養に資しておる。

天命を知れ

人の心はその面貌《めんぼう》の異なれるがごとく、色々様々に変わっておるものである。甲の人は細小のことにも、とやかくと心配し、先の先まで取り越し苦労をして、しきりに精神を痛めておる、いわゆる苦労性もあれば、乙の人は自分に責任ある仕事にさえあまりに意を用いず、どちらかといえば放逸に過ぐるのもある。人の心とはいえ、十人が十人一様のものでない。しかして、自分は如何《いか》なるものであろうかと、自ら忖度《そんたく》してみるに、余はあまり事物に対して心配せぬ方だが、さりとて放漫に失するようなこともせぬつもりである。思うに世の中のことには「自然の成り行き」ということがある。語を換えていえば「天命」というものがある。如何に人間が悶《もだ》え騒いだからとて、人間力の及ばぬ点はどうすることもできない。ゆえに、いわゆる「人事を尽くして天命を待つ」で、自分の尽くすことだけ尽くしたら、それから先は天命に任せるよりほか仕方がない。例えば、今までは元気でおった人でも、俄かに雷が落ちて死なぬとも限らない。地震があって家屋の下にされないとも限らない。かくのごとき場合に際しては、如何に人間が思うても及ばぬではないか。余のごときもすでに七十の坂を越しておるが、もし不幸の運命であったならば、今までには幾度となく危害に罹《かか》ったかも知れぬ。否、余は自ら進んでしばしば危険の場所に臨んだ事がある。若いころには燕趙悲歌《えんちょうひか》の士を気取り、慷慨《こうがい》悲憤して所々方々と歩いたものであった。そのころにおける自分の感想は、畳の上で安々死ぬのは士の恥辱だと心得ておったくらい。しかして三十歳ごろまでは、幾度となく窮地や死地に遭遇したのであったが、幸いにして無事に今日あるを得たのは、これすなわち天命だと思っておる。人間界のことは如何に心配したからとて、成るようにしかならぬものであるから、無意味の心配はなんの役にも立たぬ。それよりも尽くすだけの事を尽くし、それから先は安心して天命に任せておく方が上分別である。人間の安住は「仁」の一字に帰着する。苟《いやしく》も仁に違わぬだけの決心を持って事に任じ人に接するならば、何時も安心を得て、心中綽々《しゃくしゃく》たる余裕を保っておられる。人事を尽くすとは、やがて仁を守るにあるので、これさえできれば一切の解決は釈然

としてできてしまうものである。しかして、天も左様の人には必ず幸いするであろう。(八〇)

貧乏暇無しの説

解題

一日客あり、余に問うていう、「俗に「貧乏暇なし」といえる諺《ことわざ》があるが、これは全体如何なることを意味したものか。貧乏人に暇が無いというけれども、今日の世はかえって富貴の人が繁忙をきわめておる。それとも、貧者の心に余裕の無いことをかく形容したものであろうか。常に心に余裕を持たぬような人物なら、結局富貴にもならぬから、この解釈なら、やや当たっておるようだが、貴台の見解を聞きたい」とのことであった。

甚だ奇問ではあるが、坊間にこの言葉は行われておる。よって余は思うところを説いて、次のごとくその人に答えた。

「貧乏暇なし」という意義をごく平たく解釈すれば、貧乏人は何時も忙しいということであろう。この言葉に対して、まず起こるところの疑問は、貧乏人は富貴になりたいとの意志から不断勉強をするから、それで暇が無いというのであろうか。しからば彼らは、何時も何故に貧乏をしておるかという事である。俗に「稼ぐに追い付く貧乏なし」という諺もある。稼ぎ続けて暇も無いほど働くならば、これに追い付く貧乏は恐らく無いはずである。

してみると、貧乏人は稼がなくてはならぬというために暇が無いというのは、結局矛盾の言葉といわねばならぬ。換言すれば「稼ぐに追い付く貧乏無し」との意は、「貧乏暇無し」の諺とは撞着《どうちゃく》しておる。稼ぐの字は暇もなく働くの意で、前の余地なく暮らすという意に比すれば大なる差異がある。ゆえにこの二者の意味から比較考察してみれば、「稼ぐに追い付く貧乏無し」の方は、寸暇もなく働けば前途に光明を認められるとの暗示を含んでおるが、「貧乏暇無し」の方はむしろ、貧乏に甘んじて余地なく暮らすという意味が見えて、当面すこぶる闇黒なるものである。

貧困者の心得

かくのごとく余は「暇無し」の意を解釈して、勉励努力のために寸暇なきの意ではないとする。つまり、心の落ち着く時なく、精神の安んぜぬ有様を形容していうた言葉で、閑暇とか、余裕とかいうものの無いことである。このゆえに、もしも偉人君子なら、如何に貧困に陥り窮乏に迫らるるとも、心に一の安心立命があるから、ためにその心に変動を生ずるがごときことはない。「忙中自ら閑あり」とかいうて、常に余裕もあれば閑暇もあるものである。しかるに、左様いう心に余地もないほどの者は、智識も才能も足らぬものだから、常に目前の小事に労せられて、役々《えきえき》その日を送るがゆえに暇が無い。そのくらいの人物だから、また貧乏もするという意味であろう。

さてまた「稼ぐに追い付く貧乏無し」の方は、寸陰も惜しみて勉強し、奮闘、刻苦、精励、努力するに依って、貧乏は追い払うことができる。すべてわが本分の事業、従事する職務に対し、その事のなんたるを問わず、必ずこの心を心として勉《つと》むれば、貧乏にはならぬとの意義で、「稼ぐに追い付く貧乏無し」とはいったものであろう。もし、余のこの解釈に過ち無きものとせば、この俗諺《ぞくげん》は真理たるを失わぬのである。要するに「貧乏暇無し」を、文字の形容からいえば「綽々として余裕あり」の正反対であって、「稼ぐに追い付く貧乏無し」とは、まったく反対の意味を持っておるのである。ゆえに貧困者は「貧乏暇無し」を理想とせず、よろしく「稼ぐに追い付く貧乏無し」の意気をもって、日常その仕事に従事することを心掛けられたい。

孔子の言とルーズヴェルトの語

しかし富むというても、一日にして富める訳のものでない。しからば富を得るまでの心掛けは如何にすべきか。論語に子貢が孔子に向こうて「貧にして諂《へつら》いなく、富みて驕《おご》る無きは如何」と問うたのに対し、孔子は「可なり。いまだ貧にして楽しみ、富みて礼を好む者に若《し》かざるなり」と答えられておる。これは貧者、富者の心得として金科玉条《きんかぎょくじょう》であろうと思う。富める者が驕らずして礼を好むは、衣食足りて礼節を知るの謂《いい》にして、富者の当然行わねばならぬ道であるが、貧者に至ってはその間に幾多の事情が起こって、富者のごとくすることは難事である。しかしながら目前の誘惑を斥《しりぞ》け、安んじてその分を守り、徒《いたずら》に富貴を怨《うら》み呪い憎悪するようなことをせず、さりとて富貴に諂いその節を曲ぐるようなこともなく、ひたすらその分を楽しみて来たるべき前途のために奮闘するが、貧困者として尽くすべき道理であろう。

かつて米国のルーズヴェルト氏が仏国においての演説中に、余の理想と一致した次のごとき言葉を発したことがある。ル氏はいわく「富と権勢とを恃《たの》んで多数を圧倒するのは、富と権勢とを妬《ねた》んでこれに妨害を加うるのと、その罪悪の量に軽重なく、ともにもっとも悪むべきところの事である。ゆえにこの二者に対しては、富者と貧者との別なく、ともにその罪悪を未発に防ぐようにせねばならぬ」と。真に至言と謂つべきではないか。余はル氏のこの言を聞いて論語の訓言に想到すると、論語の方はル氏のいえるほどの場合ではないけれども、窮極の理は相一致するであろうと思う。ゆえに余が私《ひそ》かに、東洋の聖者の語と西洋の偉人の言と、その揆《き》を一にするところの偶然ならざるを知り得たのである。

余の希望するところは、天下の貧者が何人も「暇無し」の位地を脱せんことである。「暇無し」の境涯に満足するならば、何時か国家の幸福と個人の富とを獲得するの時代が来よう。もしこの心を転じて「稼ぐに追い付く貧乏無し」の意気となし、努力黽勉《びんべん》せば、ひとり国家に貢献するところ少なからざるのみならず、またまさに自己の窮境を転じて富裕の生涯に入ることができるのである。されば富貴の者はよろしく礼を好み、貧賤《ひんせん》の者は心してその分を守り、天人ともに咎《とが》めなき行いに出ずるならば、それこそ快楽の神髄であるに相違ない。

よりて余はただちに、この「貧乏暇無しの説」をもって問者に答えたのである。（八一）

読書法

古人の好教訓

古人も読書法については、すでに幾多の好教訓を遺《のこ》してある。かの『古文真宝《こぶんしんぽう》』に「勧学文」とて、古人の勧学に関する詩文をたくさん載せてある。種々立派な教訓の詞が多い。王荊公《おうけいこう》が「書は官人の才を顕し、書は君子の智を添う」といい、また「貧しき者は書によって富み、富める者は書によって貴し。愚なる者は書を得て賢く、賢なる者は書によって利あり」と述べたるごとき、あるいは柳屯田《りゅうとんでん》が「学べばすなわち庶人の子も公卿《くぎょう》となる、学ばざればすなわち、公卿の子も庶人となる」といえるごとき、あるいは韓愈《かんゆ》が「賢愚同一の二人の少年も、学ぶと学ばざるとによって、一つは竜となり、一つは豬となり、一つは公相となり、一つは馬前の卒となる」というようなことを例として説いておる（三六〇頁参照）のは、あまりに現金主義ではあるが、抑揚があって随分面白い。また王荊公は読書する場合の心得を述べて「好書は心記にあり」と喝破しておる。なるほど、これはもっとも千万のことで、読んで心に残らぬようなことなら、万巻《まんがん》の書を読破した者でも、なおよく一冊を記憶する者に及ばぬ訳である。ゆえに読書の要は「心記」あるに相違ない。読書家のよく服膺《ふくよう》すべき言葉ではないか。

二様の読書法

さて、読書の方法は如何《いか》にすべきか。これについては種々の工夫があるであろうが、余はまず読書家の人物によって、これを区別しなければなるまいと思う。すなわち、学者になる志願の人の読書するのと、他業に従事して繁劇を極めつつある者が、閑を偸《ぬす》んで読書する場合とは、両者大いにその性質を異にしておる。もしこの二様の人が同一方法の下に読書せんとすれば、一方は不満足となり、一方は散漫となる。また一方に専門家的ならぬ恐れがあれば、一方には繁雑ほとんどその用に足らないという弊がある。要するに、学者たるの目的をもってする読書には、詮考《せんこう》講究を主とせねばならぬとともに、また綿密精通ということも必要であるが、一般の読書にはひとわたり事実が了解されればよい。例えば歴史を読む場合としても、学者的の読書なら、時代について一々精細にこれを知るの必要があり、話が出ればなんでも知っておらねばならぬというような方法でなければならぬが、一般の読書は趣味としてこれを読むとか、あるいは何か必要が生じて、特にこれを繙《ひもと》くとかいうくらいのことに止まっておる。ゆえに読書法も専門家としからざる者との二種によって、自ら二様の工夫を要することとなる訳である。それだから読書家は、まず書物に向かう前にあらかじめ自己の立場を考え、それぞれの要求を満足させるようにして書を読むことが肝要である。

読書の時間

また、読書する時間についても、考えなくてはならぬ。学者ならば書を読むことがほとんど仕事であるから、読書の時間は幾らでもある訳であろうが、事務家の方になると、なかなか読書の時間というものが無い。古人も「暇あるを待って書を読めば必ず読書の時なし」と警告を与えておる通り、あるいは「折々に遊ぶいとまはある人の、いとまなしとて文読まぬかな」と古歌に道破されてあるごとく、普通にしておっては、容易に読書の時間というものを見出せるものでない。余のごときは、読んでみたいと思う書物が常に机上に山をなしておるけれども、さてこれを読むという時間はない。それゆえ、寸隙《すんげき》でもあれば机に向こうて読み、寝る間も読み、車上でも読むことにしておる。古人も「読書三上、馬上、枕上、厠《し》上」といいて、いにしえの勉強家は牛を追いながらも書物を角にかけ、薪につけて歩いても読んだという。とにかく、どういう方法にしても読むことが出来さえすればよい。しかしてこの間にも「心記」がもっとも必要な点で、また事々物々精微に読み分けると、ほどよく知っておくとの差も心得ておらねばならぬ。総じて左様いうことが読書法であろうと思う。

書物の選択

世に行わるる書物の種類は数限りなく多く、それぞれ専門的のものもあるから、如何なる書物を読むがよいか、それを一々ここに指示することはでき難い。これは読む人の心によることだろうと考える。読書の場合は前述のごとく、二様に差別することはもちろんとしても、どんな書物でも書物なら読んでよいという訳にもゆかぬ。読む書物が良くなければ、折角の読書もその効能は薄い。また専門家に属する部分のものでも、書物によっては徒に博識のみに力《つと》め、無用の記事の多いものもある。ゆえに「ことごとく書を信ずれば書無きにしかず」と孟子もいわれておる。書物の選択は読書の際において、もっとも大切のこと、またもっとも困難のことである。

余は学者でないから、学者風の読書法についてはこれを論ずるの資格が無い。また書物の選択に関してもその智識を持たぬが、処世上に資する目的の読書なら自分にも経験があるから、これが選択について気づいたことを少しく述べてみよう。さて数ある書物の中には、必ずしも益あるものばかりとはいわれない。それゆえ、これらの中から、玉と石とを区別するの鑑識が甚だ必要である。目的が処世上必要な書物にありとすれば、まず第一に心掛くべきことは、世に処するにあたり、なるたけ模範的人物となるよう努めなければならぬが、これには倫理修身に関する精良の書物を選んで読むがよい。例えば経書のごときは、この要求を充たすにおいて完全なものであろうから、読書家はよろしくそこに注意せられたい。左様すれば人の人たる道を知ることができる。その次に智識を磨く方の書物が必要になってくる。すなわち地理とか歴史とか、理化学とかいう類《たぐい》である。また工学の上のものなら電気とか蒸気とか、それぞれ相違はあろうが、それらの書物を読むにしても、ただ漠然と読み、散漫に終わらしむることはよくない。充分に当たりをつけて書物の選択をなし、しかるのち、有利なる読書法をすることが必要である。その他娯楽的の書物を読むことも必要で、文学書類のごときは、その書物の種類が良いものであるならば、一方娯楽を得るとともに、一方人の気品を高め、思想が俗了されぬ助ともなるから、これとても処世上大いに要用の書物たるを失わぬ。

精読と多読

世に読書法を論ずる者は、ややもすれば精読がよいか、多読がよいかというようなことについて議論するが、これはその人の性質、その人の仕事によって分かれねばならぬことで、また必ずしも精読とか多読とか、一方に偏せしめなくてもよいではないか。専門家ならば多く精読が必要であろうが、時としては多読しなければならぬ場合もあろう。よし多読なりとも「心記」が充分ならよいはずであるし、また、なかには多くの書物に渉《わた》って、その必要な点のみ摘出して精読しなければならぬ場合もあるから、多読精読はそのいずれとも決せられないのである。なんにせよ読書家の性格や、職業に相談して、その人その人によって、適宜に自ら決するのが、一番策を得たる仕方であろうと思う。

余のごときは境遇上、精読のできぬ方であるが、身にとって金科玉条となるべき種類の書物に対しては精読しておる。余が愛読の書は、かの『古文真宝』で、あれには修身上のこともあれば、哲学的のこともあり、あるいは叙景的の文もあれば、風雅の文章も載せてあるから、常に好んで読んだものだが、今ではその後集のごときは、ほとんど暗記するまでに至っておる。また修身的の書物では『論語』『孟子』等は精通的に読んだ方で、学者に負けぬつもりで今も研究しておる。けれどもそれらの数書を除いては、まったく精読ができかねるから、やむをえず一亘《ひとわた》り知っておくというくらいの読み方をしておる。すべて読書は修身の要義として読む場合は、困難を感ずるのは当然であるけれども、楽しみに読めば覚えず佳境に入ってかなりに読めるものである。楽しんで読むということも、また確かに読書法の一要目たるを失うまい。論語に「これを知るものはこれを好むものにしかず、これを好むものはこれを楽しむものにしかず」とあるは、読書法に応用され得べき好教訓であろうと思う。（八二）

解　説

井上　潤

本書の原著『青淵百話』は、渋沢栄一の談話一〇〇項を編集して明治四五（一九一二）年に同文館から発行されたものである。栄一の日記には「筆記セシ、百話中ノ数節ヲ児等ニ読マシメテ之ヲ訓示ス」とあるように、編集途中に、次世代の担い手となる孫たちを集め、収載される内容を自らの体験に基づいた教訓として伝えていた様子が窺える。

『青淵百話』の刊行以降も渋沢栄一の演説・談話を編集した書籍の刊行が続いた。『渋沢男爵百話』（一九〇九年、大学館）、『富源の開拓』（一九一〇年、文成社）、『青淵先生世路日記雨夜物語』（一九一三年、択善社）、『渋沢男爵　実業講演』（一九一三年、帝国図書出版）、『至誠と努力（名家講演集第一編）』（一九一五年、栄文館書房）、『論語と算盤《そろばん》』（一九一六年、東亜堂書房）、『村荘小言』（一九一六年、実業之世界社）、『青淵実業講話』（一九二三年、大日本図書）、『実践　商業道徳講話』（一九二三年、帝国実業講習会教科書）、『青淵先生訓話集』（一九二八年、刀江書院）等がそれである。

渋沢栄一自身は、当初、これらの出版については、固辞し、積極的でなかったことが

『青淵百話』叙文の「余は居常多務多忙にして之《これ》に当たるの困難のみならず、世に裨益《ひえき》ならんことを思いて之を固辞せしも、其《そ》の懇望の切なるに依《よ》り、已《や》むなく、この一書を編する所なり」からも読み取れる。別の書籍刊行においても、自身の好まないところであり、容易に承諾を与えなかったようである。また、『富源の開拓』緒言によれば、渋沢は「我が天職とする所は別にあって、我が意見を世に問うのは本意でない、志す所を実行するにある。況《ま》して我が談話を公刊するが如きは、自ら進んで意見を世に知らしむる様世間に取らるるのは甚だ心苦しい」という実践主義者たる想いを貫こうとしていたようである。ただ、出版社側にとっては、渋沢栄一は、国のため、社会のため、人のために多事多忙であるが、世道人心に裨益ある談話からして、実業界第一流の学者であるという認識であった。

そもそも渋沢栄一は厳格な父親のもとで家業を手伝い、そこで商売上の道徳観等を自然なかたちで身につけていくところから始まり、紆余《うよ》曲折の人生を歩む中で、様々な生きる術を身につけていく。ただし、自らが銀行をはじめとする四七〇ほどの企業に携わっていた時代には、あまり生きる術について声高に語ることはなく、自らの実践を通して自分の考えを伝えていた観がある。実際は明治四二（一九〇九）年、実業界を引退した後、それを頻繁に語るようになる。探っていくと明治三〇年、三三年頃から原稿を雑誌に寄せ、その頃から、少しずつ語るようになってはいた。なぜ、明治四二年以降頻繁に語るようになったかを考えると、もちろん時間に余裕ができたのかもしれないが、現場にいるときには言えなかったことが、少し距離を置いて言えるようになったということも考えられる。ただ、当時の時代背景にも一つの要因があると思われる。

明治の国家が出来、制度的に落ち着き始めるのが明治四〇年代ぐらいである。その間に日清、日露の戦争に勝利した日本は、一つの到達点に達したような、国民にとっても慢心的な雰囲気が漂い、個人主義的な金銭尊重主義が蔓延《まんえん》するようになり、多くの若者たちが立身出世を強く望むようになっていったのである。

そのような中で、いわゆる名士といわれる知識人たちが、講演であったり雑誌に原稿を寄せたりして処世術を説くようになっていった。その一人として渋沢栄一も自らが成し遂げてきたこと、実践してきたことを論語の教えとともに伝えていこうと説き始めたのが、道徳と経済の一致を中心とする処世術であった。道理の伴う富の追求、私益より公益を第一とする話が中心を占めている。

道徳を守るのであれば、利益を求めることはやってはいけないという古い儒教的な考えが蔓延していた中で、渋沢栄一は利益を追求することは決して間違いではなく、むしろ積極的にやるべきだと言い、それこそが国を富ませ、国を強くするもとになる。経済が基盤の社会を築き上げていかなければいけないと言うのである。ただし、その中で利益を求める際に、道徳心、倫理観を失ってはいけないと説いた。さらに付け加えるならば、渋沢栄一の目が同時代もさることながら、さらに先をも見据えた提言だったのである。先の世を気にするからこそ意識的に、次世代の担い手に多くを語ったのであろう。まさに、渋沢栄一が時代のオーガナイザーたる所以《ゆえん》である。

最後に、政治主導で動いてきたところに、経済の有為性に目を向け、官尊民卑の打破を強く標榜《ひょうぼう》していたところが渋沢栄一にはある。我々も、シビルソサエティ（市民社会）というものをさらに求め、民間の力が官を補うというものではなく、むしろ民間が率先してそれを先導するような役割を担っていかなければいけない。そのような意識のもとで、渋沢栄一の精神も受け継いで活動していかなければと思う。新しい官民一体となった関係で、これからの日本の発展や国際社会への貢献ということを考えていきたいものである。

（公益財団法人　渋沢栄一記念財団　渋沢史料館　館長）

渋沢《しぶさわ》百訓《ひゃっくん》
論語《ろんご》・人生《じんせい》・経営《けいえい》
渋沢栄一《しぶさわえいいち》

平成22年 10月25日　初版発行
令和6年 2月5日　8版発行

発行者●山下直久

発行●株式会社KADOKAWA
〒102-8177　東京都千代田区富士見2-13-3
電話　0570-002-301（ナビダイヤル）

角川文庫 16518

印刷所●株式会社KADOKAWA
製本所●株式会社KADOKAWA

表紙画●和田三造

◎本書の無断複製（コピー、スキャン、デジタル化等）並びに無断複製物の譲渡および配信は、著作権法上での例外を除き禁じられています。また、本書を代行業者等の第三者に依頼して複製する行為は、たとえ個人や家庭内での利用であっても一切認められておりません。
◎定価はカバーに表示してあります。

●お問い合わせ
https://www.kadokawa.co.jp/（「お問い合わせ」へお進みください）
※内容によっては、お答えできない場合があります。
※サポートは日本国内のみとさせていただきます。
※Japanese text only

Printed in Japan
ISBN978-4-04-409002-9　C0112

◆◇◇

角川文庫発刊に際して

角 川 源 義

第二次世界大戦の敗北は、軍事力の敗北であった以上に、私たちの若い文化力の敗退であった。私たちの文化が戦争に対して如何に無力であり、単なるあだ花に過ぎなかったかを、私たちは身を以て体験し痛感した。西洋近代文化の摂取にとって、明治以後八十年の歳月は決して短かすぎたとは言えない。にもかかわらず、近代文化の伝統を確立し、自由な批判と柔軟な良識に富む文化層として自らを形成することに私たちは失敗して来た。そしてこれは、各層への文化の普及滲透を任務とする出版人の責任でもあった。

一九四五年以来、私たちは再び振出しに戻り、第一歩から踏み出すことを余儀なくされた。これは大きな不幸ではあるが、反面、これまでの混沌・未熟・歪曲の中にあった我が国の文化に秩序と確たる基礎を齎らすためには絶好の機会でもある。角川書店は、このような祖国の文化的危機にあたり、微力をも顧みず再建の礎石たるべき抱負と決意とをもって出発したが、ここに創立以来の念願を果すべく角川文庫を発刊する。これまで刊行されたあらゆる全集叢書文庫類の長所と短所とを検討し、古今東西の不朽の典籍を、良心的編集のもとに、廉価に、そして書架にふさわしい美本として、多くのひとびとに提供しようとする。しかし私たちは徒らに百科全書的な知識のジレッタントを作ることを目的とせず、あくまで祖国の文化に秩序と再建への道を示し、この文庫を角川書店の栄ある事業として、今後永久に継続発展せしめ、学芸と教養との殿堂として大成せんことを期したい。多くの読書子の愛情ある忠言と支持とによって、この希望と抱負とを完遂せしめられんことを願う。

一九四九年五月三日

論語と算盤《そろばん》

渋沢栄一

話題の名著

道徳と経営は合一すべきである――。

日本実業界の父・渋沢栄一が、後進の企業家を育成するために、経営哲学を語った談話録。論語の精神に基づいた道義に則った商売をし、儲けた利益は、みなの幸せのために使う。企業モラルを問い直す不滅のバイブル、必読の名著。

■解説　加地伸行

ISBN978-4-04-409001-2

角川ソフィア文庫

角川ソフィア文庫ベストセラー

新編 日本の面影

ラフカディオ・ハーン
池田雅之＝訳

日本の人びとと風物を印象的に描いたハーンの代表作『知られぬ日本の面影』を新編集。「神々の国の首都」「日本人の微笑」ほか、アニミスティックな文学世界や世界観、日本への想いを伝える一一編を新訳収録。

新編 日本の怪談

ラフカディオ・ハーン
池田雅之＝訳

「幽霊滝の伝説」「ちんちん小袴」「耳無し芳一」ほか、馴染み深い日本の怪談四二編を叙情あふれる新訳で紹介。小学校高学年程度から楽しめ、朗読や読み聞かせにも最適。ハーンの再話文学を探求する決定版！

新編 日本の面影 II

ラフカディオ・ハーン
池田雅之＝訳

代表作『知られぬ日本の面影』を新編集する、詩情豊かな新訳第二弾。「鎌倉・江ノ島詣で」「八重垣神社」「美保関にて」「二つの珍しい祭日」ほか、ハーンの描く、失われゆく美しい日本の姿を感じる一〇編。

新編 日本の怪談 II

ラフカディオ・ハーン
編訳／池田雅之

怪異、愛、悲劇、霊性――アメリカから日本時代に至るまで、人間の心や魂、自然との共生をめぐる、ハーン一流の美意識と倫理観に彩られた代表的作品37篇を精選。詩情豊かな訳で読む新編第2弾。

小泉八雲東大講義録
日本文学の未来のために

ラフカディオ・ハーン
編訳／池田雅之

まだ西洋が遠い存在だった明治期、学生たちに深い感銘を与えた最終講義を含む名講義16篇。ハーン文学を貫く内なるghostlyな世界観を披歴しながら、一期一会的な緊張感に包まれた奇跡のレクチャー・ライブ。

角川ソフィア文庫ベストセラー

帝都妖怪新聞
編／湯本豪一

文明開化に沸き返る明治の世。妖怪たちは、新聞という新たな棲息地で大繁殖していた！　新聞各紙が大真面目に報じた百花繚乱の怪奇ニュースが、今蘇る。当時の挿絵とともに現代語で楽しむ文庫版妖怪新聞。

明治生まれの日本語
飛田良文

私たちの日本語には、150年前には誰も知らなかった明治の新語、流行語があふれている。「時間」「世紀」「恋愛」「新婚旅行」から「個人」「常識」「科学」まで。国語辞典の編纂者が迫る、言葉の誕生の物語。

氷川清話
付勝海舟伝

勝海舟
編／勝部真長

現代政治の混迷は、西欧の政治理論の無定見な導入と信奉にあるのではないか——。先見の洞察力と生粋の江戸っ子気質をもつ海舟が、晩年、幕末維新の思い出や人物評を問われるままに語った談話録。略年譜付載。

山岡鉄舟の武士道
山岡鉄舟
編／勝部真長

禅によって剣の道を極め、剣によって禅を深める——。鉄舟が求めた剣禅一致の境地とは何か。彼が晩年述べた独特の武士道論に、盟友勝海舟が軽妙洒脱な評論を加えた、日本人の生き方の原点を示す歴史的名著。

新版 福翁自伝
福沢諭吉
校訂／昆野和七

緒方洪庵塾での猛勉強、遣欧使節への随行、暗殺者におびえた日々——。六〇余年の人生を回想しつつ愉快に語られるエピソードから、変革期の世相、教育に啓蒙に人々を文明開化へ導いた福沢の自負が伝わる自叙伝。

角川ソフィア文庫ベストセラー

福翁百話
現代語訳

福沢諭吉
佐藤きむ＝訳

福沢が来客相手に語った談話を、自身で綴った代表作。自然科学、夫婦のあり方、政府と国民の関係、教育、環境衛生など、西洋に通じる新しい考えから快活に持論を展開。思想家福沢のすべてが大観できる。

童蒙おしえ草　ひびのおしえ
現代語訳

福澤諭吉
訳・解説／岩崎　弘

命の大切さ、チャレンジ精神、品格や人への心遣い。人間として大切な基本の態度や考え方を諭し、少年少女たちの自立精神を育む名著を現代語訳。丁寧な解説とともに、人間教育の原点を照らす徳育本の決定版。

高杉晋作
情熱と挑戦の生涯

一坂太郎

往復書簡や日記・詩歌、そして地元の古老たちの話など、豊富な史料を検証。激動の時代の流れに葛藤しつつも、近代日本への変革に向けて突き進んだ、「青年・高杉晋作」の実像と内面に迫る本格評伝。

廃藩置県
近代国家誕生の舞台裏

勝田政治

王政復古で成立した維新政権は、当初から藩体制を廃絶しようとしていたのか。廃藩置県はスムーズに行われたのか。「県」制度を生み、日本の西洋化のスタートとなった明治の中央集権国家誕生の瞬間に迫る。

代官の日常生活
江戸の中間管理職

西沢淳男

時代劇でおなじみの代官。悪の権化のように描かれてきた彼らは、じつは現代のサラリーマンであった。四〇〇万石の経済基盤を支えた代官を理解すれば、江戸幕府がなぜ二七〇年もの間存続できたかが見えてくる。

角川ソフィア文庫ベストセラー

日英同盟
同盟の選択と国家の盛衰

平間洋一

明治維新後の日本が列強入りをした日英同盟、破滅に追い込まれたドイツとの同盟。軍事外交史研究の泰斗が日本の命運を決めた歴史的な選択を再検証。同盟国選定の要件と政策の意義から、近代外交の要諦を探る。

増補版　江戸藩邸物語
戦場から街角へ

氏家幹人

17世紀、諸藩の江戸藩邸では、武力の抑制と争いの回避が優先されるようになった。しかし、武士にも意地がある。武士の道や面子を至上の倫理とし、「戦う者」から「仕える者」へ、変換期の悲喜交々を描く。

小さな藩の奇跡
伊予小松藩会所日記を読む

増川宏一
原典解読／北村六合光

城もなく武士は僅か数十人。人口一万人余りの伊予小松藩には、一五〇年以上も続いた日記があり、領民の命が優先された善政が綴られている。天災、幕府の圧政を乗り越えたもう一つの江戸がわかる貴重な記録。

日本の地霊《ゲニウス・ロキ》

鈴木博之

近現代史を「場所」という視点から探るためのキーワード「地霊（ゲニウス・ロキ）」。東京、広島、神戸の街並みを歩き、土地に隠された声に耳を傾けるとき、失われた記憶や物語が浮かび上がる。解説・隈研吾

皇室事典　制度と歴史

編著／皇室事典編集委員会

「天皇」の成立と、それを支えてきた制度や財政、また皇位継承や皇室をゆるがす事件など、天皇と皇室を理解するための基本的な知識を、68のテーマで詳しく解説した「読む事典」。天皇系図など資料編も充実。

角川ソフィア文庫ベストセラー

皇室事典 文化と生活

編著／皇室事典編集委員会

形を変えながら現代まで受け継がれる宮中祭祀や、天皇・皇族が人生の節目に迎える諸儀式、宗教や文化との関わりなど、62のテーマで解説した「読む事典」。資料編には皇居や宮殿、宮中三殿の図などを収録。

ペリー提督日本遠征記（上）

M・C・ペリー
編纂／F・L・ホークス
監訳／宮崎壽子

喜望峰をめぐる大航海の末ペリー艦隊が日本に到着、幕府に国書を手渡すまでの克明な記録。当時の琉球王朝や庶民の姿、小笠原をめぐる各国のせめぎあいを描く。美しい図版も多数収録、読みやすい完全翻訳版！

ペリー提督日本遠征記（下）

M・C・ペリー
編纂／F・L・ホークス
監訳／宮崎壽子

刻々と変化する世界情勢を背景に江戸を再訪したペリーと、出迎えた幕府の精鋭たち。緊迫した腹の探り合いが始まる——。日米和親条約の締結、そして幕末日本の素顔や文化を活写した一次資料の決定版！

明治日本散策 東京・日光

エミール・ギメ
岡村嘉子＝訳
解説／尾本圭子

明治9年に来日したフランスの実業家ギメ。茶屋娘との心の交流、料亭の宴、浅草や不忍池の奇譚、博学な僧侶との出会い、そして謎の絵師・河鍋暁斎との対面——。詳細な解説、同行画家レガメの全挿画を収録。

明治日本写生帖

フェリックス・レガメ
林　久美子＝訳
解説／稲賀繁美

開国直後の日本を訪れたフランス人画家レガメは、紙とペンを携え、憧れの異郷で目にするすべてを描きとめた。明治日本の人と風景を克明に描く図版245点、その画業を日仏交流史に位置付ける解説を収録。

角川ソフィア文庫ベストセラー

欧米人の見た開国期日本
異文化としての庶民生活
石川榮吉

イザベラ・バード、モース、シーボルトほか、幕末・明治期に訪日した欧米人たちが好奇・蔑視・賛美などの視点で綴った滞在記を広く集め、当時の庶民たちの暮らしを活写。異文化理解の本質に迫る比較文明論。

キリスト教でたどるアメリカ史
森本あんり

合衆国の理念を形作ってきたキリスト教。アメリカ大陸の「発見」から現代の反知性主義に至るまで、宗教国家・アメリカの歩みを通覧する1冊。神学研究のトップランナーが記す、新しいアメリカ史。

古代研究Ⅰ
民俗学篇1
折口信夫

折口信夫の代表作、全論文を掲載する完全版！　折口学の萌芽となった「髯籠《ひげこ》の話」ほか「妣が国へ・常世へ」「水の女」等一五篇を収録する第一弾。池田弥三郎の秀逸な解説に安藤礼二による新版解説を付す。

古代研究Ⅱ
民俗学篇2
折口信夫

折口民俗学を代表する「信太妻の話」「翁の発生」など11篇を収録。折口が何より重視したフィールドワークの成果、そして国文学と芸能研究融合の萌芽が随所に息づく。新かなで読みやすいシリーズ第二弾。

古代研究Ⅲ
民俗学篇3
折口信夫

「鬼の話」「はちまきの話」「ごろつきの話」という折口学のアウトラインを概観できる三篇から始まる第三巻。柳田民俗学と一線を画す論も興味深い。天皇の即位儀礼に関する画期的論考「大嘗祭の本義」所収。

角川ソフィア文庫ベストセラー

古代研究Ⅳ
民俗学篇4

折口信夫

霊魂、そして神について考察した「霊魂の話」や「河童の話」、折口古代学の核心に迫る「古代人の思考の基礎」など十三篇を収録。「折口学」の論理的根拠と手法について自ら分析・批判した追い書きも掲載。

古代研究Ⅴ
国文学篇1

折口信夫

決まった時期に来臨するまれびと（神）の言葉、「呪言」に国文学の発生をみた折口は、「民俗学的国文学研究」として国文学研究史上に新たな道を切り開いた。その核とも言える論文「国文学の発生」四篇を収録。

古代研究Ⅵ
国文学篇2

折口信夫

〈発生とその展開〉に関する、和歌史を主題とした具体論。「女房文学から隠者文学へ」「万葉びとの生活」など13篇を収録。貴重な全巻総索引付き最終巻。解説・折口信夫研究／長谷川政春、新版解説／安藤礼二

日米開戦　勝算なし
太平洋戦争　日本の敗因1

編／NHK取材班

軍事物資の大半を海外に頼る日本にとって、戦争遂行の生命線であったはずの「太平洋シーレーン」確保。根本から崩れ去っていった戦争計画と、「合理的全体計画」を持てない、日本の決定的弱点をさらす！

ガダルカナル　学ばざる軍隊
太平洋戦争　日本の敗因2

編／NHK取材班

日本兵三万一〇〇〇人余のうち、撤収できた兵わずか一万人余。この島は、なぜ《日本兵の墓場》になったのか。精神主義がもたらした数々の悲劇と、「敵を知らず己を知らなかった」日本軍の解剖を試みる。